木俣由美

ゼロから はじめる 法学入門

〔第3版〕

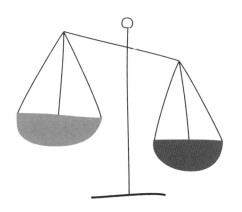

法律文化社

第3版はしがき

　本書の改訂後，5年余りの歳月が過ぎた。その間，世の中は急速に変化を遂げ，法律の改正作業が追いつかないほどである。少年法の改正，拘禁刑の創設や性犯罪に関する刑法の改正，取調べの可視化など刑事手続きを見直す刑事訴訟法の改正，プロバイダ責任制限法やリベンジポルノ防止法などSNSやインターネットの悪用を規制する各種法の改正，ヘイトスピーチに対する法律，条例の出現，所有者不明土地問題に対処する民法・不動産登記法などの改正，離婚後の共同親権や別居後の親・親族と子との交流を認める法整備，再婚禁止期間の廃止など，枚挙にいとまがない。今回の改訂ではこれらの新しい変化をできるだけ採り入れて理解しやすい記述に努め，それと同時にこれまでの，記述が古めかしいもの，わかりにくいものをはじめから抜本的に見直すこととした。また，コラム「ティータイム」でも，定数不均衡問題の新しい動向や成年年齢に関する最近の情報を新規に追加している。なお，本書では，改正はされたが出版時点では施行日が未到来のもの，例えば，刑法における懲役刑・禁錮刑から拘禁刑への変更や不動産登記法における相続人の住所変更登記義務化なども，施行日を付記して掲載している。

　第3版の発行にあたっては改訂版の時と同様，編集部の舟木和久氏にお世話になった。今回も，氏の適切な助言・指摘により，より内容の濃い，精度の高い書物を作ることができた。この場を借りて感謝申し上げたい。

　2024（令和6）年7月吉日

木俣　由美

初版はしがき

　近頃，税理士や行政書士の集まりに招かれることが多い。法律の勉強会を開くので，講師として来てほしいというのである。私の専門は会社法を中心とするビジネス法なので，企業の監査役や法務部員の勉強会に呼ばれることはあっても，税理士や行政書士というのは，以前にはあまりなかったことだ。聞けば，税務相談や各種行政相談をしていると，必ずといってよいほど，法律相談に行きつくという。しかも，最近の法律は複雑に絡み合う上，改正が頻繁に行われるので，クライアントに迂闊なことはいえないとその表情は真剣だ。私が日本笑い学会という「笑い」を研究する学会（真面目な学会である）の理事をしている関係もあって，法律を楽しく学んで法律アレルギーを払しょくしたいという願いもあるらしい。

　さて，その専門職の先生方と話をしていて驚くのは，行政書士はもちろんのこと，税理士にも法学部の出身者が実に多いということである。ならば，法律の勉強会など必要ないのではと思うが，とにかく法律の授業は難解だった，苦しかった，だから基礎からきちんと学びたいと，一様に口を揃える。中には，「学生時代，主要三科目（憲法・刑法・民法のこと）はどうしたかって？　そんな難しい科目，やり過ごしましたよ」とおっしゃるツワモノもいる。しかし，仕事で法律にぶちあたり，いよいよ逃げられなくなって，昔の怠慢を嘆くのである。

　しかし，考えてみると，法学部の授業は面白くない。理屈っぽい，何をいっているのかわからない，第一，用語が難しい。したがって，重要だとわかっている科目でも「やり過ごして」卒業していくことになる。ただ，最近はどの大学の法学部でも上記の主要科目は必修となってきているので，そんなこともいってられない。単位不足で卒業できない学生が法学部に多いのも，そのあた

りが原因かもしれない。私のゼミの優秀な学生でも「試験前に一気に覚えて，乗り切りましたよ」という始末。「憲法は面白い」「民法に感動した」などという者には，滅多にお目にかからない。普段，会社法の講義をしているが，例えば，会社の機構が憲法の三権分立と同じ様相をなすこと，そしてその仕組みの妙を教えてみると，権力と統治機構の奥深さが初めてわかったと，学生の顔がパッと明るくなる。アルキメデスが「ユーリカ（Eureka）」と叫んだごとく，本質を理解したときの「わかる喜び」であろう。

　本当は，法律の勉強は面白い。なぜ，理屈を積み重ねるのか，いっていることのポイントはどこにあるのか，なぜ難しい用語を使うのか。それがわかれば，勉強は苦痛ではない。むしろ，パズルのように精緻で合理的な法律の織りなす世界を美しいと感じるはずだ。具体的な法律を取り巻く社会的な背景や，法と呼ばれる規範に潜む深遠な哲学に触れることも，ワクワクして楽しい。そう思ってくれる学生が1人でも増えてくれればよいが，さてどうしたものか。

　そんなことを考えていた折しも，大学で「法学」の授業を担当することになった。このような科目を受け持つのは，昔から法学部のベテランや重鎮と相場が決まっている。「笑い」の教育効果を気楽に研究している私のような者に白羽の矢があたるとは何かの間違いか，それとも単に年齢から見て順当であると思われたのか。ということは，私の若づくりも簡単に見破られていたということか……。あれこれ詮索する間もなく，「法学」を教えることになった私は，さっそく事前調査を始めた。しかし，学生達から受講希望の理由を聞いてがく然としたのである。それは，受講生のほとんどが，法学部以外からもやって来る教師志望の学生たちだが，彼らは，教職課程科目なので仕方なくこの科目をとるということ，法学部の学生で受講する者がいるとするなら，それは，主要科目が不合格だったのでとりあえず法学からやり直そうと考えるから，というのである。つまり，法に興味のない学生や不合格のトラウマを抱えた受講生が多いということだ。そうすると，ますます私の使命は大きい。そこで私は，法の世界の面白さや美しさをまだ知らない者に向けての入門テキストを作ることにした。それが，本書である。

　本書では，Ⅰ部で法の世界を社会学，哲学，歴史学など様々な見地から取り上げる。六法全書の成り立ちや，具体的な条文を使って解釈する方法も解説す

る。そして，Ⅱ部では，主要科目である憲法，刑法，民法をとりあげ，実際に読み解いていく。本書をきちんと読めば，法的思考力（リーガルマインド）が身につき，どのような法律も難解と思わなくなるはずである。もちろん，法律以外の問題にも，恐れず対処できることになろう。リーガルマインドさえあれば，教師になろうが，企業に就職しようが，税理士になろうが，現実に直面する問題を，与えられた事情の下で，筋道を立てて解決できるからである。参照してほしい箇所は，できるだけ矢印〔⇒〕を設けてページを付記した。どこから読んでもよいので，参照ページを行きつ戻りつしながら，何度も読み込んでほしい。

　最後になったが，本書を作るにあたり力を尽くしてくれた，法律文化社編集部の掛川直之氏にお礼を申し上げる。リーガルマインドを持つ氏の適格なアドバイスと協力なくしては，本書は生まれることはなかった。ここに謝意を表したい。

　　　2014（平成26）年10月吉日

木俣　由美

目　次
――――――

第3版はしがき
初版はしがき

第 I 部　法の成り立ちを学ぶ

第1講　法の世界へようこそ
I　法って何？―――――――――――――――――003
II　法学者はアナ雪が嫌い？！――――――――――004
　1　「法」の意味と役割――――――――――――004
　2　法の分類――――――――――――――――006
　　関係性による分類／役割による分類／形式による分類
III　法を学んで頭脳明晰！――――――――――――011
　1　法的思考力の養成――――――――――――012
　　カルネアデスの板／常識とバランス感覚
　2　社会科学的思考力の養成――――――――――015

第2講　法の実現は裁判で――訴訟手続
I　ウルトラマンは問題児：裁判の意義――――――019
　1　裁判制度の必要性――――――――――――019
　2　民事訴訟―――――――――――――――021
　3　刑事訴訟―――――――――――――――023
　　刑事事件における登場人物／捜　査／公　判
II　裁判官も木から落ちる？―――――――――――029
　1　裁判所の種類――――――――――――――029

2　三　審　制 029
　　3　裁判の結果 031

第3講　裁判に関わる人々

　Ⅰ　餅は餅屋？ ──────────────────── 034
　　1　裁　判　官 034
　　2　検　察　官 035
　　3　弁　護　士 036
　　4　その他の法律家 037
　　5　裁判所書記官 037
　Ⅱ　12人の怒れる男：裁判員制度 ──────────── 038
　　1　裁判員の選び方 039
　　2　裁判員の仕事 039
　　3　裁判員制度の問題点 039

第4講　条文を読んでみよう

　Ⅰ　酢こんぶはおやつか？ ─────────────── 042
　　1　はじめに定義ありき 042
　　2　条文解釈の方法 043
　　　刑法と類推解釈の禁止
　Ⅱ　ゆいごん残すも遺言とならず？ ───────────── 047
　　1　条文の構造 049
　　2　法律の制定・公布・施行 051

第Ⅱ部　様々な法を学ぶ

第5講　憲法はサイコー──憲法その1

　Ⅰ　近代憲法にワシントンもビックリ？ ──────────── 055
　　1　憲法の起こり 055
　　　中世ヨーロッパにおける憲法／近代国家における憲法
　　2　憲法の特性 057
　　3　日本国憲法の基本原理 058
　　　基本的人権の尊重／国民主権と象徴天皇制／平和主義

vi

Ⅱ 自由もいろいろ：人権の分類―――――――――――061

1 自 由 権――――――――――――――――062

2 参 政 権――――――――――――――――062

3 社 会 権――――――――――――――――062

第6講 権利のカタログ――憲法その2

Ⅰ 通販カタログより見やすい？：人権のカタログ―――065

1 基本的人権の分類――――――――――――065

2 憲法13条と新しい人権―――――――――――066

3 法の下の平等――――――――――――――068

Ⅱ 個別の人権を学ぼう―――――――――――――071

1 思想・良心の自由（憲19条）――――――――071

2 表現の自由（憲21条）―――――――――――072

　知る権利／情報公開請求権／表現の自由をめぐるその他の問題

3 教育を受ける権利（憲26条）―――――――――077

第7講 統治のしくみ――憲法その3

Ⅰ 疑う者は救われる？！――――――――――――080

Ⅱ ライバルだけど良い仲間――――――――――――081

1 国 会――――――――――――――――082

　唯一の立法機関／政　党／二院制

2 内 閣――――――――――――――――086

Ⅲ がんばれ裁判所―――――――――――――――088

1 司法権の独立――――――――――――――088

2 司法権の意味――――――――――――――090

3 違憲審査制―――――――――――――――091

　付随的違憲審査制と抽象的違憲審査制／条約と違憲審査制

第8講 犯罪が起きたら――刑法その1

Ⅰ 罪 と 罰――――――――――――――――――096

1 罪刑法定主義――――――――――――――096

2 刑法の役割と犯罪の種類――――――――――097

Ⅱ フローチャートで犯罪成立――――――――――――100

1 構成要件該当性―――――――――――――101

　客　体／実行行為／因果関係

目　次 ◆ vii

2　違 法 性 --105
　　　　違法性阻却事由／違法性の本質

第9講　悪いことをしても罰せられない？──刑法その2

I　あぁ無情：有責性 --111
　　　責任能力／故意・過失／違法性の意識／期待可能性

II　犬か鹿か？：錯誤論 --117
　　1　具体的事実の錯誤 ---119
　　2　抽象的事実の錯誤 ---120
　　3　違法性の錯誤 ---122

第10講　罰するということ──刑法その3

I　黒幕のスター達：共　犯 ---124
　　1　正犯と共犯 ---124
　　2　間接正犯 --126
　　3　共同正犯 --127
　　4　共謀共同正犯 ---128
　　5　正犯と教唆犯 ---129
　　　　共犯従属性説と共犯独立性説／要素従属性の問題
　　6　従　　犯 ---130

II　クールヘッドとウォームハート：犯罪論と刑罰論 --------------------132
　　1　刑罰の種類 ---132
　　2　刑　罰　論 ---133
　　3　死刑をめぐる問題 ---135

第11講　私達の生活ルール──民法その1

I　民法と因数分解 ---138

II　わらしべ長者の契約 --140
　　1　契約から生じる債権と債務 ---140
　　2　契約の分類 ---142
　　　　有償契約・無償契約／双務契約・片務契約／分類の意味／諾成契約・
　　　　要式契約・要物契約／典型契約・非典型契約

III　契　　り --148
　　1　契約の拘束力 ---148
　　2　契約の成立時期 --150

viii

第12講　契約って？──民法その2

I　勘違いはいいけどウソはダメ！：意思表示の問題点────────152

1　効果意思の不存在────────────────────152
心裡留保／虚偽表示

2　意思表示の瑕疵────────────────────154
錯　誤／詐欺による意思表示／強迫による意思表示

II　契約よ安らかに：債権・債務の消滅──────────157

1　弁　　済────────────────────────158
2　代物弁済────────────────────────159
3　更　　改────────────────────────159
4　免　　除────────────────────────160
5　供　　託────────────────────────160
6　混　　同────────────────────────160
7　相　　殺────────────────────────160

III　どうしてくれるんだ！：損害賠償請求──────────161

1　債務不履行──────────────────────161
債務不履行の3類型／解　除

2　契約に基づかない債権・債務────────────164
不法行為／事務管理／不当利得

第13講　所有するって？──民法その3

I　売買は賃貸借を破る！：物権の性質────────────170

1　物権と債権──────────────────────170
2　物権法定主義────────────────────171
3　一物一権主義────────────────────172
4　物権の種類──────────────────────173
所有権／制限物権

5　物権の変動：意思主義と形式主義──────────174
6　所有権の取得原因──────────────────176
特定承継と包括承継／承継取得と原始取得

II　タンポと湯たんぽ：担保物権──────────────178

1　人的担保────────────────────────179
2　物的担保────────────────────────180
担保物権の種類／質　権／抵当権／法定担保物権

目　　次　ix

第14講　契約するのは誰？——民法その4

Ⅰ　能力なしとは失礼な！————————————————185

1　権利能力と行為能力————————————————185

2　法　　人————————————————————————186

法人の種類／法人の権利能力の範囲

3　行為能力——————————————————————187

未成年者／成年被後見人／被保佐人／被補助人／任意後見制度

Ⅱ　できる人にまかせちゃえ：代　理————————————190

1　代理の意味——————————————————————190

2　代理の要件——————————————————————191

代理権の授与／顕　名／代理人の権限内での行為

3　自己契約・双方代理—————————————————192

4　無権代理——————————————————————194

5　表見代理——————————————————————195

第15講　家族に関わる法——民法その5

Ⅰ　ナウな家族法で救えるか？！—————————————199

1　親族関係——————————————————————199

2　婚姻と離婚—————————————————————201

婚姻の要件／婚姻の効果／離　婚

3　親　　子——————————————————————203

4　相　　続——————————————————————204

法定相続人／相続財産の範囲／法定相続分／所有者不明土地・

所有者不明建物／遺留分

Ⅱ　Last but Not Least：民法の基本原則と修正————————210

1　民法の基本原則———————————————————210

権利能力平等の原則／私的自治の原則／過失責任の原則／所有権

絶対の原則

2　民法1条——————————————————————211

事項索引

凡　例

―――――

〔法令名〕

　※　法令名については，以下の略
　　　称を用いている。

会＝会社法

家事＝家事事件手続法

学教＝学校教育法

教基＝教育基本法

行訴＝行政事件訴訟法

区分所有＝建物の区分所有等に関す
　　る法律

刑＝刑法

刑事収容＝刑事収容施設及び被収容
　　者等の処遇に関する法律

刑訴＝刑事訴訟法

憲＝憲法

憲改＝日本国憲法の改正手続に
　　関する法律

検察審査＝検察審査会法

公選＝公職選挙法

国公＝国家公務員法

裁＝裁判所法

裁判員＝裁判員法（裁判員の参加す
　　る刑事裁判に関する法律）

自由権規約＝市民的及び政治的権利
　　に関する国際規約

少＝少年法

商＝商法

相続国庫帰属＝相続等により取得し
　　た土地所有権の国庫への帰属に関
　　する法律

担保・執行法改正法＝担保物権及び

民事執行制度改善のための民法等
　の一部を改正する法律

地公＝地方公務員法

地自＝地方自治法

手＝手形法

道交＝道路交通法

被保＝犯罪被害者等の権利利益の保
　　護を図るための刑事手続に付随す
　　る措置に関する法律

不登＝不動産登記法

民執＝民事執行法

民＝民法

民訴＝民事訴訟法

民訴規＝民事訴訟法規則

〔判　例〕

　※　判例集・法律雑誌については，
　　　以下の略称を用いている。

刑集＝（大審院または最高裁判所）
　　刑事判例集

民集＝（大審院または最高裁判所）
　　民事判例集

刑録＝大審院刑事判決録

高刑集＝高等裁判所刑事判例集

高刑特報＝高等裁判所刑事判決特報
　　集

東高刑時報＝東京高等裁判所刑事判
　　決時報

下刑集＝下級裁判所刑事判例集

下民集＝下級裁判所民事判例集

行集＝行政事件裁判例集

判時＝判例時報

判タ＝判例タイムズ

金判＝金融商事判例

※　判決は，以下のように表記している。

〔例〕最判平成20年3月6日民集62巻3号665頁

⇒最高裁判所平成20年3月6日判決民集62巻3号665頁

最決平成17年3月29日刑集59巻2号54頁

⇒最高裁判所平成17年3月29日決定刑集59巻2号54頁

大判昭和7年6月14日刑集11巻797頁

⇒大審院昭和7年6月14日判決刑集11巻797頁

第Ⅰ部　法の成り立ちを学ぶ

♪ティータイム　幽霊のような行政法

　あまり身近ではありませんが，民事裁判，刑事裁判の他に，行政裁判があります。例えば，あなたが学生街で「ボリューム満点弁当の店」を開業するとしましょう。開業のためにはまず，食品衛生法52条に基づき都道府県の知事から営業許可を受けなければなりません。もし，所定の手続に従って許可申請をしたのに不許可処分となってしまった場合，あなたはそのことに不服を申し立てる裁判を，知事を相手どって起こすことができます。つまり，国や地方公共団体などの行政機関の行為に不服を申し立てるための裁判です。さらに，無事に開業したとして，店の弁当を食べた学生数名が腹痛を訴える事件が起きた場合，保健所の所長が営業許可を取り消すかもしれません（食品衛生法55条1項）。これに対しては，衛生上の問題がなかったのに原因をきちんと調べず許可取消しを行ったのは違法な行政処分であるとして，取消訴訟によって救済を求めることができます。このような行政裁判は，手続や性質など民事裁判や刑事裁判と異なる点が多いので，裁判の形態や詳細な手続が**行政事件訴訟法**によって定められています。

　さて，上の食品衛生法以外にも，行政機関から規制を受ける法律はたくさんあります。自宅横の用地に弁当工場を作るとしても，都市計画法による用途地域指定を受けている場所であれば工場を建てることはできません。煙を出すような工場なら，さらに大気汚染防止法の規制をクリアしなければなりません。騒音についても騒音防止法により届出が必要です。運搬用にワゴン車を買う場合，地方税法により自動車取得税がかかります。3年ないし2年に1度の車検は道路運送車両法で決められています。もちろん，運転には道路交通法のルールを守らなければなりません。

　ここに出てきた法律はすべて，行政活動に関わる行政法に分類されるものです。しかし，民法や刑法のように「行政法」という法律はありません。ところが大学の法学部には必ずといってよいくらい「行政法」という授業があります。法学部生の誰もが「行政法」を知っているのに，それは存在しないのです。まるで幽霊のようですね。

　では一体「行政法」の授業で何を学ぶのでしょうか。食品衛生法，都市計画法，大気汚染防止法……と片っ端から勉強するのでしょうか。そうではありません。これら数多くの行政法規の背後に横たわる共通法則や基礎理論，すなわち，行政法規がめざす目的（安全で人々が安心して暮らせる社会の実現）と手段（事前規制をする際の内容と程度）を学ぶのです。したがって，条文解釈や判例研究を中心に勉強する他の法律科目と，ずいぶん，雰囲気が違うと面食らうかもしれません。もっとも，行政法の授業の後半では，これら具体的な行政法規が出てきてこれらについての条文解釈も行います。つまり行政法とは，理論と解釈学との総合学問というわけですね。

第1講　法の世界へようこそ

I　法って何？

　私達の社会は，様々な法に取り囲まれています。普段は法と関係のない生活を送っているように思えますが，いったん何か起きれば，誰でもたくさんの法と関わらざるを得ない可能性に満ちています。まずは，現実に起きた事件を使って考えてみましょう。

> ✏Case1-1　宅配サービスの自転車で死亡事故！
> 　A（29歳）はフード宅配サービス「ＵＥ」の配達員です。Aは，より多くの稼ぎを得るため高性能のロードバイク型自転車を使い，東京都内でＵＥ社の委託を受け配達業を営んでいました。悪天候時だとかえって追加報酬が余分に得られると，その夜も配達を続けましたが，ブレーキは擦り減り，ライトは装備せず，折からの雨でメガネに水滴がかかり，前が見えにくい状態でした。それでもAは速度を落とさず，横断歩道を歩く男性（78歳）に衝突，男性は転倒して外傷性頭蓋内損傷を負い，搬送先の病院で2日後に死亡しました［朝日新聞2022年2月19日朝刊33頁］。

　さて，どんな法律が頭に浮かびましたか。まず，「Aは歩行者をわざと死なせたのではないから殺人罪ではないな」というところでしょうか。「誤って人を死なせたのだから過失致死罪だ」「いや，仕事（業務）の途中だったのだから業務上過失致死罪だぞ」という人は，日頃，新聞の社会面などをよく読み，法律に詳しい人といえるでしょう。実際に言い渡された東京地裁の判決では，自転車運転といえど過失は重いとして，業務上過失致死罪（刑211条）により有罪とされています。しかし，Aが関わるのは刑法だけに限りません。警察に逮捕されたり取調べを受けて起訴されたとなると，刑事訴訟法が問題となりま

003

す。死亡した男性の遺族から見ると，入院費用や慰謝料はもちろん，その他諸々の損害賠償をＡに求めたいところですね。これは民法に出てくる不法行為の問題です。さらに，遺族としてはフード宅配サービスの運営会社に責任追及できるんじゃないの？と考える人もいるかもしれませんね。これは，同じく民法・不法行為の中の「使用者責任」（民715条）が会社に認められるかという問題です。この点については第2講の✎Case2-1で考えてみましょう。それだけではありません。Ａが食べ物をきちんと配達し代金を受け取るという業務をまだ終えていなかった場合は，飲食店との契約違反による「債務不履行」〔⇒第**12**講161頁〕であるとして，Ａは店から食べ物代相当額を請求されるかもしれません。訴えが起こされると，今度は民事訴訟法が問題となります。

　さらに細かいところを見ると，Ａはライトを装備せず，無灯火運転をしていました。これは道路交通法に違反し，5万円以下の罰金です（道交52条）。自転車については事故の多発をきっかけに，このようなライトの点灯義務の他，道路交通法の改正により飲酒運転禁止（道交65条），並走・2人乗り禁止（道交19・63条の5・57条2項）などが定められています。最近では，ヘルメット着用（努力）義務が子どもだけでなく大人にも課せられるようになったことをニュースで知った人は多いのではないでしょうか（2023年4月施行）。それにしても，無灯火運転や二人乗りって，そんなに悪いことなのでしょうか。昔はとがめる人が少なかったのに，今では絶対に良くないという人もいますね。一体，法って何なのでしょうか。

Ⅱ　法学者はアナ雪が嫌い？！

　アルバイト先での事故1つでも，たくさんの法があり，複雑に絡み合っていて面倒そうですね。しかし，整理して理解すれば難しくありません。まずは「法」の意味と役割を考え，次に様々な法を実際に分類してみましょう。

1 「法」の意味と役割─────────────◆

　一般に「法」というと，「自然界の法」や「万有引力の法」のように，普遍的な法則や秩序，摂理といった意味で使われる場合と，「法を破るな」「法を説

く」のように，守るべき掟や規範を指す言葉として使われる場合とに，大きく分けられます。前者は，あるがままの事実，存在そのものに意義がありそうですが，後者は，特定の価値観に裏付けられているところにポイントがありそうです。この違いは，古くドイツ哲学で語られてきた命題ですが，明治以降の日本の哲学者や法学者にも影響を与えました。ドイツ語でこの2つを区別して「ザイン（Sein：存在または事実）」と「ゾレン（Sollen：ある〔なす〕べきこと。当為）」と呼びます。法学部で習う法はゾレンを扱っています。さきほどのバイク事故の例でいうと，事故があったことを前提に「だからどうすべきなのか」に焦点をあてるのです。どの法のどの条文を適用すべきか，適用すべき条文がなければ他の条文を解釈してあてはめるべきか，それとも条文を作るべきか，政策を抜本的に見直すべきか，公平や正義をどのように実現するべきか等々，妥当な解決に向けてどうすべきかを考えるのが**法学**といえるでしょう。この点，他の学問領域で真実の解明や事実の精緻な分析が重要なウェイトを占めるのと大きく異なります。法の世界では100人の法律家がいれば，100の解決法や正義が主張されるということです。法学者は，ビートルズのヒット曲「Let it be」や「アナ雪（アナと雪の女王）」の主題歌のように「事実をありのままに」とは考えず，そこからより良き解決に向けどうすべきかの方に，より力を注ぐのです。どんな条文があるかを知り暗記するのが法律の勉強だと勘違いしている人が多いのですが，そうではなく，その条文をそんなふうに使って解決してよいのかを考えるのが，真の法学です。

　法学部の授業が他の学部の授業と何か違う感じがするのは，学問の対象がザインではなくゾレンだからです。よく考えると，法学とは大層おせっかいな学問ですね。

　それでは，法学者は世の中のあらゆる規範について考えるのでしょうか。そうではありません。規範には，宗教戒律と呼ばれるものや道徳，その地域の習俗など，いろいろあるからです。「汝の隣人を愛せよ」「嘘をつくな」「結婚するには持参金が必要」などといったものです。これらが法とどのような関係にあるかについては，諸説ありますが，多くの学説は「法は，それを守らなければ刑罰や財産の差し押さえなど，最終的には国が強制的に従わせる規範である」としています（強制説）。特に道徳と法は区別しにくいものですが，19世紀に

第1講　法の世界へようこそ　● 005

ドイツのイェリネック[1]は「法は最小限の道徳である」といいました。道徳はともかく，法で人を縛るのはできるだけ避ける方が幸せな社会につながりそうですね。しかし，現代において，そうはいっていられないこともあります。例えば，前述のAによる無灯火運転のような道路交通法違反行為は，道徳とは関係なく交通安全の維持に反するから処罰されるのです。違法行為をしているのに良心が痛まない人がいるのは，そのせいですね。ただ，違法の認識が世間で定着すれば，次第に許されないという気持ちが人々の間に広がる可能性はあります。例えば，以前は原付バイクの路上駐車は見過ごされましたが，2006年以降違法とされてからは，道徳的にも許せないと思う人が増えたのではないでしょうか。

　逆に，道徳が法律を変えることもあります。例えば，犯罪が起きたあと，時間が経ちすぎると，証拠がどこかに行ってしまい，目撃証人の記憶などもあいまいになるなどの理由から，犯罪者は検察官に訴えられ裁判にかけられることはないという時効（公訴時効）の制度があります[2]。しかし，人を殺しておいて時が過ぎれば許されるなんておかしいと，特に被害者やその遺族達から反発が起こり，2010（平成22）年4月，法律が改められ[3]，人を死亡させた犯罪であって死刑にあたるものは，時効そのものを廃止し，禁錮以上にあたるものは時効期間を延長しました。刑事ドラマで，逃げ回った殺人犯が時効を無事に迎え，歯ぎしりする老刑事の前で高笑いをするという場面は，昔の話となったわけです。そうすると，法と道徳はどちらが先行するわけでもない，補完的な関係にあるといえるのかもしれませんね。このように，法が社会でどのように規範としての役割を担うか，道徳と法の関係はいかなるものか，法のめざす正義とは何か，歴史的にどんな変遷があったかなどを研究対象とするものが，**法哲学や比較法学，法史学（法制史）**などの**基礎法学**です。これに対し，六法全書に載っている具体的な個々の条文を主たる研究対象にしているのが，**実定法学**です。基礎法学と実定法学を学ぶ意義と違いについては次の講で説明しましょう。

2　法の分類

　法は分類すると理解しやすいが，分類の方法は切り口によっていろいろです。ここでは，誰と誰の関係を規律するか（関係性），どの場面で役割を発揮するか

（役割），文章の形になっているか（形式）の切り口に分けて説明しましょう。

◆ 関係性による分類

　国や地方公共団体と国民（市民＝私人という）との関係を規律する法を**公法**，私人相互の関係を規律する法を**私法**といいます。公法には**憲法**，**刑法**，**地方自治法**，所得税法をはじめとする**行政法**，それに訴訟をするための手続法である**刑事訴訟法**や**民事訴訟法**などがあります。公法にはもともと，国王や領主，殿様のような権力（最終的には武力・軍事力）を持つ統治者が，過去に横暴の限りを尽くし国民を苦しめてきた苦い過去の歴史に学び，「統治者は被統治者である国民の自由を最大限尊重しなければならない」との意味が込められています。だから，公法は通常，国民の人権が不当に侵害されないように統治者に向けて定められています。例えば，刑法235条（窃盗の罪）には「他人の財物を窃取した者は，窃盗の罪とし，10年以下の拘禁刑（2025年6月1日施行予定。それまでは懲役刑）または50万円以下の罰金に処する」と書かれていますが，これは「人を脅したり傷つけたわけでない単なる泥棒に10年を超える懲役や死刑の判決を下してはいけない」と，起訴状を書こうとする検察官や判決を書こうとする裁判官に向けて注意を促しているのです。

　これに対し，私法は私人同士が仲良く互いに譲り合って平和な社会にしていくための市民ルールで，民法，商法，会社法，手形法，借地借家法などがあります。一般の私人同士なら民法が使われますが，ビジネスを行う人や特殊な決済場面，土地や家の貸し借りの場面では，それぞれに応じた特殊な法律が必要なので，それ以外の法律が使われます。このように，特定の人，事項，場面だけに使われる法律を**特別法**といいます。これに対して，民法は私達が普通に関わり合う中で一般に使われる普遍的な法律なので**一般法**と呼ばれます。もし，特別法と一般法の両方の条文があてはまる場合は，特別法が優先的に使われます。これは「特別法は一般法に優先する」の原則と呼ばれています。例えば，第11講で学ぶ契約の成立は，民法では申込みに対する承諾があった時とされますが〔⇒第11講Ⅲ149頁〕，商法では常日頃から取引するビジネス上の間柄であれば，申込みがあれば契約は成立してしまいます（商509条）。金銭の貸し借りをしても，民法では無利息が原則ですが（民589条1項），商人間では法定の

第1講　法の世界へようこそ　● 007

利息を当然に請求できます（商513条）。この他に，弱い立場の消費者を保護するため，民法の特別法として消費者契約法や特定商取引法があります。

特別法と一般法の関係は，公法でも同じです。例えば，成人が犯罪を行うと刑法により死刑や拘禁刑といった刑罰が科されますが，少年が犯罪を行っても，刑罰ではなく，少年法により原則として特別な教育的処遇を受けることになります（少24条）。例外的に刑罰を科す場合でも，例えば，犯罪行為時に18歳未満の者に対し死刑にすべきときは無期拘禁刑となり，無期拘禁刑にすべきときは10年以上20年以下の有期拘禁刑となり得ます（少51条）。手続きも成人のように刑事裁判所で進められるのではなく家庭裁判所で処理されます。少年法と刑法・刑事訴訟法は特別法と一般法の関係だからです。

なお，私法，公法どちらの領域でも，特別法は年々増える一方にあります。なぜなら，私達が暮らす現代社会は，一般法だけでは対処できないほど変化が激しくなっているからです。例えば，インターネットやスマホが私達の生活の一部になって以来，世の中はデジタル社会として一層複雑になり，権利の侵害や新しい犯罪が出現してきました。そこで，ネット上の誹謗・中傷と表現の自由のバランスをとるプロバイダ責任制限法〔⇒第6講77頁〕，ネットショッピングから消費者を守る電子消費者契約法〔⇒第12講156頁〕，サイバー犯罪や出会い系サイト等を取り締まる各種の特別刑法〔⇒第8講99頁〕が目白押しです。

さて，はじめの公法と私法の話に戻ると，その区別は，ドイツ，フランス，オーストリア，イタリアなどのヨーロッパ大陸の法（大陸法と呼ぶ）の影響のもとで公法を扱う行政裁判所が存在していた戦前には意味がありましたが，戦後はアメリカやイギリスの法（英米法と呼ぶ）の影響で行政裁判所が廃止されたので，理論上はともかく，実務上はその意味は薄れてしまいました。おまけに今は，環境法や消費者法，知的財産法のように公法と私法の両方の性格を持つものが出現したので，ますます区別する実益がなくなっています。強いていえば，六法全書の公法編，私法編のどこに法律があるか探すのには便利でしょう。現代では，公法と私法の区別よりむしろ刑事法と民事法の区別の方が大切です。刑事法は犯罪と刑罰とその実現に関する法，民事法は私人同士の生活に関する規律とその実現に関する法です。民事訴訟法は，公法・私法の分類の中では民事事件を扱う裁判所（裁判官）に向けられたものなので公法に入りますが，この

分類方法であれば，民事法に入りますね。

● 役割による分類

　権利義務関係の発生・変更・消滅など，法律関係の内容そのものに着目した法を**実体法**と呼び，実体法による内容を実現するための手続を定めた法を**手続法**と呼びます。実体法には憲法，刑法，民法，商法，労働法，道交法などがあり，手続法には刑事訴訟法，民事訴訟法のほか，行政権の行使に対する不服や住民訴訟などを定めた行政事件訴訟法，1994（平成6）年から施行された行政手続法★6や2013（平成25）年施行の家事事件手続法★7などがあります。

　なお，組織の構成やインフラ作りに関わる分類として**組織法**があります。それ以外は行為の規範を定める**行為法**です。組織法の例として，法人の内部組織を定める一般社団法人及び財団法人に関する法律や，会社の組織を定める会社法があります。国家の組織を定めるという意味では，国家行政組織法はもちろん，憲法後半の統治機構に関する部分も組織法といえるでしょう。とはいっても，この分類は一応のものです。例えば，会社法の規定の中には，会社と株主，会社と役員の間の役割や権利義務などを定める行為法も混じっているのです。組織が運営される以上，運営に携わる人の行為は必要なので，自ずと行為法もついてくるわけです。

● 形式による分類

　法の形式に着目すると，条文の形式できちんと書かれている**成文法**と，そのような形式になっていない**不文法**に分けられます。1で述べた六法全書には6つといわず，成文法が数多く載っています。成文法は**実定法**とも呼ばれ（前述の実体法とは異なるので注意），国会が民主主義〔⇒第7講Ⅱ1 82頁〕に基づいて定めた成文法のことを法律といいます。国会が制定するので**制定法**ともいわれます。法律と法は区別せずに使われることが多いのですが，厳密にいうと，法律は国会の定めた制定法でなければならず，法は制定法である成文法に加え，不文法も含んだすべてです。

　成文法は条文の形でその存在がはっきりとしていてわかりやすいのですが，その代わり，いろんなケースに使えるよう文言が抽象的です。また，改正され

ないでいると時代の変化に対応できず，古くさくなることは防ぎようがありません。一方，不文法は裁判所の判決や慣習などが積み重なって，現実に社会生活を規律する働きを持つ法のことです。法の存在や内容がはっきりしない短所はありますが，具体的なことにつき妥当な判断を導くのに適しており，社会の変化にも応じやすい弾力性を持っています。大陸法の影響を受ける日本ではすべての法律につき成文法主義をとっていますが，社会が変化し続ける以上，成文法だけでは対応しきれず，自ずと成文法以外の法規範が生まれるものです。そこで，**判例法**つまり裁判所が下した裁判例の蓄積によって成立する法や，**慣習法**つまり慣習の中で特に人々が法規範だと意識するもので補完するわけです。なお，慣習とは，社会生活で長年にわたり繰り返し行われる社会慣行や社会様式のことですが，これが直ちに慣習法となるわけではありません。人々が社会生活の秩序を維持するのに公権力を使ってでも強制されるべきだと思うほどになったものが「法たる慣習」すなわち慣習法です。これに対し，人々がそこまで思わない単なる慣習を，慣習法と区別して，**事実たる慣習**と呼びます。

　英米法系の国では，民法典や商法典といった，紙に書かれたきちんとした条文集はなく，裁判所の判決が特に大切な先例として裁判官を拘束し（**先例拘束性の原則**と呼ぶ），判例法となって，重要な**法源**つまり裁判官が裁判をするにあたり拠り所とする基準となるのです。とはいえ，アメリカには合衆国憲法があるし，養子縁組や電子取引に関してなるべく各州で同じ法律を共有しようとする統一州法や，商取引に関する法典など[★8]，成文法主義の考え方が導入されています。イギリスでも特定の法律領域について成文法があります[★9]。

　一方，成文法主義をとる日本では，正面から判例を法源と認めることには抵抗があるでしょう。憲法でも「すべて裁判官は……この憲法及び法律にのみ拘束される。」という条文があるくらいです（憲76条3項）。それに，裁判所は立法を行う国会ではないのだから**三権分立**〔⇒第7講 **I** 81頁〕に反することになります。しかし，最高裁判所の判決は，事実上は法源といってよいかもしれません。最高裁判所の下に地方裁判所や高等裁判所などの下級裁判所が数多くあり，日本の裁判は三審制をとっていますが〔⇒第2講 **II** 2 29頁〕，もし，下級裁判所が最高裁判所と異なる判断を行えば，実際には上訴され，覆される可能性が強く，最高裁判所自身も一度下した判決は，社会の変化で適合しなくなった

というような特別の事情がない限り，変更されません。[10] そこで，日本でも，判例法が次第に生まれ，法源の1つと認めてよいのではないかという考え方も出てくるわけです。

★1　ゲオルグ・イェリネック（1851 – 1911年）はドイツを代表する公法学者。憲法の重要性を唱え，絶対的君主主義を抑えようとした。

★2　刑訴250～252条。

★3　刑法及び刑事訴訟法の一部を改正する法律。

★4　これまでは利率についても民法と商法とではそれぞれ5％，6％というように異なっていたが，2017（平成29）年の民法改正および商法の規定削除により，どちらも一律に3％に引き下げられ，3年ごとに見直す変動制となった（民404条）。低金利時代・ネット情報化時代になり，商取引だから高い利率が適用されるとは，いえなくなったため。また，「権利の上に眠る者は保護されず」との法格言のもと，「金銭を返せ」という貸主の権利など，法律上の権利を権利者が一定期間放ったらかしにしていると，時効という制度によりその権利は消滅し（消滅時効），その期間は民法では（権利を行使できると知った時から）10年，商法では5年と異なっていた。これも，取引相手によってはどちらを適用するのかはっきりしないこと，5年の差を合理的に区別しにくいことから，2017（平成29）年の民法改正および商法の規定削除により，5年に統一された（民166条1項1号）。もっとも，手形上の権利の消滅時効は5年より短い3年であることに注意（手70条1項・77条1項8号）。その点で，手形法と民法は特別法と一般法の関係にあるといえる。

★5　少年法によると「少年」とは20歳未満の者をいう（少2条1項）。2018（平成30）年，民法の「成年」が18歳に引き下げられたこと（民4条。未成年は18歳未満となる）や投票についての年齢が18歳となったことなどから，少年の年齢も引き下げるべきとの議論があったが，2021（令和3）年の改正ではその点は見送りとなった。法律と年齢につき⇒197頁♪ティータイム「いくつからオトナ？ ～成年年齢をめぐって～」参照。

★6　行政機関が行政権を行使する上で踏むべき手続法。行政運営の公正と透明性をはかり，国民の権利・利益保護をめざして制定された。

★7　家事審判や家事調停といった家庭内の紛争解決のための手続法。2023（令和5）年の改正ではウェブ調停や調査報告のデジタル化などが導入された。

★8　統一商法典。UCCと呼ばれるが，コーヒーの名ではない。Uniform Commercial Codeの略。

★9　1977年不公正契約条項法Unfair Contract Terms Act 1977など。

★10　変更する場合は，大法廷で行う（裁10条3号）。

Ⅲ　法を学んで頭脳明晰！

ここまでの説明で，法や法律が何を意味し，どのようなものなのか，ある程度わかったことでしょう。しかし「だから何なのだ」「学ぶメリットがあるのか」

と思う人がいるかもしれませんね。最初に言っておくと，法学は条文を覚える
むなしい暗記科目ではないということです。

　では，法や法律の勉強とは，何を学ぶことなのでしょうか。そして何に役立
つというのでしょうか。これは，大きく分けて2つあります。1つは，法的思
考力を養うことにより問題解決能力がつくということです。単なる思考力では
なく，法的思考力，すなわち皆が納得するトラブル解決策を模索するための思
考力です。明晰な裁判官の頭になるといってもよいでしょう。**リーガル・マイ
ンド**という言葉を時々耳にしますが，この法的思考力のことを指していると思
われます。裁判官と同じ思考力が身につくなんて，素敵だと思いませんか。も
う1つは，法と社会を科学する心を養うことで柔軟な思考力がつくということ
です。第**4**講以下の条文解釈にも深く関わることなので，この2つをここで詳
しく説明しておきましょう。

1　法的思考力の養成

● カルネアデスの板

　刑法の入門書によく出てくる有名な事例に「カルネアデスの板」があります。
ギリシャの哲学者カルネアデスが出した問題で，次のようなものです。

> **✏Case1-2　カルネアデスの板の事例**
> 　1隻の船が難破し，乗組員全員が大海原に投げ出されました。その1人Aが
> 流れて来た1枚の舟板に掴まりました。その板は1人の人間がすがるのがやっ
> との小さな物で，2人が同時に掴まると沈んでしまい，2人とも助からなくな
> ります。その板に別の乗組員Bがすがりついてきました。そこで，先に掴まっ
> ていたAはBを突き飛ばし，その結果，Bは水死しました。Aの行為は殺人罪
> になるでしょうか。

　これは刑法では**緊急避難**〔⇒第**8**講Ⅱ2　106頁〕の問題として扱われ，殺人罪
は不成立となります。緊急事態でふりかかる危難をかわすために，とっさに誰
かを傷つけることは，悪いこととはいいにくい（あるいは非難できない）からです。
ちなみに，襲いかかって来た悪い暴漢に対して反撃し，やむなくその暴漢を傷
つけた場合は，刑事ドラマなどでお馴染みの**正当防衛**です。緊急避難も正当防

012 ● 第Ⅰ部　法の成り立ちを学ぶ

衛も「……やむを得ずにした行為は，罰しない」という点で似通った条文なのですが，✐Case1-2のBのように，緊急避難の場合の被害者は暴漢でも悪人でもない以上，条文中の「やむを得ずにした行為」の意味は，正当防衛よりも厳格に限定的に判断する必要があります。これは，あとで学ぶ解釈方法の中の，縮小解釈または限定解釈〔⇒第4講 I 2 44頁〕といわれるものです。つまり，「やむを得ずにした行為」とは，他に代替手段が考えられず，その行為に出たことが当然と誰が見ても思えるものでなければならないと解釈され，そうでなければ殺人罪が成立すると考えるわけです。そうすると，もし上記の板が，2人でも掴まることのできる大きさの板であったとしたら，あるいは岸が近くに見えていてAとBが交互に板を利用し合いながら岸まで行けそうであったとしたら，AがBを突き飛ばした行為は「やむを得ずにした行為」とはいえず，殺人罪にあたるということになるでしょう。

　では，そのような場合であっても，もし，Bがすがりついてきたように見えて実はすでにもう死んでいたとしたらどうでしょう。殺人罪を定める刑法199条には「人を殺した者は，死刑又は無期……」とあるのですが，今度は，殺人罪の「人」とは生きた人だけを指すのか，死んだ人も含むのかを解釈する必要がありそうです。また，Bがすでに大量の水を飲み，瀕死の状態であったのでAが突き飛ばさなくても死んだであろうというような場合であったら「殺した」といえるのか，つまりその行為から死の結果が生じたという「因果関係」が必要ではないか，解釈する必要がありそうです。これらの解釈をするにあたって，裁判官が気分次第で臨んでは不平等な結果が生じ，裁判の公正が保たれません。ひいては刑事裁判への国民の信頼もなくなるでしょう。つまり「人を殺した」という短い条文であっても，一つひとつの言葉を丁寧に検討し，誰もが納得する解釈が行われなければならないのです〔⇒第8講100-104頁〕。

　解釈に迷いが生じる場合，意見が分かれる場合は，基本に戻ります。その条文が定められた根本理由を考え，そこから解き明かすのです。この根本理由を**立法趣旨**とか**制度趣旨**と呼びます。刑法199条の殺人罪でいえば，人の生命は尊重されるべきかけがえのないものであるから，むやみに侵害されることがあってはならない，つまり，生命の尊厳を保護すべき重大な利益（これを刑法の**保護法益**と呼ぶ）とし，これを侵害すれば国家は極刑も辞さないということで

第1講　法の世界へようこそ　● 013

す。そうすると条文中の「人」は生命ある人であって，死んだ人ではないと解釈されることになりそうですし，「殺した」も生命を奪い取る原因となる行為，つまりその行為が原因で死の結果が生じる危険な行為と解釈するべきでしょう。多くの法律家がそのような考え方をしています。[★12]

● 常識とバランス感覚

　刑法では，人権保障を重視する罪刑法定主義の理念〔⇒第8講 I 1 96頁〕から，条文の解釈は厳格にならざるを得ませんが，民法などの私法では，私人と私人のトラブル解消が眼目なので解釈方法も自然と柔軟なものになります。第4講で詳しく学ぶように，もっと柔軟な解釈方法が行われます。例えば，交通事故などで人が亡くなった場合，民法711条に「被害者の父母，配偶者及び子」は遺族としての精神的損害〔いわゆる慰謝料⇒第12講165頁〕を加害者に賠償請求できるという，慰謝料請求権を定めた条文がありますが，裁判所は，父母，配偶者，子に限定せず，それと実質的に同視できる身分関係があればよいと条文を類推解釈〔⇒第4講 I 2 45頁〕します。そして，被害者と長年同居し，被害者に世話をしてもらっていた夫の妹（身体障害者）も慰謝料請求できるとしたのです。[★13]残された者の気持ちを思えば，父母，配偶者，子だけでなく慰謝されるべき遺族の範囲をあまりに厳格に解するべきではないからです。かといって，縁故の薄い者の慰謝料まで認めるのは加害者に酷な結果となりかえって公平ではありません。そこで，当事者双方の事情を比較し，どちらをより強く保護すべきか考えて解釈します。この，解釈に際しての比較を利益衡量といいます。

　利益衡量を行う際，社会通念に沿っているか，常識的に見て妥当かを，意識することが大切です。究極的には常識とバランス感覚が必要だということですね。

　刑法，民法にかかわらず，法的問題が生じた場合の解決は次のようになります。まず，解決のための条文が存在するかを探り，見つかればあてはめ（条文の適用）を行います。しかし，単純に適用できない場合や，妥当な結果が得られない場合は，条文を解釈してから適用します。解釈という知恵を使って皆が納得するようにトラブルを解決するわけですが，解釈がブレないようにするために，立法趣旨に立ち帰ります。立法趣旨という枠の中で，条文の文言を変形

014 ● 第I部　法の成り立ちを学ぶ

して読み解くことが可能であるかを考えるのです。

　一定の与えられた枠の中で解決をめざす，これは私達の日常生活や一般社会でも必要とされる作業です。例えば，大学卒業後に就職した会社で「100万円を超える取引をするには本社の承認を仰がなければならない」という内規があるとしましょう。ところが，得意先から150万円の取引の緊急の申込みがあったとしたら，どうすればよいでしょう。内規の趣旨が「100万円を超えるような大口取引はリスクがあるので本社によるチェックが必要である」というのであれば，急いで本社の承認が必要，具体的にはチェックを行う担当者にいち早く連絡することが必要でしょう。しかし，100万円を超える取引は手形決済で行うとか特別な金融上の手続を要するというのが理由であるのなら，75万円ずつに取引を分ける，現金取引にするなど，柔軟な解釈（対処）の可能性が出てきます。リスクのない優良取引であることがはっきりしているのなら，承認を「事後承認」と解釈してよいかもしれません。むしろ，取引から得られる利益とリスクを比較衡量すれば，承認は例外的に不要と考えるべきなのかもしれません。このように，様々な対応を迫られるビジネスの現場で他者を納得させる対処ができるか，その際ブレない判断ができるか，バランス感覚はあるか，普段から法的思考力を鍛えていれば，それほど辛い作業ではなくなるはずです。

　もちろん，具体的な法律をたくさん知っているに越したことはありません。例えば「金銭を貸したら貸金債権が時効消滅するので5年以上放置するべきでない」とか（11頁★4の時効を参照），契約書に一部変更を加えて返送されてきたら，契約は成立したことにならないとか〔ミラー・イメージ・ルール。⇒第11講Ⅲ1 149頁〕，知らないと損をしたりビジネスで大失敗する危険がいろいろあります。警察官や公務員になりたいなら，日本が法治国家〔⇒第5講Ⅰ2 58頁〕である以上，職務は法律や条例に基づいて行わなければならず，その知識が当然必要となります。

2　社会科学的思考力の養成

　1の「カルネアデスの板」の問題は緊急避難により殺人罪が不成立となる事例ですが，では，実際に起きた次の「ミニョネット号事件」はどうでしょうか。

✏Case1-3　ミニョネット号事件

　1884年，イギリス船ミニョネット号がイギリスからオーストラリアに向け航行中難破し，乗組員のうちの5人がボートで食料もなく漂流していました。そのままでは全員餓死する他ありませんでした。そこで最も弱っていた少年を2人が殺害し，他の1人とともにその人肉を食べて命をつなぎ止めました。その後，ボートは救出されましたが，殺人罪で起訴された2人の被告人に緊急避難を肯定することはできないとして，死刑が宣告されました。ただ，無罪にすべきという世論に押されてヴィクトリア女王から特赦を受け，禁錮6ヶ月に減刑されました。★14

　全員が死ぬよりは1人でも生き残る方がよいという意味では，カルネアデスの板と同様，このミニョネット号事件でも緊急避難が認められてよいかもしれません。★15しかし，殺された少年が最も弱っていたわけではなかったとしたら，どうでしょうか。5人の中で最も若い上に，優秀で将来有望な逸材であったとしたらどうでしょうか。

　次の「トロッコ問題」★16は，倫理学や哲学のテーマとして，長年議論され続けてきました。法律解釈の背後に控える「正義」という深遠な問題にもつながる議論です。考えてみましょう。

✏Case1-4　トロッコ問題

　無人の路面電車が暴走し，軌道上で工事中の5人の人をはねようとしています。軌道ポイントを切り替えて軌道の交差する別の方向に電車を誘導させれば5人は助かりますが，別の方向で，1人で工事をしているAが轢き殺されてしまいます。あなたがポイントのそばにいるとしたら，ポイントを切り替えてAを死なせますか。それとも，何もせず電車が暴走するのにまかせ，5人を死なせますか。

　何が正しいか，難しい問題ですね。法の目的は，正義の実現にこそあると古くからいわれ，ギリシャのプラトン★17もアリストテレス★18も，正義や法について語っています。では，上記のような船が難破した場合の緊急事態に関して，次のような法律が定められていたとしたらどうでしょうか。「相手が女であれば，突き飛ばして溺死させても，殺して食べても殺人罪は成立しない」。

016 ● 第Ⅰ部　法の成り立ちを学ぶ

そもそも，誤った内容の法律なら正義を実現しないので，従う必要はないというべきでしょうか。不条理な法律に基づく死刑判決を受けた際，逃げることもできたがあえて毒杯をあおって死んだソクラテスの行為に象徴されるように，「いやしくも正当な手続を踏んで制定された法律（実定法）には従わなければならない」と考えるなら，どんな非人道的で不公正な法律でも絶対に従わなければいけないということになります。一方，実定法を超える何か普遍的な法，いわば神の命じる**自然法**がこの自然界には存在するという考えからすると，間違った内容の法律はむしろ守らなくてよいはずです。前者の考えを**法実証主義**（Legal Positivism）と呼び，後者を**自然法思想**とか**自然法理論**（Natural Law Theory）と呼びます。近年の有名な悪法は，ナチスが支配する国会で作られたユダヤ人を差別する法律ですが，法実証主義の立場からは，ナチスの戦犯は法律に従っただけなので罰せられないことになり，自然法思想からは悪法に従うことは合法ではないことになります。特に20世紀を代表するラートブルフをはじめドイツの多くの法哲学者達は自然法思想を強く表明し，ナチスの悪法の否定という共通の認識のもとで自由や人権の尊重などを力強く主張したのです。

　以上のように，法と道徳，正義，法の強制力などを考える学問が基礎法学です。かつて，基礎法学は実定法学を補う学問であると見る人もいましたが，社会が複雑になり価値観が多様化した現在，法の意義そのものや役割を根本から問い直す必要性が高まっています。実定法を解釈し，個々の具体的な法律問題に対処するのとは別の次元に立ち，大きな視野から思考してみることも大切なことです。このような意味で，基礎法学は，法を科学する学問なのです。

★11　正当防衛は刑36条。緊急避難は刑37条。

★12　これを**通説**とか**多数説**と呼ぶ。逆に，少数意見を**少数説**と呼ぶ。

★13　最判昭和49年12月17日民集28巻10号2040頁。

★14　Regina vs. Dudley & Stephens, 14Q.B.D. 273（1884）.

★15　1944年に日本でもミニョネット号事件と同様の事件が起きているが（ひかりごけ事件），弁護人の緊急避難の主張に対し懲役1年の実刑判決（死体損壊罪）となっている。それ以外にも20世紀の国内外で同様の事件が見られるが，いずれも起訴には至っていない。小説・映画を紹介するので，熟考しリーガルマインドを養ってほしい。cf. 野上弥生子『海神丸（付・「海神丸」後日物語）』（岩波文庫，1970年），武田泰淳『ひかりごけ』（新潮文庫，1964年），大岡昇平『野火』（新潮文庫，1954年），ドナー隊事件（アメリカ1846-47年）に関する"The donner party"（1992年DVD），空軍機アンデス遭難事件（ウル

グアイ1972年）に関するC．ブレアJr.『アンデスの聖餐』（高田正純訳，ハヤカワ文庫，1978年），J.A.バヨナ監督『雪山の絆』（Netfix，2023年）など。

★16　トロリー問題（the trolley problem）ともいう。元々，イギリスの倫理学者F.フットが提起し，アメリカのジュディス・ジャーヴィス・トムソンやピーター・アンガーらが掘り下げて考察した。マイケル・サンデル教授の「ハーバード白熱教室」（ＮＨＫ教育，2010年）の冒頭でも取り上げられている。

★17　プラトン（紀元前427-347年）は，古代ギリシャの哲学者。ソクラテスの弟子でアリストテレスの師。

★18　アリストテレス（紀元前384-322年）。のちに息子のニコマコスが父の業績をまとめた「ニコマコス倫理学」には，正義が，広義の正義＝遵法の正義と狭義の正義＝平等に分けて細かく説明されている。

★19　ソクラテス（紀元前470頃-399年）。ポリス（ギリシャの都市国家）の信じる神を冒涜し，若者に害悪を及ぼした罪で死刑判決を受けた。その際の「悪法もまた法なり」の言葉が有名だが，正確ではないとされる。

★20　ユダヤ人の公民権を奪うなどの2つの法律を総称して，ニュルンベルク法と呼ばれる。

♪ティータイム　六法の名付け親は語学の天才！

　六法全書というと，6つの法について書かれた，百科全書のような事典を想像する人がいるかもしれませんね。しかし，六法全書とは，6つといわずたくさんの重要な日本の法律を載せた分厚い条文集のことを一般に指して呼ばれています。六法という言葉の由来は，箕作麟祥（みつくりあきよし）が政府から命じられてナポレオン五法典を翻訳し，刊行した法典集「仏蘭西法律書（ふらんす）」にあるといわれます。五法典である民法典，商法典，刑法典，民事訴訟法典，治罪法典（刑事訴訟法のこと）に，その後，憲法を加えて六法と呼ばれるようになったというのが定説です。麟祥は，生後4ヶ月で父を亡くし母とも5歳で離ればなれとなりますが，漢学や蘭学を学んだ後はジョン万次郎に英語を習うなどして一生懸命勉強し続けました。15歳ですでに幕府の蕃書調所で英語を教え，18歳で福沢諭吉らとともに英文外交文書を翻訳する仕事をするようになります。20歳の時には独学でフランス語を猛勉強してパリ万国博覧会の使節団員に抜擢され，帰国後は政府の命を受けて刑法典を皮切りに，5年の歳月をかけて翻訳に取り組みました。実は，「権利」「義務」という言葉は麟祥がこの書で採用したことにより使われ始めたのです。「動産」「不動産」という言葉も考案しました。その後，民法，商法，破産法，会社条例の編纂にたずさわり，学制を起草し，和仏法律学校（現法政大学）の初代校長として後進の指導にあたるなど，51歳で亡くなるまでの間，数多くの法制度樹立に心血を注ぎました。法整備によって西洋に追いつこうとした明治政府を支え，内憂外患の状態であった当時の日本に多大な貢献をしたわけです。まさに「四方八方，ロッポウでおさめた」人ですね。

<table>
<tr><td>第2講</td><td>法の実現は裁判で──訴訟手続</td></tr>
</table>

Ⅰ　ウルトラマンは問題児：裁判の意義

1　裁判制度の必要性

　社会生活の中では，もめごとや争いごとがつきものです。皆さんがもめごとに巻き込まれたとき，どうやって解決しますか。第1講の🖊Case1-1と同じく，実際にフードデリバリー中に起きた事件を使って考えてみましょう。

> 🖊Case2-1　宅配サービスの自転車で人身事故を起こしたYの責任
> 　フード宅配サービス「ＵＥ」の配達員Y（30歳代）は大阪市内でスマホを見ながら自転車を走らせていたため，歩道を歩いていた会社役員の女性（68歳）Xに後ろから衝突，Xは首を捻挫するなどのケガをしました。XはYとUE社に治療費や休業損害など合計250万円の損害を支払ってほしいと考えています［読売新聞2022年10月14日朝刊33頁参照］。

　もし，Yだけを相手に請求するのであれば，まず，Yに連絡を取って250万円支払ってほしいと伝えます。後日のために要求したことを証拠として残しておきたいなら，内容証明郵便で意思表明するとよいでしょう。このとき，Xに言われた額をYが支払えば，何ももめごとになりませんね。しかし，Yが支払わずに知らん顔していたり，「すぐには払えない」といって，支払ってくれそうにないときはどうすればよいでしょうか。Xとしては，短気を起こさずにまずは相手の言い分をよく聞きながらしっかり話し合うことが大切です。当事者だけで解決できないのなら，保険の代行者や法律の専門家など信頼のおける誰かに入ってもらうとよいでしょう。とにかく当事者双方が，互いに話し合い納得して解決することが，結局はコストがかからず最良の道といえます（ただし，

● 019

そのスジの不適切な人が入るとコストは膨らみ最悪の道となることに注意）。これは示談とか和解といわれるものです。示談は法律用語ではありませんが、**和解**は民法に載っている契約の1つで、当事者が互いに譲歩をしてその間に存する争いをやめることです（民695条）。和解には、民事訴訟法が定める訴訟中の和解もあります。これは**裁判上の和解**と呼ばれます（民訴275・89条）。

　ところで、🖊️Case2-1の場合は、XはUE社にも支払ってほしいと考えています。UE社は直接悪いことをしていませんが、あとで学ぶように、従業員のしでかした不法行為には雇い主として責任を負いなさいという規定があります〔使用者責任。民715条。⇒第12講166頁〕。結論から先に言うと、UE社はフード宅配サービスを管理運営するだけで、Yを雇っているわけではなく、この使用者責任を負いません。[1]どうしても会社にこの責任を負わせたければ、会社が実質的に雇い主のようであったか、つまり使用者責任規定を類推解釈できるかという、難しい法律問題になります。これは裁判所で判断してもらわなければならず、裁判となるからにはXははじめから訴訟代理人〔⇒本講22頁〕として弁護士に任せる方がよさそうです。[2]

　相手が話し合いにまったく応じなかったり、自分の主張ばかり押し通そうとする者だったら、とても困ります。この点、子ども達のヒーローであるウルトラマンや仮面ライダーなら、すぐに懲らしめてくれるでしょう。しかし、現実の世界では、それはかえって問題です。近代国家以前の社会では、私刑（リンチ）や村八分などの私的制裁が横行し、自力で盗まれた物を奪い返すことも日常茶飯でした。しかし、個人が力ずくで解決することを許すと、暴力が暴力を呼び社会秩序は混乱してしまうでしょう。そこで、裁判所という国家機関の公正な判断により、紛争解決を図る仕組みである司法制度が作られたのです。つまり、司法制度が整備された近代国家では、個人が自力で紛争解決することは原則としては許されず（**自力救済の禁止**）、その代わり誰もが公平な裁判所の裁判を受ける権利（憲32・37条）を保障されているわけです。上の例でいえば、Xが治療代等250万円を払えとの要求をYやUE社にぶつけるのではなく、裁判所に判断してもらいます。裁判所は、相手の言い分も聞いた上で、どちらかに軍配を上げます。国家が権力（＝公権力）をもって行う判断なので、皆がその判断に従わなければなりません。仮にYが負けたのに250万円を支払わなければ、

裁判所は力ずくでＸの代わりにＹの財産250万円分を取り上げてくれます。公権力のこれほどに強い力のことを**強制力**ともいいます。このように，**裁判**とは，裁判所・裁判官が公権力（＝強制力）によって具体的な法的紛争に法を適用して判断を下すことをいいます。[★3]

　裁判は大きく分けて民事裁判と刑事裁判に分かれます。順に見て行きましょう。

2　民事訴訟 ──────────────────────◆

　民事裁判（＝民事訴訟）とは，民事事件という私人間の私法〔⇒第1講**Ⅱ**2 7頁〕に関する法的紛争を裁判所が解決する手続のことです。**民事訴訟法**によってその手順が詳しく定められています。その主な登場人物は，裁判所に訴えを起こす**原告**と，訴えられる**被告**です。原告も被告も，通常は弁護士〔⇒第3講**Ⅰ**3 36頁〕に頼んで代わりに訴訟をしてもらいます。これを**訴訟代理人**と呼びます。原告と被告は，公開の法廷に双方向かい合って座り，裁判官の前で口頭陳述によりそれぞれの主張事実を提出し合います。このような方式を**口頭弁論**といいます。口頭弁論は，弁論と証拠調べに分けられます。

　裁判官の前で対等な当事者として互いの主張を尽くし合い，（**口頭弁論主義**という），裁判官は公正中立な第三者として判断することが原則とされます。[★4]この原則から，徹底した**処分権主義**や**当事者主義**（民事訴訟では特に，**二当事者対立主義**（武器対等の原則）という），つまり訴訟を開始するのも何を争うかも当事者の自主的な判断・処分に委ねるということが導かれます。私法を貫く私的自治の原則〔⇒第15講**Ⅱ**1 210頁〕を，訴訟の場面にも反映させようという趣旨です。✎Case2-1の例でいえば，当事者の訴えがなければ裁判所は裁判を始めることはできず，Ｘが「治療費だけの支払いを求める」と主張しているのに，裁判所が「休業損害があったことも認定しましょう」とは言えません。Ｘが「訴えを取り下げたい」と言ったら，裁判所は裁判の継続を強制できず，そこで裁判は終わりです。

　訴えの種類には，「被告借主は原告貸主に金500万円を返済せよ」といった金銭や物の移転を求めるような**給付の訴え**，「私こそが土地Ａの所有者であると裁判所に確認してほしい」といった**確認の訴え**，「私と夫が法的に離婚した

と裁判所に宣言してほしい」といった**形成の訴え**の3つがあります。原則として，被告の住所地にある裁判所に訴えを起こしますが，例外的に，債権者〔⇒第**11**講Ⅱ1 142頁〕の住所地となる債務履行の地，手形・小切手の場合は支払地，不法行為に基づく損賠賠償請求は不法行為のあった地，不動産に関する訴えはその所在地に訴えを起こすこともあります（民訴4・5条）。

　✎Case2-1の場合，Xは，YとUE社はそれぞれXに対して不法行為責任（民709条）・使用者責任（民715条）に基づき賠償する責任があるとして損害額250万円を請求すると記載します。この訴え提起の書面を**訴状**といいます。訴状は事故のあった場所を管轄する大阪地方裁判所に提出します。

　不法行為は第**12**講で学びますが，ここで不法行為の訴訟のマニアックな話を少ししておきましょう。普通，原告が権利を主張していく以上，事実の**立証**（証明，挙証ともいう）は原告側がします。そして被告がそれに反対する事実の立証（反証）をします。立証と反証を尽くしてもはっきりわからないときは，原告の言い分は通りません。つまり，ある事実の存在を立証しようとしたのに立証がうまくいかずその存在の有無が確定しない場合，その事実は存在しないものとして扱われます。一方当事者がこのような不利益を受ける側に立つことを**立証責任**（証明責任，挙証責任）と呼びます。✎Case2-1のXは原告なので，Yの運転の過失や過失運転と損害との因果関係などを立証しなければならないところですが，立証のための証拠集めはけっこう難しいものです。被害者としてひどい目にあっているのに，おまけに立証責任を負わされるのでは踏んだり蹴ったりです。この点，自動車であれば，特別法（自動車損害賠償保障法）により，自動車による交通事故では被害者の原告ではなく加害者である被告（運転者）が立証責任を負うとされます。つまり，加害者の側が自分には過失がなかったこと（無過失）を立証しなければなりません。自動車損害賠償保障法3条は，人身事故の被害者救済のためにこのような立証責任の転換を規定しているのです。同様の配慮は，公害訴訟などでも見られます〔⇒第**12**講Ⅲ2 166頁〕。今後は自転車による事故の場合も，このような配慮が必要かもしれませんね。[★5]

　なお，民事訴訟では弁護士をつける法律上の義務はありませんが，事実上，不利になったりスムーズにいかないことが多いので，通常は法律のプロである弁護士に頼んで**訴訟代理人**となってもらいます。[★6]原則として，弁護士以外の人

022 ● 第Ⅰ部　法の成り立ちを学ぶ

に頼むことはできません（民訴54条1項本文）。

3　刑事訴訟

　刑事裁判（＝刑事訴訟）は，刑法などの刑罰法令の適用実現をめぐる刑事事件を裁判所が解決する手続のことで，**刑事訴訟法**によってその手順が詳しく定められています。ここでも本講冒頭の，🖉Case2-1事例のXとYに登場してもらいましょう。えっ？　同じ1つの事件に民事裁判と刑事裁判，2つの裁判が行われるのかですって？　そうです。第1講で説明したように，1つの事件には，様々な法律が錯綜して関わってきます。Yの無謀運転によってXがケガをしたことは，Xから見れば，Yの不法行為責任を問う民事事件となりますが，刑罰を科すべきという視点からすると，刑事事件としてどんな刑罰をYに科すべきか，そもそもYは刑罰を受けるべき犯罪者なのか，吟味する必要があります。これは，民事裁判とは別の性質の裁判です。民事裁判は，私人間の紛争を民法をはじめとする私法を使って解決することが目的ですが，刑事裁判は，それとは関係なく，犯罪を犯した者を罰して懲らしめる（または，2度と犯さないように矯正する）ことが目的です。そして犯罪者を罰することができるのは，Xのような被害者個人ではなく国家です。[7]被害者は加害者を懲らしめたいと思っても自力で行うことは許されません。被害を金額に換算して，民事裁判で損害賠償請求することが許されるだけです。国家だけが，悪いことをした国民に刑罰を加える権力を持つのです。これを**国家刑罰権**といいます。国家が刑罰権を持つといっても，適正に行使されるのでなければ大変な人権侵害が起こりかねません。無実の者を有罪としたり，たとえ有罪でも拷問を加えたり，ことのほか厳しい刑罰を科すのも問題です。憲法にはデュー・プロセス・オブ・ローすなわち法に基づく**適正手続**〔⇒第6講I 1　65頁〕が定められていますが，刑事訴訟法もそれを受けて，国家機関が適正手続をとるべきことを犯罪発生の時期から細かく定めています［図2-1］。

● 刑事事件における登場人物

　刑事訴訟法には，刑事事件の中でそれぞれの役割をこなす人々が登場します。刑事事件は，刑事裁判が起こされたときが始まりではなく，犯罪発生の時から

スタートします。例えば，前出✐Case2‐1のYが，Xに衝突した後，逃走したとしましょう。Xが自転車に激しく衝突され，倒れているとの通報を受けた警官は，過失傷害罪（刑209条）が成立しそうだと考え，誰が，いつ，どの地点でどのようにXをはねてケガをさせたのか，聞き込みや実況見分という調査をして証拠を集め犯人を探します。わざとXを殺そうとして追突し，刃物を落としていったと疑われるような場合は，殺人（未遂）罪（刑199条）成立の疑いもあるので，刑事と一般に呼ばれる私服の警官も登場します。この段階での一連の活動を**捜査**と呼びます。

　刑事ドラマの中では，Yは犯人とか容疑者，捜査を行う人は警官とか刑事（大きな汚職事件などでは検事）と呼ばれますが，刑事訴訟法上は，次のように呼びます。まず，犯罪を犯したと疑われる**被疑者**。次に，捜査を行う**司法警察職員**。交番のお巡りさんも刑事も含みます。政界がらみの汚職事件などでは，検事が特に専門知識をもって捜査にあたります。テレビのニュースなどで政治家の事務所から証拠書類の入った段ボール箱を運んでいるのを見ますね。検事は公務員としての官名であって，刑事訴訟法上は**検察官**と呼びます。

● 捜　　査

　事件が発生すると，司法警察職員は証拠を集め，聞き込みをし，実況見分の結果を調書にまとめたりします。証拠集めや聞き込みによる証人探しは，すべて人の協力を得て任意にしなければなりません（**任意捜査の原則**）。国家権力を使っての**強制捜査**は，証拠集めの必要性や犯人逃亡の恐れなどがある場合だけです。その場合も，裁判官の出す令状を得るなど法律の定めに従わなければならず（**令状主義・強制処分法定主義**），捜査権の濫用が起きないように配慮されています。令状には，短時間の身柄拘束をするための**逮捕状**や物を探索し取り込む**捜索・差押令状**などがあります。逮捕をした場合，司法警察職員は48時間以内に検察官の所に被疑者の身柄を送らなければなりません（刑訴203条）。犯罪を目撃したら，目撃証人として証言するなど捜査協力をする機会があるかもしれませんが，のんびりしている間に被疑者が釈放されてしまったということがあります。それは，このような強制処分法定主義が鉄則だからです。検察官は被疑者を受け取った時から24時間以内に裁判官に被疑者の勾留を請求して[8]

024　● 第Ⅰ部　法の成り立ちを学ぶ

（刑訴205条）取調べを行います。

◆ 公　判

　犯罪の嫌疑が固まったら，検察官は起訴状を裁判所に提出して被疑者を訴えます。これを起訴（または公訴の提起）といいます。民事裁判なら，一般市民の原告が「訴えを起こす」と表現するだけですが，刑事裁判では検察官だけが公訴権を独占しているので（**起訴独占主義**），重大な権力行使という意味で，公訴と呼ぶのです。公訴提起は，勾留請求日から10日以内にしなければなりませんが，裁判官がやむを得ないと認めるときは，検察官は10日以内の期間の延長を請求できます。結局，身柄の拘束は最長で23日以内となります。[9] それだけしか身柄拘束できない理由は，身柄拘束という人権侵害を最小限にとどめるためです。起訴されると，被疑者は，**被告人**という呼び名に変わります。ちなみに，民事裁判では被告，刑事裁判では被告人です。

　弁護士は，民事裁判では原告代理人，被告代理人という呼び方をしますが，刑事裁判では**弁護人**と呼びます。弁護人は，起訴前から被疑者と面会（身柄拘束中の面会は接見という）して，今後の弁護方針を立て，無実であると主張したり，有罪だとしても犯行の動機や生い立ちなど同情すべき点を挙げて刑罰を軽くしてもらう**酌量減軽**の余地があることを，被告人に代わって主張します〔弁護人の必要性につき⇒**第3講 I 3** 36-37頁〕。裁判所は，検察官と被告人および弁護人双方の主張を聞き，白紙の気持ちで第三者としての立場から冷静に判断します。この訴訟手続のことを**公判**といいます。民事訴訟における口頭弁論にあたります。

　ここまで見てくると，刑事裁判と民事裁判とでは，用語が微妙に異なることがわかりますね。このような違いが生じたのは，訴訟の性質が違うことに加えて，明治期に民事訴訟法がドイツ法を模範に作られたのに対し，刑事訴訟法がフランス法を模範としたことが理由の1つであるといわれています。

　刑事裁判では，被告人が冤罪で処罰されることのないよう，人権侵害を防ぐための配慮がいろいろなされています。まず，検察官は，裁判官に予断や偏見を持たせないよう，犯罪事実の要点を示した起訴状だけを，裁判所に提出します。このシステムは，人権侵害の歯止めとして重要なので，**予断排除の原則**とか**起訴状一本主義**といいます。そして，人違いでないことの確認のための人定

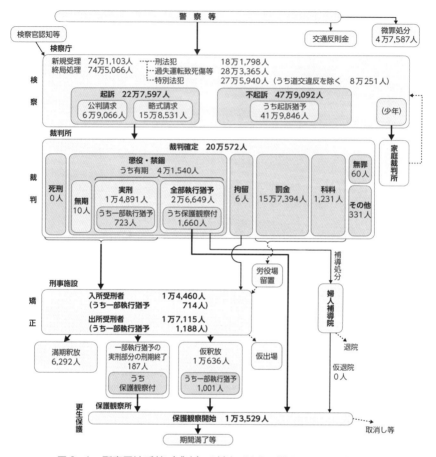

図2-1 刑事司法手続（成人）の流れ ［出典：『令和5年版犯罪白書』］

注 1 警察庁の統計，検察統計年報，矯正統計年報及び保護統計年報による。
　 2 各人員は令和4年の人員であり，少年を含む。
　 3 「微罪処分」は，刑事訴訟法246条ただし書に基づき，検察官があらかじめ指定した犯情の特に軽微な窃盗，暴行，横領（遺失物等横領を含む。）等の20歳以上の者による事件について，司法警察員が，検察官に送致しない手続を執ることをいう。
　 4 「検察庁」の人員は，事件単位の延べ人員である。例えば，1人が2回送致された場合には，2人として計上している。
　 5 「出所受刑者」の人員は，出所事由が仮釈放，一部執行猶予の実刑部分の刑期終了又は満期釈放の者に限る。
　 6 「保護観察開始」の人員は，仮釈放者，保護観察付全部執行猶予者，保護観察付一部執行猶予者及び婦人補導院仮退院者に限り，事件単位の延べ人員である。
　 7 「裁判確定」の「その他」は，免訴，公訴棄却，管轄違い及び刑の免除である。

質問や，裁判長から被告人に，自分に不利になることはいわなくてもよい権利（黙秘権）があることの告知があります（刑訴311条）。次に，起訴状に書かれている事実が本当にあったかの事実認定は証拠によらなければなりません（証拠裁判主義）。その証拠も違法に得られたような証拠ではいけません。例えば，令状もなく強制捜査をしていたときは，たとえ有力な証拠が得られても公判では排除されてしまうのです（証拠能力がないという）。自白だけで有罪とされないと憲法にも刑訴法にも定められていることから（憲38条3項，刑訴319条2項），自白にはそれを裏打ちする補強証拠が必要とされます。そして最後に，有罪か無罪かの判決，有罪の場合は刑の種類なども主文で示されます。

　最後に，刑事手続きに大きな変化のあった2016年改正（2018年6月施行）のうち，特に重要なもの3つを紹介しておきましょう。1つ目は取調べの可視化です。日本では代用監獄の問題がある上に，自白を強要するなど，違法な取調べが密室で行われてもその違法を証明することが困難でした。その問題を解決するため，日本でも他の先進国のように取調べ状況を録音・録画（可視化）しておく制度がようやく導入されました。特に，裁判員裁判〔⇒第3講38頁〕の対象事件など一定の重大事件の公判段階で被告人が「自白は任意でなかった」と申し立てたときには原告は取調べを記録した媒体の証拠調べを請求しなければならず（刑訴301条の2第1項），そのための録音・録画を捜査機関に義務付けています（刑訴301条4項）。ただし，やむを得ない事情によってこの媒体が存在しないときは請求しなくてよいとされるなど，例外範囲の広いところが問題です。また，欧米のように取調べの場に弁護人が立ち会えるよう法的制度が作られるべきとの声が高まっていますが，まだ道遠しの状態です。これらの制度が確立していれば，袴田事件のような悲劇的な冤罪事件[10]も起きなかったでしょう。

　2つ目は証拠開示，つまり，検察官が持つ手持ち証拠の弁護人に対する開示です。それ以前でも，充実した公判の審理を迅速に行うため裁判所主導で公判前に事件の争点・証拠を整理しておくという公判前整理手続が定められたため（2004（平成16）年改正），検察官に証明予定の事実とそれを証明するための手持ち証拠の開示が義務づけられました。しかし，そもそも検察官の手元にどんな証拠があるのか弁護人が知っていなければ意味がありません。そこで法改正により，被告人または弁護人から請求があるときは検察官が保管する証拠の一覧

表を交付しなければならなくなりました（刑訴316条の14以下）。

　3つ目は**刑事免責制度**です。これは，証人に対し，その供述を本人の不利益に使わないことを条件に，証言を義務付ける制度です。共犯者に証言させる場合，その共犯者は自分の犯罪も自白することになるのを恐れて黙秘する可能性があるので，その者の罪は問わないとあらかじめ約束して証言させるのです（刑訴157条の2以下）。さらに特定の犯罪に限り，他人の刑事事件につき捜査に協力することで自分の事件には有利な取扱いをしてもらう**合意制度**も導入されました。これらはアメリカの免責証人性や司法取引を真似た制度ですが，冤罪を助長する危険があり慎重な運用が必要でしょう。

★1　実際の裁判でもUE㈱側は「配達員Yは独立の事業者であって会社と雇用関係にないから，会社に使用者責任はない」と争っていたが，提訴から2年後，異例の和解（この場合は「裁判上の和解」）となり，UE社はXに解決金140万円をYと連帯して支払うことで終結した。Yのような「ギグワーカー」を利用する会社の責任を問う声が海外でも広がっていることをふまえ，会社側は法的責任はともかく，社会的責任はあることを認めたと評価されている。なお，ギグワーカーとは，コンサートなどで雇われる一夜限りの演奏家を意味するギグ（gig）から派生した，単発の仕事をする人を指す俗語。

★2　2で学ぶように裁判（訴訟）では二当事者対立主義（武器対等の原則。⇒本講21頁）がとられるので，気鋭の専門弁護士を訴訟代理人として立ててくる会社に対して，原告Xもそれに見合う訴訟代理人が必要であろう。

★3　裁判所で行われる訴訟手続全体を指す場合もある（広義の裁判）。「裁判」の詳しい意味について⇒本講31頁。

★4　もっとも，実際の日本の民事裁判は，口頭弁論の短所を補うために書面のやり取りで口頭弁論を進めることがよくある。

★5　自転車損害賠償責任保険への加入を条例で義務付ける動きはある。2023（令和5）年4月1日現在で32都道府県。残りは努力義務にとどまる（国土交通省調べ）。

★6　この場合の依頼は，民法上の委任契約を交わすことになる〔⇒第**14**講Ⅱ1 191-192頁〕。

★7　もっとも，犯罪被害者を支援するため，刑事訴訟で有罪判決を出した裁判所がその事件の記録を用いて損害賠償についても審理を行うという**損害賠償命令制度**が2008（平成20）年より導入されている。これにより被害者は民事訴訟を別に起こす必要がなくなる。ただし，この制度を利用できるのは殺人罪や傷害罪などに限られ，✐Case1-1や✐Case2-1の事例のような過失犯は対象とならない（被保24条）。

★8　刑事訴訟法上の「勾留」とは，被疑者・被告人が証拠を隠滅したり逃亡すると疑うに足りる相当な理由があるとき等に，それを防止して刑事手続を進めるためのやむを得ない身体拘束（刑訴60条1項）。拘束の場所は本来，拘置所など法務省管轄の刑事施設であるが（刑事収容3条），警察署内の留置場，いわゆる代用監獄を利用してよいとの例外規定があり（刑事収容15条1項），現実にはほとんどの被疑者がこの代用監獄に収容さ

れる。取調べを受けない時間も含めその身体を警察の支配下に置くことになり，そこから虚偽の自白が引き出されるおそれがあるという意味で冤罪の温床になるとの声がある。「捜査と拘禁の分離」を要請する国際準則から見ても許されないと強く批判されている（自由権規約 9 条 3 項）。なお，有罪判決を受けた後に刑罰として科される「拘留」〔刑 16 条。⇒第 **10** 講 133 頁〕とは読み方が同じだが，異なるものなので注意。

★ 9　内乱罪等の重大犯罪については，さらに 5 日間の延長が可能（刑訴 208 条の 2）。

★ 10　1966 年に静岡県で起きた味噌製造会社専務の一家 4 人が殺害された事件。会社の従業員で元プロボクサーの袴田巌氏が起訴され，1980 年に最高裁で死刑が確定したが，早くから自白の任意性と証拠品の捏造が疑われた。2023 年 3 月，ようやく再審開始が確定，2024 年 5 月に結審，判決は 9 月。本件では取調べの音声記録が一応あるが，400 時間以上の取調べの時間のうち録音テープは 47 時間分にすぎず，しかも自白の音声は存在しない。

Ⅱ　裁判官も木から落ちる？

1　裁判所の種類

　これまでに見た民事事件，刑事事件の他，少年事件や行政事件を処理する裁判は，すべて裁判所で行われます。裁判所は**最高裁判所**（東京に 1 ヶ所。略して最高裁）とその下に下級裁判所があります（憲 76 条 1 項）。下級裁判所には**高等裁判所**（大都市に 8 ヶ所の他，6 都市に支部。略して高裁）と，そのもとに**地方裁判所**（46 都府県と北海道に 4 ヶ所。支部を含め 203 ヶ所。略して地裁），**家庭裁判所**（地裁と同じ。略して家裁），**簡易裁判所**（全国に 438 ヶ所。略して簡裁）があります〔図 2 - 2〕。家庭裁判所は社会福祉的・教育的見地から，戦後，新しくできた裁判所で，特に家庭のもめごとや未成年者の問題を扱います（裁 31 条の 3）。簡易裁判所も戦後にできた裁判所ですが，こちらは簡素な裁判をめざして，金額や重大性の面で比較的軽いケースや素早く解決すべきケースを扱います。

2　三　審　制

　裁判は，裁判官が行います。ドラマなどで，法廷の正面に座っている通常 3 人の，黒い法服を着ている人達です。裁判官は，法律の専門知識を使った上で，各人の良心に基づき判断を行います（憲 76 条 3 項）。しかし，人間は神様と違って完璧ではありません。判断に誤りがないとはいえず，たった 1 度の裁判で決着をつけると，不公正な結果が起きるかもしれません。そこで，下級裁判所か

第 2 講　法の実現は裁判で　◆　029

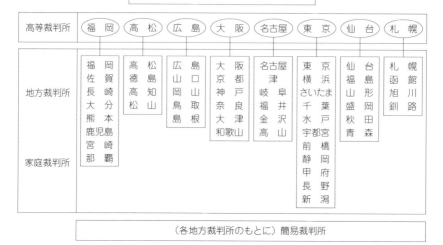

図2-2 全国の裁判所

ら上級裁判所に向けて原則として3回，裁判のやり直しができるようになっています。これを**三審制（度）**といいます。上級裁判所へと訴えることを上訴といいますが，厳密には，次のように，やり直しのたびに呼び名が変わります。

まず，最初の裁判（第一審という）に不服がある場合に**上訴**（控訴という）をすれば，より上級の裁判所（第二審。控訴審ともいう）で争うことができます。第二審でも不服があれば，また上訴（上告という）をして，より上級の裁判所（第三審。上告審ともいう）で争うことができます。裁判の内容に応じて，第一審，第二審，第三審の行われる裁判所の種類が裁判所法で細かく定められています。基本的には第一審は地方裁判所，第二審は高等裁判所，第三審は最高裁判所で行われます。第一審が家庭裁判所の場合，つまり家庭裁判所が，非行少年に対して少年法に基づき保護処分を定める**少年審判**（少3・24条）やその他，離婚後の財産分与や相続後の遺産分割など家庭内のもめごとに関し，家事事件手続法に基づき判断をする**家事審判**（家事39条）では，第二審は高等裁判所となります（裁16条）。

では，✎Case2-1のXが治療費等を支払ってほしいとの民事裁判の訴えはどこに起こせばよいのでしょうか。Xの主張する金額（**訴額**という）が140万円

030 ● 第Ⅰ部　法の成り立ちを学ぶ

を超えるなら地方裁判所ですが，140万円以下なら簡易裁判所です（裁33条1項1号）。60万円以下なら裁判は1日で終了です（**少額訴訟**。民訴368条以下）。簡易裁判所が第一審の場合，第二審は地方裁判所，第三審は高等裁判所となります（裁16条3号）。Xの訴額は250万円なので第一審は地方裁判所です。実際にXは大阪地方裁判所に訴状を出しました。

　次に刑事裁判の方を見てみましょう。刑事事件で罰金以下の刑にあたる罪，選択刑として罰金が定められている罪，窃盗・横領など比較的軽い罪の場合，簡易裁判所が第一審となります。本件の場合，検察官は簡易裁判所，地方裁判所どちらに起訴状を提出すればよいでしょうか。自転車事故や一般の交通事故の場合，通常，検察官は刑事事件として起訴することは少なく，起訴するとしても素早く手続が済むような形式で簡易裁判所に起訴します（**略式起訴**という）。簡易裁判所は公判を開かず書面だけで100万円以下の罰金・科料の**略式命令**を出します。ただし，被害が重大であったり悪質な事件であったのなら，地方裁判所に起訴する可能性もあります。本件では加害状況が首の捻挫の程度であったため，現に大阪簡易裁判所に過失傷害罪で略式起訴され5万円の罰金の略式命令を受けています。ちなみに🖊Case1-1のAは東京地方裁判所に業務上過失致死罪で起訴され，禁錮1年6月（執行猶予3年）の有罪判決が言い渡されました。

3　裁判の結果

　裁判では，互いに自分の主張をし，それを裁判所がよく聞いて，最後に判断を下します。民事裁判や行政裁判では，原告と被告の主張を，刑事裁判では原告である検察官と被告人の主張を裁判所が聞き，どちらの言い分に理があるかを考え，勝ち負けを決めます。この勝ち負けの判断そのものを指して，**裁判**と呼ぶことがあります。裁判というと訴えが起こされてから訴訟が終わるまでの手続全体を指すのが普通ですが，最後の判断だけを裁判と呼ぶ場合は，それまでの途中の手続は**審理**（法廷で手順に従い取り調べ，明らかにすること）といい，審理と裁判を併せて**審判**と呼ぶこともあります。

　冒頭の🖊Case2-1で，Xが250万円の治療費を請求する民事裁判が起こされ，裁判所が原告Xの勝ちと判断を下したとしましょう。その裁判のことを原

告勝訴の判決といいます。それは，Xの請求が認められたことを意味しますから，**請求認容**の判決ということもできます。逆に，Xが負けた場合，原告敗訴の判決といい，請求が認められず打ち捨てられたという意味で**請求棄却**の判決と呼ばれます。[★11]刑事裁判では，「被告人が犯罪を犯した」とする検察官の主張を裁判所が認める場合，検察官の勝訴つまり有罪判決が下されます。検察官が敗訴する場合は，無罪判決が下されたことを意味します。刑事裁判でも有罪か無罪か審理することなく手続を打ち切ることがあります。例えば，Yが17歳の高校生だったとすると少年法の「少年」にあたるので，[★12]まずは家庭裁判所に送致されなければなりません。ところが，それ以外の裁判所で成人と同じように起訴されたとしましょう。この場合，裁判所は有罪か無罪かの審理をしない，つまり門前払いの判断をします。これを公訴棄却といいます。

　裁判には，判決の他に**決定**，**命令**があります。重要度の低い場合や急いで判断する必要のある場合，判決を下すときのように，いちいち口頭弁論を開いていては時間がかかるので，そのような手続をとらずに，決定や命令を出すのです。決定は，複数の裁判官が話し合い，組織としての裁判所が下す場合の呼び名です。1人の裁判官が単独で下す場合は，命令といいます。

★11　訴えを起こせる期間が過ぎていた場合のように，勝ち負けを判断せず，そもそも審理をしない，いわば裁判所が門前払いの形で終わらせることがある。これを**請求却下**の判決という。

★12　少年法は20歳未満の者を「少年」とする（少2条1項）。少年事件の場合，警察・検察は原則として家庭裁判所に送致し（**全件送致主義**。少41・42条），家庭裁判所は刑事手続を行うのではなく，審判を和やかに行う（少3・21・22条）。なお，少年の年齢引下げは見送られたが18－19歳を**特定少年**とする改正があった。⇒197頁♪ティータイム「いくつからオトナ？〜成年年齢をめぐって〜」参照。

♪ティータイム　遠山の金さんと糾問主義

　訴訟とは，紛争の当事者が第三者に関与してもらってその第三者に判断してもらうという，いわば三面的な形態で紛争を解決することです。もともと「訴」という字は，下の者が上の権威ある者の判断を仰ぐことを意味し，「訟」は2人が相争うことを意味していました。これが刑事手続でも取り入れられ，裁く者（裁判官・裁判所）の前で裁かれる者達（対立当事者）が争う形が整ったのは，近代国家以降です。この形を**弾劾主義**と呼びます。これは，それまでの糾問主義に従った手続に対

する批判から来ています。**糺問主義**の時代には，犯人を必ず探し出して処罰しなくてはならないという犯人必罰の思想のもと，裁く者と訴える者は未分化でした。つまり，弾劾主義のもとであれば，裁判官を頂点に，当事者がその前で2つに分かれて二等辺三角形の形で座るのに，糺問主義のもとでは，裁判官兼訴追官が，被告人を一直線に見降ろして訴追し，裁くのです。テレビの時代劇，例えば「遠山の金さん」では奉行所の白州の上から犯人に向けて背中の入れ墨を見せながら「この桜吹雪がすべてお見通しだ」と諸肌を脱いでみせるシーンが有名ですが，まさに糺問主義を表すスタイルです。

　糺問主義のもとでは，裁判官＝訴追官がはじめから疑いの目で被告人を見ているので，自白させようと拷問が行われがちです。犯人を暴く真実発見こそが刑事手続の目的なのですから，被告人には黙秘権もなく，疑いが残る限り，処罰の危険にさらされたのです。

　ちなみに遠山の金さんは，江戸時代後期天保年間に江戸北町奉行を務めた遠山金四郎景元（1793～1855年）という実在の人物です。父の家督を継げない不遇の青年時代に彫り物をしたといわれますが，図案は背中一面の桜吹雪ではなく，小さな花だったとも女の首だったともいわれ，実際のところは謎に包まれています。ただ，庶民への温情厚く，当時から江戸っ子達の人気者であったことは確かなようです。

第3講　裁判に関わる人々

I　餅は餅屋？

　2009（平成21）年5月，裁判員制度がスタートしました。それまで裁判官や検察官という法律の専門家だけで進められていた裁判手続に一般市民も参加し，裁判の結果を決める制度です。大正時代に，刑事事件の一部について陪審制という制度がありましたが，低調となり，やがて第二次世界大戦中に停止されてそのままになっていました。それ以来，裁判には法律の専門知識が必要なのだからヘタに素人が口を出さず，プロに任せておけばよいという考えが続いたわけです。「餅は餅屋」の発想ですね。しかし，次第に国民の間で「判決内容がわかりにくい」「庶民感覚と離れている」「時間がかかりすぎる」などと批判されるようになりました。そこで国は，司法制度改革の1つとして[1]，裁判員法[2]を定め，国民の裁判参加制度を推し進めたのです。この制度には未だに賛否両論あります。裁判員制度の良い点はどこか，問題点はどこか，考えてみましょう。その前にまず，これまで裁判の場面を独占してきた法律の専門家達について見ておきましょう。

1　裁判官

　裁判所で裁判手続に関わる法律家には，裁判官，検察官，弁護士がいます。まとめて**法曹（三者）**と呼びます。法曹になるには，原則として司法試験に合格しなければなりません。そして，司法試験受験資格を得るには法科大学院（日本版ロースクール）を修了するか，または司法試験予備試験に合格する必要があります。そのあと，さらに司法修習を終えなければなりません。

　裁判官は，最高裁判所長官，最高裁判所判事，高等裁判所長官，判事，判事補，簡易裁判所判事の6種類があります（裁5条1・2項）。判事や判事補は，

034 ● 第I部　法の成り立ちを学ぶ

公務員としての官名ですが，まず，司法修習を終えた者の中から，判事補が任命されます（裁43条）。判事補の職権には制限があり，判事補は原則として単独で裁判をすることができません。2人以上の判事補が同時に合議体に加わることもなく，裁判長になることもできません（裁27条）。判事になるには10年以上の法曹経験が必要とされます（裁42条）。実際には判事補として10年在職した者のほとんどが判事に任命され，裁判官の在職年限である10年（裁40条3項）を経過した者も再任されるのが通例です。法律上は，日本では，裁判官の選任について公選制をとらず，任命制により，裁判官となる資格は多元的に定められています（裁41・42・44条）。しかし現実は，このようにほとんどキャリア・システムに近いものといえるでしょう。弁護士からの任官を推進すべきであるという意見もありますが，そのような形で任官した者はあまり多くはありません。むしろ，裁判官であった者が弁護士になることは多く，日本独特であるといわれています。外国では，日本とは逆に，弁護士であった者が裁判官になる場合が多く見られます。

　裁判所の正面で通常3人（最高裁判所では5人または15人，高等裁判所では5人の場合もある）が法服を着て座り，よく話し合って判断します。これを**合議制**といいます。真ん中の人が裁判長で一番偉い人，次が向かって左側の人（右陪席と呼ぶ），その次が向かって右側の人（左陪席と呼ぶ）です。

2　検察官

　検察官は，裁判官を正面に見て，おおむね，向かって左側にいます。私刑（リンチ）が禁止されている現代国家では，検察官だけが犯罪者を訴えて裁きにかけることができます。これを**起訴独占主義**といいます（刑訴247条）。とはいえ，たまたま起きた軽い犯罪まで起訴するのでは，かえってその行為をした者が烙印を押されて社会復帰できなくなってしまいます。そこで，検察官は起訴以外のもっとよい処遇方法があると考える場合，**起訴猶予**やまったく起訴しない**不起訴処分**にする権限が与えられています。これを**起訴便宜主義**といいます（刑訴248条）。このように，検察官には大きな裁量権がありますが，起訴しないでいることが不当な場合もあり得ます。この場合には，不起訴処分が不適切と思う犯罪者の被害者や遺族，告発者たちは，その処分の当否の審査を**検察審査会**

第3講　裁判に関わる人々　● 035

に申し立てることができます（検察審査２条２項・30条）。検察審査会のメンバーは，選挙権のある一般市民からくじ引きで選ばれた11人の人々で構成されます。刑罰権が国家に独占されているとはいえ，民意を反映させてその適正を図ろうとしているわけです。

3 弁 護 士

裁判官や検察官が公務員であるのに対して，**弁護士**は民間人です。在野法曹と呼ばれることもあります。弁護士法３条によると，弁護士は，当事者その他，関係人の依頼によって，裁判所での訴訟事件，非訟事件，行政庁に対する不服申立事件その他一般の法律事務を行うことを職務とします。法律事務の中には，法律顧問として個人や企業などの法律相談を受けたり，訴訟外で，和解のサポートをすることも含まれます。

民事裁判では，訴えを起こしたいと思う原告に頼まれて，代わりに申立てを訴状に書いて裁判所に出したり，証拠申請のための様々な提出書類を作ったり，法廷に出て主張を行ったりします。被告側の弁護士も，訴えられてどうしてよいかわからない被告に頼まれて，代わりに反論のための主張（抗弁）を書類にしたり，法廷に出て述べたりします。原告は，裁判官を正面に見て向かって左側に，被告は右側に座るので，弁護士もどちらの訴訟代理人になるかで座る場所が異なります。

刑事裁判では，第２講で学んだように，弁護士でなく**弁護人**と呼ばれます〔⇒第２講Ⅰ３ 25頁〕。検察官から起訴された被告人の代わりに，様々な主張を行います。被告人が貧困などの理由で弁護人を頼めないときは，国（裁判所）は弁護人を選んで被告人に付けなければなりません。これを**国選弁護人**といいます（憲37条３項，刑訴36条）。弁護人は，起訴される前の被疑者の段階から頼むことができます。捜査の過程でも，警察官や検察官から不当な逮捕・取調べなど人権侵害を受ける危険から弁護人に守ってもらう必要があるからです。特に，身柄拘束されている場合の**弁護人依頼権**は憲法上の権利です（憲34条。刑訴法30条１項は身柄拘束されていなくても認める）。捜査段階で作成された捜査書類が起訴されたあとで証拠として大きな力を持つことなど考えれば，捜査段階から不当な捜査や不当な起訴を防いだり，起訴後に備え，専門家の存在はなくては

ならないでしょう。手続の早い段階から弁護人を依頼して防御の準備を行うことが重要です。以前は，起訴前は国費で弁護人をつける国選弁護制度は存在せず，私選弁護人しか頼めませんでしたが，2006（平成18）年の刑事訴訟法改正により，**被疑者国選弁護制度**が導入されました。当初は一定の重い刑が科される事件に限られていましたが，2018（平成30）年改正ですべての勾留事件に拡大されました。[3]

4 その他の法律家

法曹三者以外にも，実務の世界ではいろいろな法律の専門家が活躍しています。**司法書士，弁理士，行政書士，公証人**などです。特に司法書士は少額訴訟[4]〔⇒第2講31頁〕など簡易裁判所での民事紛争の代理を扱うことができるので，この限りでは弁護士と同様，民事裁判に関わる民間の法律専門家の1人です。

最近では，このような法律専門家のもとで，**パラリーガル**とか**リーガルアシスタント**と呼ばれる法律業務に付随する職業人が注目されるようになってきました。元々，アメリカで誕生した職業ですが，日本でも過払金返還訴訟の実動部隊として，または大規模法律事務所での業務の効率化のために，書類作成，文献調査，資料や証拠の収集・分析，翻訳などのアシスタントとして，必須の存在となりつつあるようです。

5 裁判所書記官

裁判所の構成員として裁判官以外に裁判所事務官，裁判所書記官，その他の一般職員がいますが，このうち，**裁判所書記官**は特に重要な役割を担っています。公判調書の作成など裁判事務と最も密接な関係のある職務に従事し，一定の限度でその職務の独立性が認められます（裁60条3〜5項）。特に，最近の民事執行法や民事保全法などの立法で，裁判官の担当していた事務が裁判所書記官の権限に次々と移されてきていて，重要な役割を担うようになっています。訴訟費用額の確定，支払督促の発令の権限（民訴71条1項・382条），訴状の審査や第1回口頭弁論期日前の準備，期日外釈明などへの関与も認められており（民訴規56条・61条2項・63条1項），民事訴訟の運営にあたっては，裁判官と裁判所書記官が連携しながら審理を進める実務が定着しています。

第3講　裁判に関わる人々 ● 037

知的財産関係の裁判所書記官は，訴訟手続上の地位を与えられ，裁判長の命を受けて口頭弁論期日や争点整理手続で当事者に質問，立証を促し，証拠調べの期日に証人や当事者に直接に質問し，裁判官に対して事件についての意見を述べるといった権限を持っています（民訴92条の8）。

　知的財産権訴訟や人事訴訟などでは，裁判所書記官の他に，裁判所調査官（裁57条）や家庭裁判所調査官（裁61条の2）が活躍しています。裁判官の命を受けて必要な調査・報告をし，特に少年事件を扱う家庭裁判所調査官の役割は，非常に重要なウェイトを占めます。

★1　司法制度改革推進計画。2002（平成14）年3月決定。
★2　裁判員の参加する刑事裁判に関する法律。2004（平成16）年5月制定，2009（平成21）年5月施行。
★3　勾留請求されていない逮捕段階の被疑者は国選弁護人を請求できないが，「弁護人となろうとする者（刑訴39条1項）」として登録されている弁護士を初回無料で派遣してもらえる**当番弁護士制度**が各地域の弁護士会にある。
★4　厳密には，一定の研修を受け，法務大臣の認定を受けた認定司法書士（司法書士法3条2・3項）。

Ⅱ　12人の怒れる男：裁判員制度

　「12人の怒れる男」という古いアメリカ映画があります。スラム街に住む若者が父親を殺した第一級殺人罪で起訴され，裁判を傍聴した12人の陪審員たちが，その若者が有罪か無罪か話し合う密室劇です。はじめはほとんど全員が若者の有罪を確信していたのですが，疑問を持つ1人の陪審員の問いかけから，やる気のなかった陪審員も巻き込んで議論は思わぬ方向へと展開する鬼気迫るストーリーです。この映画の中で，1人のヨーロッパからの移民の陪審員が，皆で話し合って決めるという民主主義の素晴らしさを力説する場面がありますが，このくだりは巨匠ルメット監督の思いがあふれる名場面になっています。

　アメリカでは陪審制がとられていますが，日本では，アメリカ・イギリスの陪審制やヨーロッパの参審制などを参考にしつつ日本独自の**裁判員制度**が創設され，2009（平成21）年5月，全国60ヶ所の地方裁判所，地方裁判所支部で裁判員による裁判が初めて実施されました。日本発の裁判員制度とはどのような

制度なのか，見てみましょう。

1　裁判員の選び方

　選挙人名簿に載っている国民の中から，毎年，くじで選んで裁判員候補者名簿が作られます（裁判員21条）。裁判所は，事件ごとに抽選で一定数を抽出の上，選ばれた候補者に裁判所に出頭する日時等を通知します（裁判員26・27条）。通知を受けた裁判員候補は，被告人や被害者と関係がないか，辞退希望がある場合はその理由などについて裁判長から質問を受けます。最終的に，①原則として6人が選ばれますが，②被告人が事実関係を争わない事件では，4人が選ばれます。裁判官の数は，①の場合は3人で，うち1人が裁判長を務めます。②の場合は裁判官は1人で，その裁判官が裁判長も務めます（裁判員2条2・3項）。

2　裁判員の仕事

　裁判員制度が適用される事件は，地方裁判所で行われる刑事裁判のうち，死刑または無期の懲役・禁錮にあたる罪など重大犯罪に関する事件であって，故意の犯罪行為で被害者を死亡させた事件です（裁判員2条1項2号）。例えば，殺人罪，傷害致死罪，強盗致死傷罪，現住建造物等放火罪，強制わいせつ等致死罪，危険運転致死罪などです。

　裁判員に選ばれると，担当する刑事裁判について，原則として連日，公開の法廷で行われる審理つまり公判に出席し，裁判官と一緒に被告人や証人に質問をしたり証拠を調べたりします（裁判員52〜59条）。公判で明らかになった事実を基礎に，被告人が有罪か無罪か，有罪だとするとどんな刑を科すべきかを裁判官と一緒に話し合い（評議。裁判員66条），決定します（評決）。評議と評決は非公開で行います。評決は多数決によりますが，裁判員と裁判官のそれぞれ1人以上が賛成しなければなりません（裁判員67条）。判決の宣告は，裁判員立会いのもとで，裁判官が公開の法廷で行います。これで裁判員の仕事は終了です。

3　裁判員制度の問題点

　裁判員制度には未だに反対意見もあります。第1に，憲法で定められた「裁判官の独立」（憲76条3項）を侵すもので憲法違反ではないかという意見が強力

第3講　裁判に関わる人々　039

です。そもそも刑罰は一般市民が勝手に科してはならないという理由から，国家が独占的に刑事裁判を行い，そして刑罰も決めてきたのです。刑事手続に民意を安易に反映させず，裁判のプロである裁判官の良心に委ねることこそが，むしろ公正な結果につながるはずだという考えです。本講冒頭の「餅は餅屋」の発想が今でも根強いわけですね。しかし，もし餅屋がこれぞ職人技だと人の口にあわないヘンテコな餅を作ったとしたらどうでしょう。餅なら誰も買わずその餅屋は店じまいをするだけですが，裁判所がヘンテコな判決を出したら，私達はそれを受け入れるしかありません。そんなことがたびたび起これば，裁判に対する人々の信頼はなくなるでしょう。そうなると「裁判官の独立」が，かえって常識からずれていたり，偏向的裁判を生み出す原因となりかねません。だとすると，国民の司法参加には重要な意味があることになります。近時は，審理日数や評議時間が年々延び，この制度が始まった2009年，初公判から判決までの平均審理日数は3.7日でしたが，**公判前整理手続**[★5]が行われるにもかかわらず，2022年には17.5日に，平均評議時間は6時間37分から14時間54分と大幅に伸びています。[★6]裁判員達が納得のいくまで議論したいとの要望が強くなったことが原因のようです。そうだとすると，この制度が正しく運用されていることになるでしょう。しかし，そのことがかえって辞退者を増やしているという深刻な問題も含んでいます。また，そもそも強制的に裁判員がくじで選ばれることや，特にストレスに弱い人が裁判員に選ばれ，陰惨な証拠資料を見せられること自体が，憲法上の「**苦役からの自由**（憲18条）」に反するのではないかという意見もあります。[★7]そのほか，被告人やその仲間から仕返しをされるのではないか，裁判員と裁判官が6人対3人の比率で自由な評議が行われるのか，死刑を多数決で決めてよいのか，覚せい剤や性犯罪まで含む重大刑事事件を対象とするのはなぜか，むしろ公害・薬害にまつわる行政事件，消費者に関する民事事件を対象とするべきではないかなど，議論は山積みです。加えて，2022（令和4）年から成年年齢が20歳から18歳に引き下げられたことを受けて，翌2023年から18・19歳の者も裁判員に選ばれることとなりました（ただし，学生であることを理由に辞退することは可能でしょう。裁判員16条8号ニ）。皆さんも裁判員制度の問題点について，じっくりと話し合ってみましょう。

★5　裁判員裁判対象事件では必ず行われる（裁判員49条）。裁判所が主宰し，検察官と弁護士が出頭，争点と証拠の整理手続を行う（刑訴316条の2～316条の24）。

★6　最高裁判所事務総局「裁判員制度の実施状況に関する資料（令和4年度）」参照。

★7　事件現場の写真を見て急性ストレス障害と診断された女性裁判員が，国家賠償請求訴訟を起こした（請求棄却。福島地判平成26年9月30日，仙台高判平成27年10月29日参照。最決平成28年10月25日で女性の敗訴が確定）。この事件などを受け，現在は死体の写真をイラストで代用するといった取組みがなされている。

♪ティータイム　お国柄で異なる，裁判の市民参加

　一口に，英米は陪審制，ヨーロッパは参審制といわれますが，細かく見ると，実は国によって制度の内容は様々です。例えば，アメリカの陪審員制度は，映画やドラマで見かけるように，裁判官とは独立して事実審理だけを行い，有罪か無罪かを全員一致で決定します。扱う対象事件は刑事事件だけではありません。民事，労働，果ては離婚の際の子どもの親権の決定やペットの虐待事件にまで関わります。陪審員の数は，年間でざっと100万人，おまけに人種のるつぼですから，人種の偏りなどないよう，予備尋問でチェックが周到に行われ，膨大な数の市民が陪審制のために動員されます。私がアメリカに滞在していた頃にも，何人もの人が予備尋問や陪審として呼び出されたとうんざりしている様子を見かけました。それでも，「陪審制はない方がよいのでは？」と尋ねると，一様に「ノー。市民の当然の義務だから」という答えがきっぱりと返ってきたものです。民主主義の精神を徹底的に教え込まれるアメリカ人ならではといえるでしょう。この点，同じ陪審制をとる国でも，イギリスの場合は，刑事事件とごく一部の民事事件しか陪審裁判とはなりません。

　一方，ドイツやフランスでは参審制をとっていますが，訴訟形態は職権主義が基本です。現に，ドイツでは参審員は裁判官と並んで正面に座ります。刑事，労働，行政，社会事件と，いろんな事件を対象とし，裁判官3人と参審員2人が話し合い量刑も決めます。1974年の改正までは日本と同様，6人の参審員でしたが，手続簡略化のために2人に減りました。人数が少ないと，裁判官に同調してしまいそうですが，4年の任期制というユニークな制度をとっているので，次第に仕事に慣れて，職業裁判官を相手に自分の意見を堂々と述べることが普通になるようです。

　フランスの制度は日本同様，1回きりの無作為に選ばれた参審員が，重い刑事事件に加わりますが，裁判の民主化が推し進められており，2011年には，軽い犯罪や仮釈放の審理，未成年者の犯罪も判断する市民参審員の制度ができています。

　さらに，北欧では，国の事情や歴史により，参審制と陪審制のどちらか，または併用をしていますが，どこも訴訟形態は職権主義ではなく当事者主義をとるので，裁判官も中立的な判断者として，法服を着用せずカジュアルな服装で，ほぼ同数の参審員（または陪審員）とフランクに協議を行っているようです。

　裁判の市民参加といっても，お国柄によって，ずいぶん違うものですね。

第3講　裁判に関わる人々　041

第4講 条文を読んでみよう

Ⅰ 酢こんぶはおやつか？

1 はじめに定義ありき

まずは，次の設問について考えてみましょう。

> 💡Quiz4-1 おやつの範囲
> あなたは，教育実習のため小学3年生のクラスに来ています。ある日，遠足に同行することになりました。その学校では「持参するおやつは2種類まで」と決められています。ところが，チョコレートとキャラメル以外に酢こんぶを持ってきた女の子がいて，クラスがもめています。女の子は「これはおやつではない」と主張しています。あなたならどう指導しますか。酢こんぶでなく，リンゴならどうでしょうか。乾燥小魚なら，炒り豆ならどうでしょうか。

規則を皆にきちんと守らせるには，規則が誰にとってもわかりやすい明確なものでなければいけません。ここでは，「おやつ」の定義が問題となります。お菓子という意味なら，甘みを中心とする嗜好品です。そうすると，昔，水菓子と呼ばれた果物なら，何とかクリアーするかもしれません。しかし，ヘルシー食品として人気のある酢こんぶや小魚や炒り豆になると微妙ですね。国語辞典では，おやつは「食事と食事の間の間食」を指しますが，この定義だと昼の弁当以外のときに食べる物はすべておやつとなるでしょう。しかし，そうすると弁当箱の中に入れてしまえばリンゴでもクッキーでも間食ではない，つまりおやつでなくなります。このように，定義がはっきりしないというのは，混乱を生みだすもとです。「はじめに言葉ありき」という聖書の言葉がありますが，法律問題では「はじめに定義ありき」ということになりますね。

042 ● 第Ⅰ部 法の成り立ちを学ぶ

では，実際の法律ではどのような定義が示されているでしょうか。例えば，「自動車運転処罰法」と呼ばれる法律があります[★1]。以前は悪質・危険な自動車運転で人が死傷する事件が起きるたび，刑法の中の関連犯罪が厳罰化されていたのですが，ついに2013（平成25）年，自動車運転による死傷事件はすべて刑法の特別法であるこの法律により処罰されることとなったのです（翌年5月施行）。さて，この法律の「自動車」とは何を指すのでしょうか。「自動車」と聞けば，普通は四輪の乗用車やトラックを想像しますね。国語辞典では「通常は四輪車を意味する」と明記するものや，単に「エンジンの力で走る車」など様々，一概に「自動車」という言葉一つを見てもその定義はあいまいです。かつて刑法に載っていた「危険運転致死傷罪」（旧刑208条の2）では「四輪以上の自動車」が対象でしたが，「四輪以上の」が削除された経緯があります。時代がくだるにつれ危険な車は四輪車だけではなくなったからです。そしてとうとう，冒頭の自動車運転処罰法の1条1項には「自動車」の定義が置かれ，自動二輪や原動機付き自転車も含まれることになりました[★2]。

　有名な刑法の条文に「人を殺した者は，死刑または無期もしくは5年以上の拘禁刑に処する」というのがあります（刑199条）。おなじみ，殺人罪です。この条文中の「人」とは何でしょう。人は人だと思うかもしれませんが，「人」の定義は意外に難しいのです。殺される「人」は，まず生きている人間である必要がありますね。死体であっては困ります。では死んでいるとはどういう状態でしょう。脳死はどうでしょう。また，この世に生まれていないと殺せませんが，お母さんのお腹にいる胎児はどうでしょう。胎児を殺すと堕胎罪（刑222条以下）に問われますが，胎児が母体から少しだけ外に出てきた場合はどうでしょうか。いつ胎児ではなく人になるのでしょうか〔⇒第**8**講102頁〕。

　こうして見てくると，法の世界では，言葉の定義を決めるのはなかなか手ごわい作業です。このように，法律の文言の意味内容を明らかにすることを，法の解釈とか条文の解釈と呼びます。

2　条文解釈の方法

　条文の解釈には，いくつかの方法があります［図4-1］。講壇事例としてよく使われる「車馬通行止め」の看板を例に説明しましょう。ひと昔前は寺社の

参道入り口などによく見られたこの通行禁止のルール，どう解釈すればよいでしょうか。

（1）文理解釈

　　文理に沿って文字通りに解釈することを，**文理解釈**といいます。語法や文法など言葉そのものが持つ意味合いを，国語辞典などを手掛かりに客観的に探る，これが解釈の第一歩，素直で基本的な方法といえるでしょう。この文理解釈によれば「車」と「馬」は参道には入れないということですね。「車」はさしずめ自動車といったところでしょうか。文理解釈だけでははっきりしません。

（2）論理解釈

　　文理解釈での不備や不完全を補充するため，**論理解釈**が用いられます。法律の（制度）趣旨，これまでの経緯，他の法令との関係など，体系に目配りしながら論理的に矛盾しないように行う解釈です。論理解釈は，制度趣旨を確実に実現したいとか，より妥当な結果を導きたいという目的や価値判断が背後にある場合の解釈方法です。主なものとして，次の5つがあります。

　ア．縮小解釈

　　文言の本来持つ意味よりも狭く解釈する方法を縮小解釈（限定解釈ともいう）といいます。例えば，「車馬通行止め」の制度趣旨が，車のたてる騒音や馬のいななき，ひづめの音を遠ざけ，静かな境内の環境を守ろうというのであれば，「車」は音のうるさい自動車に限られるとの解釈が考えられます。車輪がついていても人力車や自転車を含まないことはもちろん，自動車であってもエンジンのない電気自動車も含まないと考えてよいかもしれませんね。

　イ．拡大解釈

　　縮小解釈とは逆に，通常の文言の意味よりも広げて解釈する方法を**拡大解釈**（拡張解釈ともいう）といいます。これまで度々参拝客が事故にあっていたなどの事情があり参拝客の安全を趣旨として「車馬通行止め」が設けられたのだとしたら，拡大解釈により「車」には自転車もスケートボードも含むと考えてよさそうです。また，シマウマやロバなど同じ馬科の動物

も「馬」と解釈してよいでしょう。

ウ．類推解釈

　拡大解釈と似ている解釈方法として，**類推解釈**があります。本来の文言にはあてはまらないが，類似の事例なので制度趣旨を類推してその条文を準用することです。「車馬通行止め」の制度趣旨がイと同じく参拝客の安全とすると，「車」には駕籠（かご）（人を乗せて前後から２人で担ぐ昔の乗り物）やソリ（雪や氷の上を滑らせて人などを運搬する乗り物）も含めることができます。どちらも車輪すらなく，およそ車とはいえませんが，車に似た，参拝客にとり危険な乗り物と捉えるのです。また，牛やラクダもおよそ馬とは異なりますが，参拝客にぶつかりケガをさせる危険のある動物としては「馬」から類推して解釈できるでしょう。

エ．反対解釈

　条文の文言にあたらない場合に，それとは逆の結論を導く解釈方法を**反対解釈**といいます。車や馬が通行できないとすると，それなら車や馬以外の，例えば人や小鳥なら通行できるとするのが，反対解釈の例です。

オ．勿論解釈

　制度趣旨から考えて，書いていなくても勿論のこととして当然に導かれるとする解釈方法を**勿論解釈**といいます。「車馬通行止め」の制度趣旨がイと同じく参拝客の安全とすると，例えば戦車，ライオンや虎も参拝客に危険をもたらすものとして当然にその通行が禁止されるはずです。

◆ 刑法と類推解釈の禁止

　さて，前述のウの類推解釈の手法は，刑法や刑罰を定める法規を解釈する時には使ってはならないとされています（刑罰法規における**類推解釈の禁止**）。それはあとで学ぶ刑法の大原則「罪刑法定主義」に関係があります。**罪刑法定主義**とは，何が犯罪でありそれに対してどんな刑罰が科されるか，あらかじめ法律で定めなければならないという，大切な原則です〔⇒第 **8** 講96頁〕。その精神からすると，類推解釈は「刑法の条文にあてはまらなくても他の条文に類似しているから処罰してしまえ」という必罰主義につながり，ひいては裁判官が法律なしに被告人を処罰するのと変わらない状態が起こりかねず，到底許されませ

第４講　条文を読んでみよう　◆ 045

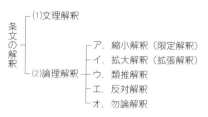

図4-1 条文解釈の種類

ん。これでは被告人の自由を奪う上，恐怖政治を許し民主国家を揺るがすことになってしまうでしょう。★3

　これに対して拡大解釈は文言の意味を拡げるものの，類推解釈のように文言の枠を超えてしまうわけではないので許容されるといわれます。しかし，実際には拡大解釈と類推解釈の区別をつけるのは困難です〔⇒110頁♪ティータイム「電気は物か（電気窃盗事件）」参照〕。例えば，古いところでは，昭和の初期，過失によりガソリンカー（当時の汽車代用列車。戦後はディーゼルカーが主流）を転覆させ多数の乗客を死傷させた運転手に対し「過失往来危険罪」の成否が問題となった事件があります（大判昭和15年8月22日刑集19巻540頁）。刑法129条では「過失により，汽車……を転覆させ……」と書かれていますが，裁判所は，ガソリンカーも「汽車と動力が異なるだけでともに鉄道線路上を運転し多数の貨客を運輸する陸上交通機関」として「汽車」に含まれると解釈しました。現在の多数説もガソリンカー，ディーゼルカーどちらも「汽車」にあたると解釈するようですが，これは拡大解釈の域を超え，もはや類推解釈ではないかと批判する学説もあります。また，他人の物を壊すと「器物損壊罪」（刑261条）が成立しますが，この「損壊」の解釈につき議論があります。例えば，窓や扉のガラスにビラを多数貼りつける行為（最決昭和46年3月23日刑集25巻2号239頁），徳利とすき焼き鍋に放尿する行為（大判明治42年4月16日刑録15輯452頁），自動車のドアハンドルの内側やフェンダーの裏側に人糞を塗りつける行為（東京高判平成12年8月30日東高刑時報51巻1-12号96頁）は「損壊」でしょうか。これについては意見が次の2つに対立しています。①物理的に壊すこととする説（物理的損壊説）と，②物理的に壊すことに加え，その効用を害する一切の行為を含むとする説（効用侵害説）とです。②によれば，単に破壊するだけでなく経

済的価値・使用価値を害する行為も「損壊」となります。これらは物を破壊してはいないが，心理的に使う気になれない状態にしているので（精神的な効用侵害），損壊と考えるわけです。通常の意味をかなり拡張した，微妙な解釈といわれています。[4]

　刑法では類推解釈は許されませんが（ただし，被告人の利益になる類推解釈は許されると考えるべきでしょう），他の法律では広く使われています。例えば民法では，第1講で見た被害者の義妹に慰謝料請求権を認めた事件〔⇒第1講14頁〕のほか，虚偽表示を信頼した第三者を保護する民法94条2項の類推解釈です〔⇒第12講154頁〕。気の毒な遺族や善意の第三者を救いたいとの価値判断があるからですね。

★1　正式名称は「自動車の運転により人を死傷させる行為等の処罰に関する法律」。従来の危険運転致死傷罪（刑208条の2）は本法律の2条に移行。なお本条5・6号は東名高速あおり運転致死傷事件を契機に2020（令和2）年に追加されたもの。

★2　法制審議会（自動車運転過失致死傷事犯関係）部会，第4回会議議事録（28-31頁）で示された解釈参照。www.moj.go.jp/content/000002153.pdf。

★3　ナチスドイツの時代（1935年），全体主義的理論に基づき類推適用を認めるドイツ刑法2条が追加された忌々しい歴史は有名。1946年に廃止された。

★4　近時の判例では，いわゆるコンピュータ・ウィルスをネットワーク上に公開する行為につき，それを音楽ファイルと間違えて受信・実行した被害者のパソコン内蔵のハードディスクの読み・書き機能に支障が生じた場合，ハードディスクの本来の効用が害されたとしてハードディスクの「損壊」があったと認めたものがある。東京地判平成23年7月20日判タ1393号366頁参照。

Ⅱ　ゆいごん残すも遺言とならず？

まず，次の漢字クイズに挑戦しましょう。

💡Quiz 4-2　法律の漢字
　次の①～⑨は法律用語です。いくつ読めますか。
①約款　②遡及　③破綻　④按分　⑤心裡留保　⑥遺言　⑦相殺　⑧嫡出子
⑨心神耗弱

第4講　条文を読んでみよう　● 047

①やっかん：あらかじめ定型的な内容が定められている契約のこと。運送，保険など不特定多数の利用者が相手の事業で利用される。

②そきゅう：過去にさかのぼること。「遡る」と書いて「さかのぼる」と読む。

③はたん：物事や人間関係が壊れて修復できない状態となること。結婚生活が壊れることを「婚姻関係の破綻」という。

④あんぶん：比例した割合で分けること。案分と一般には書きますが，法律の世界ではこの字を使う。**按分比例**ともいう。

⑤しんりりゅうほ：冗談で「金銭をあげる」というなど，真意でないことを相手に表示すること〔⇒第**12**講 I 1 153頁〕。

⑥いごん：自分の死亡後の財産や身分のことなどをあらかじめ書き残しておく最終意思の表示のこと。一般には「ゆいごん」と読むが，法律の世界ではこのように読む〔⇒第**15**講 I 4 204頁〕。

⑦そうさい：金銭の貸し借りなど互いに負担し合うものを差し引きして帳消しにすること。弁済方法の1つとして民法に定められている〔⇒第**12**講 II 7 160頁〕。

⑧ちゃくしゅつし：婚姻中の夫婦から生まれた子のこと〔⇒第**15**講 I 3 203頁〕。

⑨しんしんこうじゃく：精神機能の障害で是非善悪の判断能力が著しく低い状態。刑が減軽される。まったく判断できない状態は心神喪失といい，処罰されない〔⇒第**9**講 I 1 112頁〕。

　法律用語には，読み方の難しいものが結構あります。難しくて誰もなじめないような言葉はわかりやすいものに変えるべきで，現に，難解用語やカタカナ表記の変更など，たびたび行われてきました。★5 ただ，専門用語である以上，難しい言葉を使う方が便利なこともあります。例えば，⑦の遺言は，普通「ゆいごん」と読み，老人が死ぬ前に子どもや孫を呼び寄せそれを示すという場面がしばしば見られます。しかし，それがあとでもめごとの種になりやすいので，民法は，故人の気持ちを法律的に有効な意思表示と認定するために，一定の方式を定めたのです（民960・967条以下）。つまり，本人の署名と押印，日付など，一定の形式を満たす書面による意思表示だけを法律上有効とし（**要式行為**という），そうでない書面や口頭だけによるような意思表示は，法律的には意味を持ちません。このように，法律上の形式を満たした書面だけを**遺言**と呼び，そ

048 ● 第 I 部　法の成り立ちを学ぶ

れ以外の表示はすべてゆいごんと呼べば，法律的に意味あるものかどうかがすぐに判別できますね〔⇒第**15**講 **I** 4 204頁〕。

また，日常用語とまったく異なる意味で使われる言葉もあります。[★6] 例えば「善意」という言葉は，普通は善良な心や他人のためを思う親切心を表しますが，法律の世界ではそうではありません。法律用語の**善意**は，ある一定の事実を知らないことを指します。例えば，泥棒から物を買ったYが，それが盗品で実はXの物だと知らなかった場合，Yは善意であったといい，Xが返してくれと求めても，Yは返さず自分の物にできるという制度があります。これを**善意取得**（**即時取得**ともいう）といいます。Xには気の毒ですが，取引社会が混乱しないように定められた制度です〔⇒第**13**講 **I** 6 177頁〕。

1 条文の構造 ────────────────────◆

では，実際の条文（規定ともいう）を見てみましょう。ここでは，日本国憲法の中の「内閣」に関する条文を使います。

> ☞**Practice4 - 1　憲法の条文を読もう①**
> 第67条〔内閣総理大臣の指名，衆議院の優越〕
> ①内閣総理大臣は，国会議員の中から国会の議決で，これを指名する。この
> 　指名は，他のすべての案件に先だって，これを行ふ。
> ②衆議院と参議院とが異なつた指名の議決をした場合に，法律の定めるとこ
> 　ろにより，両議院の協議会を開いても意見が一致しないとき，又は衆議院
> 　が指名の議決をした後，国会休会中の期間を除いて十日以内に，参議院が，
> 　指名の議決をしないときは，衆議院の議決を国会の議決とする。

憲法は施行に関する補足を含めて全部で103条あります。その中の67番目が67条です。憲法67条は，2つの項で成り立っています。①の文が1項，②の文が2項です。市販の六法全書では，①②の記号がありますが，実は，憲法の原文には記号はなく，段落で区切られているだけです。また，条文のあとの見出しもありません。したがって，実際の法令原文は，大変見にくいものとなっています。

67条1項は，2つの文で成り立っています。はじめの文を前段，あとの文を

第4講　条文を読んでみよう　◆049

後段と呼びます。つまり「内閣総理大臣は，国会議員の中から国会の議決で，これを指名する。」の部分が67条1項前段です。もし，3つの文が並んでいたら，前段，中段，後段と呼びますが，第1文，第2文，第3文といってもかまいません。

> ☞Practice4-2　憲法の条文を読もう②
> 第68条［国務大臣の任命及び罷免］
> ①内閣総理大臣は，国務大臣を任命する。但し，その過半数は，国会議員の中から選ばれなければならない。
> ②内閣総理大臣は，任意に国務大臣を罷免することができる。

68条1項は2つの文から成り立ち，2つ目の文が「但し」で始まっています。この2つ目の文を但書と呼びます。これに対し，1つ目の文は本文と呼ばれます「但し，その過半数は，国会議員の中から選ばれなければならない。」の部分は，68条1項但書です。

> ☞Practice4-3　憲法の条文を読もう③
> 第73条［内閣の職務］
> 内閣は，他の一般行政事務の外，左の事務を行ふ。
> 　一　法律を誠実に執行し，国務を総理すること。
> 　二　外交関係を処理すること。
> 　三　条約を締結すること。但し，事前に，時宜によつては事後に，国会の承認を経ることを必要とする。
> 　四　法律の定める基準に従ひ，官吏に関する事務を掌理すること。
> 　五　予算を作成して国会に提出すること。
> 　六　この憲法及び法律の規定を実施するために，政令を制定すること。但し，政令には，特にその法律の委任がある場合を除いては，罰則を設けることができない。
> 　七　大赦，特赦，減刑，刑の執行の免除及び復権を決定すること。

73条は，1つの項しかありませんが，漢数字が並んでいます。漢数字の一のあとに続く文を第1号と呼びます。例えば，三のあとの「条約を締結すること」は，73条3号本文，「但し，事前に，時宜によつては事後に，国会の承認を経

ることを必要とする」は73条3号但書です。項が1つしかないので，73条1項3号とはいわず，単に73条3号といいます。また，号が始まる前の部分を柱書（はしらがき）と呼びます。「内閣は，他の一般行政事務の外，左の事務を行ふ。」の部分を73条柱書と呼びます。

　条文を読むために，条，項，号について説明しましたが，実はもっと大きい項目があります。憲法の場合章だてになっています。第1章は天皇について，第2章は戦争の放棄について，そして先ほどの内閣に関する条文は第5章です。したがって，例えば，68条は詳しくいうと，第5章68条ということになります。民法や商法になると，条文数が多いので章だてだけではなく，さらに編だてとなっています。大きな項目から順に編⇒章⇒節⇒款（かん）⇒条⇒項⇒号です。

　法律には，実質的な部分の条文である本則と，付随する部分の附則があります。あとで述べる施行期日に関する定めのほか，施行前，施行後の経過措置に関する定め，改正されている場合は改正された日が記されます。法律が制定されたり改正されたりすれば，公布されるとともに法律の最後に附則が置かれ，公布後いつから施行されるのかが示されます。

2　法律の制定・公布・施行───────────────●

　法律や個々の条文ができてから現実に使われるまでの経過を見ておきましょう。まず，国会の議決により法案が可決され，法律が**制定**されます〔⇒第7講Ⅱ1 82頁〕。制定されると「このような内容の法律が制定されました」と国民に向けて公表されます。これを**公布**といいます。公布の日付は，法律の最初にある題名の次に示されています。通常，公布から施行までに一定の期間をおいて法律の内容を国民に周知徹底させます。さらにまた，法律不遡及の原則からも，一定の期間を置く必要があります。**法律不遡及の原則**とは，ある法律が制定・改正された場合，その効力発生日より前に起きた事案には適用しないとする原則です。さかのぼって適用されると，何も知らない者に不利益となるからです。特に**刑罰不遡及**の原則は重要です（遡及処罰の禁止ともいう。⇒第8講Ⅰ1 97頁）。各法典の題名の次には，施行された日が記されています。**施行**とは，法律が効力を生じることです。しこう，またはせこうと読みます。原則として施行の日からその法律（条文）が適用されます。憲法の場合，題名のあとにも

最後の附則にも昭和22年5月3日と記されています。

★5 参議院法制局サイト『法律の窓　法律の現代語化・平易化』参照。韓国でも2022年，い
くつかの法律で難解用語や漢字を日常語やハングルに変更する改正を行っている。朝鮮
日報サイト2022年1月5日社会総合参照。

★6 法律用語のチェックには法律用語辞典を使うのがよい。cf.『法令用語辞典第11次改訂版』
（かんぽう，2023年），『法律用語辞典第5版』（有斐閣，2020年）など。

第Ⅱ部　様々な法を学ぶ

♪ティータイム　失地王ジョンとマグナ・カルタ

　中世後期といえば，日本では鎌倉時代，御家人と呼ばれる武士達が領地獲得に奔走していた頃ですが，イギリスでも領地をめぐってフランスと戦争ばかりしていました。特に，1199年に国王になったジョン王（在位1199～1216年）は，フランスと戦争をするために，バロンと呼ばれる封建貴族達やロンドンの商人達に重税を課すようになります。しかも，戦争にことごとく負け，ノルマンディーをはじめとするフランスの地域の大半の所領を失ってしまいます。元々三男で土地を分けてもらえなかったため「失地王」の異名があったのですが，兄達の戦死等により王位についたあと継承地を敗戦により失ってしまったので，よけいにこの異名が有名になったようです。重税の上に広大な領地を失い，教皇とのかけ引きにも敗れてイングランド全土も献上するはめになり，バロン達の怒りは爆発，挙兵して王を断罪しようとします。王は逃亡を図るも失敗し，しぶしぶ調印させられたのがマグナ・カルタです。

　マグナ・カルタは，63条からなる大憲章で，マグナは大きい（Great），カルタは憲章（Charter）という意味のラテン語です。当時の言語は，上流階級はフランス語，カジュアルな言語は英語，そして公式文書や荘厳な言葉としてはラテン語というように，使い分けがされていたのですね。マグナ・カルタには，国王の課税権の制限，都市の自由，商業活動の自由と財産権，判決や法律の根拠なき不当な逮捕・投獄の禁止，司法の尊重などが，そして最後にマグナ・カルタの普遍性が書かれていましたが，要するに，バロン達が中世的封建契約に基づく権利（身分的自由）の尊重を国王に約束させたにすぎないものでした。ただ，その後も事あるごとに何度も国王に確認され，裁判所による判決を通じてコモン・ローという不文の慣習法の一部として発展していきます。

　マグナ・カルタが，歴史的に脚光を浴びるのは，ジョン王から400年以上ものちになってからです。スペインとの戦争に敗れ重税を課そうとしていたチャールズ1世と対立する議会の勇士エドワード・クック（Edward Coke1552～1634年）が，「マグナ・カルタは，古来存在するイングランド国民の権利を保障した歴史的文書である」と説明したのです。そして，1628年，クックは議会と対立するチャールズ1世に，国民の自由と権利を再確認させるため「権利の請願」を作成し，承諾させました。

　なお，クックは裁判官時代にも，王権神授説を強調する浪費家のジェームズ1世（チャールズ1世の父）に対して，王権も法の下にあると反論，その際「国王といえども神と法の下にある」という13世紀のローマ法学者ヘンリー・ブラクトンの法諺を引用していさめたという有名な話があります。

　イギリスにおける国民の自由と人権獲得の歴史は，愚かな国王との闘いの歴史でもあるのですね。ちなみに，失地王ジョン王は不人気で，イギリス王室にウィリアムやジョージなど同名の王はたくさん出ていますが，未だにジョンの名を継ぐ国王は出ていません。

第5講 憲法はサイコー──憲法その1

I 近代憲法にワシントンもビックリ？

1 憲法の起こり

次の表「日本国憲法の全体像」を見て，設問に答えてください。

> ♀ Quiz5-1 日本国憲法の全体像──異質なものはどれ？
>
> 次の表は日本国憲法の目次です。第1章〜第11章の中に，1つだけ性質の
> 異なる章が混じっています。それは，どれでしょう？
>
> 前文
> 第1章 天皇（第1〜8条）
> 第2章 戦争の放棄（第9条）
> 第3章 国民の権利及び義務（第10〜40条）
> 第4章 国会（第41〜64条）
> 第5章 内閣（第65〜75条）
> 第6章 司法（第76〜82条）
> 第7章 財政（第83〜91条）
> 第8章 地方自治（第92〜95条）
> 第9章 改正（第96条）
> 第10章 最高法規（第97〜99条）
> 第11章 補則（第100〜103条）

　答えは，第3章「国民の権利及び義務」です。ほかの章が，国や政治の枠組
みやシステムというスケールの大きな内容を定めているのに対して，第3章だ
けが，国民一人ひとりが持つ権利や義務というきめの細かい内容を記していま
す。なぜ，異質なものが混じっているのでしょうか。憲法の歴史がわかればそ

● 055

の答えがわかります。そして**憲法**とは何なのかもわかるでしょう。

◉ 中世ヨーロッパにおける憲法

　まず，憲法が歴史上なぜ作られるようになったか理解しましょう。それは古く封建制社会が確立したヨーロッパ中世後期の頃にさかのぼります。元々ヨーロッパでは，強い権威を持つローマ教皇と国王，各地方に領主が，それぞれ力を持っていました。しかし，13〜14世紀以降，十字軍の失敗，荘園制の衰退などで教皇も領主もその力を弱め，一方，国王が領土と国民に直接支配力を及ぼすようになります。軍事技術の進歩とともに，国王は強大な常備軍と官僚をもって権力を一本化し，国を治める最高・独立の力を独占するようになるのです。国王による中央集権的な統治権（主権）の確立が，**絶対王政**と呼ばれる体制とともに国家（**主権国家**）を誕生させました。**統治権**はこの国家の意思を形成し執行していく権力のことですが，統治権が誰に，どのように行使されるかを定めたものが憲法であり，絶対王政下の国王は，自分が国家の統治権（主権）を持つことを憲法によって宣言したのです。絶対王政絶頂期のフランス・ブルボン王朝のルイ14世は太陽王と呼ばれましたが，「朕は国家なり」という言葉で有名ですね。「国家あるところ憲法あり」ということになるので，どんな独裁的国家であっても憲法は存在することになります。この意味の憲法を**固有の意味の憲法**と呼びます。

◉ 近代国家における憲法

　独裁者が無制限の統治権（主権）を持つことは，国民にとっては脅威です。そこで，絶対王政末期になると，イギリスでは，**マグナ・カルタ**が作成されて以降受けつがれてきた国王の権力を拘束しようとする高次の法の思想＝法の精神や，**ロック**★1が唱えた**社会契約論**の影響から，社会構成員（市民）の合意書としての憲法典を制定しようとの気運が起きました。この考えを**立憲主義**といいます。つまり，立憲主義の下に制定される憲法は，国王の権力を制限し，国民の自由を守ることを目的としています。だから，ここでの憲法は第1に国民の自由（**自由権，人権**ともいう）の保障，第2に権力を制限することの可能な統治機構である**権力分立**（三権分立。⇒第7講 I 81頁）を内容とします。絶対王政と

の闘いに勝利してできあがった近代の憲法は，人権保障と権力分立を必ず含んでいるわけです。このような憲法を立憲的意味の憲法とか近代的意味の憲法といいます。

　立憲的意味の憲法を歴史上最初に作ったのはアメリカでした。アメリカの13の植民地は当時，イギリス（ジョージ3世）の圧政に苦しみ，抵抗の末ついに1776年，独立宣言を唱えました。植民地の代表者達はフィラデルフィアに集まり，憲法制定会議を開きます。議長は建国の父の1人ワシントンであり[★2]，最初の**合衆国憲法**（1788年発効）ができました。しかしそのときは「統治権とその組織（統治機構）が書かれていれば十分」との意見が多く，人権規定は盛り込まれませんでした。1791年にようやく，人権保障をうたった**権利章典**と呼ばれる第1〜第10修正条項が追加され，ここで初めて立憲的意味の憲法ができたわけです。

　同じ頃，フランスではフランス革命が起きます（1789年）。このときに出された**フランス人権宣言**16条「権利の保障が確保されず，権力分立も定められていないような社会はいずれも憲法を持つとはいえない」は，立憲主義をうたいあげる有名な宣言です。フランス人権宣言はその後「世界を一周した」といわれるほど多くの国に影響を与え，立憲主義を掲げる近代憲法が次々に制定されていきました。日本でも1889年，アジアで最初の近代憲法が制定されました。立憲的意味の憲法が，近代以降急速に世界に広まったとは，統治機構しか憲法に盛り込まなかったワシントンにしてみれば，その後の時代の変化にビックリ仰天の現象でしょうね。

2　憲法の特性

　立憲主義や立憲的意味の憲法が歴史上勝ちとられた重要なものだということがわかると，いかに憲法が大切な使命を帯びているかが自ずとわかるでしょう。どんな使命を帯びているかを3つの特性にまとめると，次のようになります。

　　①**自由の基礎法**：憲法は，統治機構を定める固有の意味の憲法である以上に，国民の人権（自由権）を保障することに存在意義があります。人権と統治は目的と手段の関係にあるといえるでしょう。

第5講　憲法はサイコー　◆　057

②**制限規範**：国民の人権を最大限に保障するには，国家権力を制限する必要があります。国家の運営を担当するそれぞれの機関（**国家機関**）は，憲法から与えられた制限内でしか活動できないように歯止めがかけられています（そのような国を**法治国家**という）。もちろん，国民は法律を守らなければならず，憲法の中にも，国民の守るべき義務が３つだけありますが，本来，憲法は国家機関の方が守らなければならないのです。

③**最高規範**：国の法体系は，ピラミッドのように上から憲法—法律（国会が制定する法規範）—命令（行政機関が制定する法規範で，内閣の制定する**政令**，各省庁の大臣が制定する**内閣府令**，各省の制定する**省令**がある）—規則（府省の外局である庁や人事院等が定める命令）の順に，段階構造を作っています。こうしてみると，憲法は六法の１つといっても，ほかの法律のような国会で制定された法律ではなく，特別な法規範だということがわかるでしょう。憲法が最高の位置にあるということは，その下にある法規範はどれも憲法に違反してはならないことを意味します。

3 日本国憲法の基本原理

◈ 基本的人権の尊重

　高校までの教科書は３本の柱を日本国憲法の基本原理として掲げています。なぜ，この３つなのでしょうか。例えば，１つ目に挙げられる**基本的人権の尊重**。人権が大切なのは日本だけのことでしょうか。どの国でも人権が何より尊重されるべきです。しかし，日本では明治憲法が，1 で出た立憲主義を導入したにもかかわらず，それは（立憲）君主主義であり，国民は天皇から与えられた制限付きの自由を受け取ったにすぎませんでした。明治憲法下の人々は国家や家制度に縛られ，挙句の果てに太平洋戦争に突入し散々な目にあいました。その反省をふまえた３本の柱を日本国憲法は基本原理にするといっているのです。

　さて，１つ目に戻りましょう。11条は国民の基本的人権を「不可侵・永久の」権利として保障し，13条はすべての国民が「個人として」尊重されることを定めています。特に13条は，個人を犠牲にした戦前の全体主義を憎み，個人に至上の価値を認めたととることができます。24条にも「個人の尊厳」の言葉が出てきますが，同様に，戦前の因習的な家族主義よりも個人主義を大切にすることをめざす決意の表れと考えられます。

◆ 国民主権と象徴天皇制

　個人が最も重要な価値の源だとすると，国家権力の源も個人に求めるのが自然です。そして個人は一人ひとりその価値を平等に持つのですから，国王や天皇という特定の者ではなく，すべての国民が政治のあり方を最終的に決める権力の源でなければならないはずです。これが，第2の基本原理である**国民主権**の原理です。戦前は，**大日本帝国憲法**（＝明治憲法）で天皇を主権者としていました。しかし，憲法前文や1条で主権が天皇ではなく国民にあることを明らかにし，天皇は日本国と日本国民統合の象徴にすぎないとしました（**象徴天皇制**という）。天皇は国政に関する一切の権能を持ちません。ただ，憲法の定める12個の**国事行為**だけを，自分の意思ではなく，内閣の助言と承認に基づいて行います。つまり，すべての責任（政治責任）は，天皇ではなく，内閣が負うことになりました。

◆ 平和主義

　第3の基本原理は，**平和主義**です。これも個人の尊厳と自由から導かれます。特に日本国民は，平和がなくては個人の自由も生存も無になってしまうことを，戦争によって思い知らされました。前文では，単に戦争をしないという消極的な平和にとどまらず，国際社会での平和主義の徹底を積極的に決意し，第2段の最後では，全世界の国民が持つ平和のうちに生存する権利（平和的生存権）まで示して，人権と平和主義を結び付けています。さらに9条で全面的な戦争放棄と戦力の不保持（1項），交戦権の否認（2項）を掲げている点で，世界に類を見ない徹底した平和主義をとっています。

　ところが，現実には自衛隊の活動範囲が拡大し，再軍備が行われ，そのたびに集団的自衛権を含め，自衛権の憲法解釈をめぐる論争が繰り広げられてきました。**集団的自衛権**とは，自国が攻撃を受けなくても，自国と密接な関係にある他国が攻撃を受けた場合，それを自国自身に対する攻撃とみなして反撃することができる権利のことです。これまでの政府の公式見解は，国際法上は集団的自衛権を保有しているが，憲法9条があるので行使できないとしてきました。しかし，2014（平成26）年，安倍政権のもとで政府は現在の憲法のもとでも一定の要件下で行使できると解釈を変更し，翌年には，集団的自衛権の実施法と

第5講　憲法はサイコー　● 059

して，安全保障関連法（武力攻撃事態や存立危機事態における安全確保法など11の
法律）が成立しました。その後の岸田政権下でも，中国，北朝鮮の脅威やロシ
アのウクライナ侵攻を受け，2022（令和4）年末，いわゆる安保三文書を改訂，★8
専守防衛を破るような閣議決定をしています。解釈によって行使を認めること
はもはや実質的な憲法改正ではないのか，そもそも，保有と行使を別々に考え
ることに無理があるのではないか。政府の見解に対しあなたはどのように考え
ますか。解釈論，改正論の資料を集めて，皆で話し合ってみましょう。

★1　ジョン・ロック（1632-1704年）はイギリスの哲学者。著書『市民政府二論』によって
　　国王の権力の正当性は神から授かった（王権神授）からではなく，社会契約説を根拠に
　　していると説いた。
★2　ジョージ・ワシントン（1732-1799年）。独立戦争で功績をあげアメリカの初代大統領と
　　なる。
★3　子女に教育を受けさせる義務（憲26条2項），勤労の義務（憲27条1項），納税の義務（憲
　　30条）。
★4　憲法99条には「憲法を尊重し擁護する義務を負ふ」者が並んでいるが，それは皇室関係
　　者と国務大臣，国会議員，裁判官その他の公務員だけであって，私たち一般の国民を挙
　　げていない。つまり反対解釈をすれば，これは憲法の制限規範性の表れだといえる。
★5　これを示しているのが，第10章の「最高法規」（97〜99条）である。98条1項「この憲
　　法は，国の最高法規であって，その条規に反する法律，命令，詔勅及び国務に関するそ
　　の他の行為の全部又は一部は，その効力を有しない。」は，憲法の最高法規性を明言す
　　る規定。なぜ憲法が最高位にあるかは，97条を見ればわかる。97条は，国民に保障され
　　る基本的人権が人類の多年にわたる自由獲得の努力の成果であることを第10章の最初に
　　持ってきて高らかに宣言している。憲法が国民の人権を侵してはならない自由の基礎法
　　だからこそ，どの規範よりも上位を占めるといえる。
★6　大日本帝国憲法（明治憲法）の人権規定には「法律の範囲内において」とか「法律によ
　　る……」というように法律の留保がついていた。1925（大正14）年と1928（昭和3）年
　　の治安維持法制定・改正により，結社の自由は極刑をもって禁じられ，国民は政府批判
　　をすることができなくなった。
★7　①国会の指名に基づく内閣総理大臣の任命（憲6条1項）：内閣総理大臣の実質的な決定
　　　は，国会の指名に基づく（憲67条1項）。
　　②内閣の使命に基づく最高裁判所長官の任命（憲6条2項）：最高裁判所長官の実質的
　　　な決定は，内閣の指名に基づく（憲6条2項）。
　　③憲法改正・法律・政令・条約の公布（憲7条1号）：憲法改正は，国会の発議とその
　　　後の国民投票による国民の承認を経て（憲96条1項）公布される。
　　　　法律は国会の議決を経て（憲59条）公布される。なお，国会で成立した法律は施行
　　　により効力を発するが，その前に法律の内容を国民によく周知させる必要がある。そ
　　　れが公布だが，実際の公布の時点は，判例によれば官報に掲載された時点とされる（最

判昭和32年12月28日刑集11巻14号3461頁)。

④国会の召集（憲7条2号）：実際の国会召集の決定は内閣が行い，天皇が詔書をもって召集する。天皇の行為なので敬意を払い，「招集」ではなく「召集」の文字を使っている。なお，国会には常会，臨時会，特別会がある（憲52〜54条）。

⑤衆議院の解散（憲7条3号）：解散とは，議員の任期満了を待たずに議員の身分を終了することをいう。解散の実質的な決定は，内閣が行う〔⇒第7講Ⅱ2 87頁〕。

⑥総選挙の施行の公示（憲7条4号）：衆議院の総選挙および参議院の通常選挙を行うことや，期日など，国民に知らせることを指す。

⑦国務大臣・その他官吏の任免，全権委任状・信任状の認証（憲7条5号）：国務大臣は内閣総理大臣が任免し（憲68条），天皇が認証する。その他の官吏には，最高裁判所判事，高等裁判所長官，検事総長，次長検事，検事長などである。全権委任状とは，外国事項交渉のために外国へ派遣される使節に交渉の全権を委任する文書である。外交関係を処理する内閣がこの文書を発し（憲73条2号），天皇が認証する。認証とは，ある行為や文書などが正当な手続で行われ，作成されたことを，公に確認・証明することである。

⑧恩赦の認証（憲7条6号）：恩赦とは，公訴権や刑罰権を一部または全部消滅させる行政作用である〔⇒第7講Ⅱ2⑥87頁〕。恩赦法により，大赦，特赦，減刑，刑の執行の免除および復権がある。

⑨栄典の授与（憲7条7号）：天皇は，ある者の栄誉を表彰するために位階，勲章，褒章などを授与する。なお，栄典授与の効力については，いかなる特権も伴わず，授与された者一代に限ってしか及ばないとされている（憲14条3項）。

⑩批准書等の外交文書の認証（憲7条8号）：条約締結の際の外交文書が批准書であり，内閣がその批准書を作成する（憲73条3号）。その他の外交文書には，大使・公使の解任状などがある（外務公務員法9条）。

⑪外国の大使・公使の接受（憲7条9号）：日本政府の承認を得て，日本を来訪する外国大使や公使に接見する儀礼的行為である。大使・公使が携える信任状の宛名は天皇だが，その処理は内閣が行う。

⑫儀式を行うこと（憲7条10号）：天皇が儀式を主宰し執行することで，私的なものや宗教的なものは含まれないと解されている。ただ，実際には皇室祭祀を国家行事とそれ以外に分けるのは難しく，不分明といわれている。

★8 「国家安全保障戦略」「国家防衛戦略（旧・防衛計画の大綱）」「防衛力整備計画」（旧・中期防衛力整備計画」の3つ。防衛費の増大への批判に加え「反撃能力」は「敵基地攻撃能力」のことではないかと批判されている。

Ⅱ 自由もいろいろ：人権の分類

Ⅰでは，人権を自由，自由権と同じものとして説明してきましたが，改めてここで，人権の意味を考えてみましょう。日本国憲法で基本的人権と呼ばれる人権は，自由権の他に，参政権，社会権をも含むと一般に考えられています。

第5講 憲法はサイコー ◆ 061

どのような違いがあるのか，順に見ていきましょう。

1 自由権

　元々人権という観念は，人々が国王などの為政者から迫害を受け，生命や財産を理不尽に奪われてきた歴史から生まれたものです。**ホッブス**は，「個人の生存の欲求とそのための力の行使」を自然権として肯定し，**ロック**も生命・身体および財産に対する権利を，人が生まれながらにして持つ侵すことのできない**自然権**であるとしました。これが，アメリカの独立宣言やフランス人権宣言にも強く影響を与えました。つまり，人権は，はじめは自然権を指すもので，国家から奪われたり侵害されたりすることのない自由（自由権）を意味するものだったのです。「国家からの自由」ともいわれます。[10]

2 参政権

　自由権を確実に自分達の手にするためには，国政に参加する**参政権**が必要不可欠です。これは，国家に関わっていくという意味で「**国家への自由**」と呼ばれ，具体的には選挙権ですが，身分・性別・財産などによって差別せず，すべての成人国民が参加できる**普通選挙**が定着するまでには，どの国も時間がかかっています。日本で婦人参政権を含む普通選挙権が認められたのは，戦後です。日本国憲法は，15条で選挙権に加えて普通選挙と**投票の秘密**を保障しています。また，憲法改正の**国民投票権**（憲96条）や最高裁判所裁判官を審査する**国民審査権**（憲79条）〔⇒第7講Ⅲ1 89頁〕もあります。

3 社会権

　18〜19世紀までは，国家が社会の最小限度の秩序の維持と治安の確保さえすればよいという考え（国家は夜回りをするだけでよいという意味で**夜警国家**という）や，個人が自由に競争し，利益を追及するに任せる経済政策をとればよいという**自由放任主義**（＝レッセ・フェール）が主流を占めていました。しかし，時代が下り，資本主義が高度化するといろんな意味での「強い個人」と「弱い個人」が生まれ，経済格差が大きくなります。経済的・社会的な弱者にとって，生活が成り立たなければ，自由権どころではありません。そこで，20世紀に入ると，

格差是正のために国家が積極的な政策や制度を講じるべきとの動きが出てきました。このような国家を**社会国家**といいます。国家に福祉上の給付を求める権利を**社会権**といいます。社会権は，自由権とは逆に，国家による積極介入を求めるので「**国家による自由**」とも呼ばれます。その理念を最初に表明した憲法が第一次世界大戦後のドイツ・ワイマール憲法です。[11]その趣旨は，第二次世界大戦後の世界人権宣言や各国の憲法に浸透していきます。日本でも，明治憲法にはなかった社会権を盛り込んだ日本国憲法が，戦後に誕生しました。

　社会権には次のようなものがあります。まず，弱者が可能な限り強者と対等な競争的地位に立って経済活動が行えるよう，自由放任主義のルールを部分的に修正する権利です。日本国憲法では，勤労の権利（憲27条）と労働基本権（憲28条）があります。**勤労の権利**とは，働く意思と能力があっても就労の機会に恵まれない国民が国家にその機会を求める権利のこと，**労働基本権**とは，労使関係の実質的な対等関係を求める権利のことです。しかしそれだけでは，自己責任とはいえない事情に見舞われ，自分の生存を確保できない者がなおも生じることは避けられません。不慮の事故にあい，仕事ができなくなる場合などはその典型です。国家には，そのような個人の生存を配慮する必要があり，それを定める権利が**生存権**（憲25条）です。さらに日本国憲法は，国民が人間たるにふさわしい生活や社会的・文化的な生活を送るための知識・技能を身に付けるには教育が不可欠であるとして，**教育を受ける権利**（憲26条）も定めました。

★9　トマス・ホッブス（1588-1679年）。主著『リヴァイアサン』の中で「万人の万人に対する闘争」という自然状態では，人々はその自然権を社会契約によって国家に譲渡すべきであると述べた。

★10　自由権はさらに精神的自由権，経済的自由権，身体的自由権に分類される。詳しくは第**6**講参照。

★11　ワイマール憲法151条1項は「経済生活の秩序は，すべての者に人間たるに値する生存を保障する目的をもつ正義の原則に適合しなければならない」と定める。

♪ティータイム　わがままか，自己決定権か？

　自己決定権とは，個人が一定の私的事項について，国家の干渉を受けずに自ら決定する権利（人格的自立権ともいう）です。戦後, 社会が経済成長を遂げる時代は，多くの人は，同じような希望を持って暮らしていました。つまり，人並みに学校に行き，卒業後は仕事を持ち，結婚して子どもを育てるという人生です。同質化社会の中で，人々の描くライフスタイルも同質であったといえるでしょう。ところが，経済が成熟期に入り，他人と違うライフスタイルを望む人が現れます。医療が発達して不可能であったこともどんどん可能になってきました。そうすると，思うままに自分のことは自分で決めて，自由に生きたいという欲求が多岐にわたります。ところが，同質化社会での法規制がその欲求と衝突し始めます。例えば，民法の親族編には，夫婦は結婚後，同じ姓（名字）を名乗り，一緒に暮らさなければならないという規定があります〔夫婦の同居義務。⇒第**15**講Ⅰ**2**②202頁〕。しかし，名字を変えることが不都合である人や苦痛に感じる人，はじめから同居しないライフスタイルを選ぶ夫婦もたくさんいます。あるいは，男女ではなく同性婚を望む人達も増えてきていますが，親族法にはそれに対処する規定はありません。そこで，これらの人達は，憲法上の自由が侵害されているとして規定の削除や新たな立法を求めるのです。さて，その主張は認められるべきでしょうか。それとも，単なるわがままなのでしょうか。皆さんも一緒に考えてみましょう。

　これまでに問題となったものをまとめると, 主に以下のような4種類があります。①自己の生命・身体の処分に関わる自由：治療輸血の拒否，性別を変更する自由，安楽死，自殺，②子どもに関わる自由：子どもを産む（産まない）自由，堕胎，子どもの養育，教育方法の自由，代理母や人工授精など生殖補助医療を利用する自由，③家族形成・維持に関わる自由：夫婦別姓，別居婚，同性婚，④ライフスタイルに関わる自由：高校生が原付免許を取る自由，学校や職場での身なり・外観の自由，頭髪を染める自由，女装をする自由，タトゥーを入れる自由）など。

第6講 ⟩ 権利のカタログ──憲法その2

Ⅰ 通販カタログより見やすい？：人権のカタログ

1 基本的人権の分類────────────◆

　日本国憲法は，人権に関する規定をすべて第3章にまとめて載せています。カタログのようにずらりと並べているので，人権カタログと呼ばれることもあります。あちこちに散らばっていないので，通販のカタログよりよほど整理されていて見やすいといえますね。どのようなものが載っているか，権利の名前をここでざっと紹介しておきましょう。

　まず，国家からの自由を表す自由権と，国家による自由を表す社会権とに分けて規定を置いています。自由権は，精神活動の自由を示す精神的自由権，経済的活動の自由を示す経済的自由権，人身の自由を示す身体的自由権に分類されます。

　精神的自由権には，内面的な精神活動を保障する「思想・良心の自由」（憲19条），「信教の自由」（憲20条）「学問の自由」（憲23条），外に向けての外面的な精神活動を保障する「表現の自由」（憲21条）があります。

　経済的自由権には，「居住移転・職業選択の自由」（憲22条）「財産権」（憲29条）があります。

　身体的自由権には，「奴隷的拘束からの自由」（憲18条），「適正手続の保障（デュー・プロセス・オブ・ロー）」（憲31条），「遡及処罰の禁止または事後法の禁止・一時不再理・二重処罰の禁止」（憲39条），「被疑者・被告人の権利」（憲31・34～38条）というように，主に刑事手続に関する規定があります。

　社会権には，人間らしい生活を営むための「生存権」（憲25条），人間として健全に成長し，有意義な人生を送るために欠かせない「教育を受ける権利」（憲

● 065

26条），生活の糧を得て生活を維持するための「勤労の権利」（憲27条），資本家と労働者の力の差をなくすための「労働基本権」（憲28条）があります。

　この他にも，参政権として，「公務員の選定罷免権」（憲15条１項），「国会議員に関する選挙権・被選挙権」（憲44条），「地方公共団体の長・地方議会議員等に関する選挙権」（憲93条），「最高裁判所裁判官の国民審査」（憲79条２項），「地方自治特別法に関する住民投票」（憲95条），「憲法改正に関する国民投票」（憲96条）があります。

　また，社会権ではないが，国家に対して作為を請求する受益権（国務請求権）として，「裁判を受ける権利」（憲32条），公務員の不法行為を受けた者が国の責任を求める「国家賠償請求権」（憲17条）や無罪の裁判を受けた者が国に補償を求める「刑事補償請求権」（憲40条），国や地方公共団体に対して希望を述べることができる「請願権」（憲16条）などがあります。この受益権は，人権保障をより確実なものにするための権利といわれ，そのために国家に作為を要求することから，上記の参政権とともに，国家への自由と呼ばれます。

２　憲法13条と新しい人権

　憲法13条は「すべて国民は，個人として尊重される」とし，続いて「生命，自由及び幸福追求に対する国民の権利については，公共の福祉に反しない限り，立法その他の国政の上で，最大の尊重を必要とする」と定めています。これは，自然権の思想を表明したアメリカ独立宣言に由来する規定です。前段は憲法24条２項と同様，個人主義の基礎となる個人の尊厳（個人尊重の原則）を掲げ，後段は前段と密接に結びついた幸福追求権を保障していると考えられています。つまり，「生命，自由，幸福追求」を一体として捉え，人は国家に邪魔されずに自分の選ぶ幸福を追及する権利を，人間として生まれながらに持っていると解釈するのです。

　この幸福追求権は，社会が大きく変化し複雑になった現代において，特に，脚光を浴びるようになった権利です。というのは，これまでには考えられなかった方法で人々の生活上の利益が侵害されるようになり，第３章の中で具体的に定められている基本的人権の規定では根拠づけることのできない利益が意識され始めたからです。しかも，それが人間らしく生きるのに不可欠の利益である

なら，他の基本的人権と同様に，憲法で保障されるべきではないかと考えられるようになりました。これを**新しい人権**といいます。例えば，環境権，プライバシー権，名誉権，肖像権，日照権，眺望権，嫌煙権，**自己決定権**などがあり，幸福追求権として保障されるかどうかが盛んに議論されています。幸福追求権は人格的生存に必要不可欠な権利・自由をカバーするという意味で，**包括的基本権**とも呼ばれています。ただ，あまりに漠然としているので，新しい人権は何でもすべて憲法13条で保障されるのか，保障されるとしてどの程度保障されるのか，様々な難しい問題を含んでいます。ここでは**プライバシー権**について，実際に問題となった事件を見てみましょう。

① 「宴のあと」事件（東京地判昭和39年9月28日下民集15巻9号2317頁）。
　　　Y（作家・三島由紀夫）による「宴のあと」は，東京都知事選に立候補し惜敗した原告Xと料亭の女将であるその妻との私生活を赤裸々に描いたモデル小説として出版されました。Xはプライバシー権の侵害を理由にYと出版社を相手取り，謝罪広告と慰謝料を請求する訴えを起こしました。これに対し，東京地裁は，「いわゆるプライバシー権は私生活をみだりに公開されないという法的保障ないし権利として理解されるから，その侵害に対しては侵害行為の差し止めや精神的苦痛に因る損害賠償請求権が認められる」として，初めてプライバシー権の定義を述べ，憲法13条の権利であるとして，権利の侵害を認めました。

　①の事件では，国家の個人に対する人権侵害があったのではなく，出版社と作家による人権侵害があった事件です。このような個人（私人）同士の紛争に憲法を適用するのは，憲法の歴史を考えると奇妙な気がしないでもありません。これは憲法の**私人間適用（効力）**の問題として，当時は激しく議論されたところです。そして，かつては憲法を私人間に適用すべきでない，つまり私人の間では憲法は効力がないという考えが有力でした（無効力説とか不適用説と呼ぶ）。しかし，現代の社会では，大企業など国家に似た巨大な組織・集団が社会的権力として個人の人権に危険を与える場面が見られるので，私人間でも憲法を直接適用すべきとする考え（**直接適用説**）や，私人間の紛争は私法を適用しつつも，間接的に憲法の趣旨を及ぼそうとする考え（**間接適用説**）が有力です。判例は，間接適用説をとっています。

第6講　権利のカタログ　● 067

出版社がひとたび私生活を暴く小説を出版すれば，書かれた個人の痛手は莫大で取り返しがつきません。そこで，本件では，民法の不法行為〔⇒第12講Ⅲ2 164頁〕を吟味する中で，プライバシー権を保障する憲法13条が間接適用されたといえます。

ここではもう1つ，難しい問題があります。小説を書き，出版する側の**表現の自由**（憲21条）をどう考えるかです。裁判所という国家機関が作家と出版社に損害賠償を命じるということは，彼らの表現の自由を侵害する可能性があることを意味するからです。基本的人権は，**公共の福祉**に反しない限りで尊重されるものです。したがって，どのようにプライバシー権と表現の自由の衝突を調整すれば「公共の福祉に反しない限り」といえるのか，慎重に考慮しなければなりません。プライバシー権と表現の自由のように，同じ程度に重要な人権が対立する場合，比較衡量によってきめ細かく利益を調整すべきだとするのが判例・通説です（**比較衡量論**）。この事件ではプライバシー権を主張する側が政治家という公的な立場にある人でしたが，それでは公的な立場の人ではなく一般人の場合はどうでしょうか。次の②の事件について考えてみましょう。

②「石に泳ぐ魚」事件（最判平成14年9月24日判時1802号60頁）
　作家Ｙ（柳美里）がモデル小説「石に泳ぐ魚」で顔面に腫瘍のある女子学生の友人Ｘを描き，Ｘが小説の出版差止めを請求しました。最高裁は，出版差止請求を認めた原審判決を違法ではないとし，原審判決にならって次のように示しました。「公共の利益に係わらないＸのプライバシーにわたる事項を表現内容に含む本件小説の公表により公的立場にないＸの名誉，プライバシー，名誉感情が侵害されたものであって，本件小説の出版等によりＸに重大で回復困難な損害を被らせるおそれがあるというべきである」。

3　法の下の平等

平等の思想には，古代ギリシア時代からの長い歴史があります。アリストテレスは，同じ条件の下でなら取扱いを同じにするのが正義であると強調しています。現在，考えられている平等は，近代の自然法の思想を基礎にしています。フランス人権宣言1条は「人は自由かつ権利において平等なものとして生まれ，

生存する」と宣言し，これによって封建的な身分制によって仕事も人生も縛られていた人々が解放され，すべての個人が平等な機会を与えられるようになったのです。それは，第二次世界大戦後の世界人権宣言でも受け継がれました（世界人権宣言1条「すべて人間は，生まれながらにして自由であり，尊厳と権利において平等である)。しかし，一律に平等な機会を与えられても，現実にはかえって不平等な結果が生まれます。自由競争をしても人はそれぞれ体力差や能力差があり，事情も異なります。経済の高度に進んだ社会ではますます貧富の差が広がります。そこで，現代の平等観は，形式的に機会を平等に与えさえすればよいという**形式的平等**から，格差を是正した**実質的平等**をめざすものに変わってきました。国家は福祉国家・社会国家となり，国家による平等が望まれるようになったのです。ただ，実質的平等を実現するには，弱者を特別扱いすることにつながり，それはいかなる差別も許さない絶対的平等から他の人（強者）を差別することを許す相対的平等を意味します。このような許される差別を合理的差別といいます。社会通念から考えて，合理的で納得できるものならそれは不合理な差別でなく，平等に違反しない差別にすぎないというわけです。差別という言葉は悪い響きがあるので合理的区別と呼ぶ人もいます。なお，平等原則と同時に，個人は国家から差別的に取り扱われない**平等権**を持つと主張され，その平等権が自然権の1つであると，早くから主張されてきました。日本国憲法14条1項の解釈においても，平等原則と平等権の2つを同時に示す規定であると解されるのが一般的です。

　そうはいっても平等権は他の人権と異なり，他人との比較をすることで初めて問題となるのですから，平等権が侵害されたと訴えても，侵害されたかどうかは，他の人に対する取扱いと比べてみないとよくわかりません。また，社会権のような国家の福祉政策による権利についての不平等な取扱いの場合には，その権利を定める法律（政策）を裁判所が単に違憲無効としただけでは，権利の基礎となる法律（政策）がもとからなくなってしまい，かえって救済とはなりません。

　さらに，裁判所としては，問題となっている権利の性質にも注意を払う必要があるでしょう。憲法14条1項後段に並べられているもの，例えば「人種・性別」などは，生まれながらに決定された人の属性であって，本人が変えたく

第6講　権利のカタログ　● 069

ても変えられるものではありません。したがって，裁判所はそれらを原因とする差別的取扱いについては，厳格な態度で**違憲審査権**〔⇒**第7講Ⅲ3** 91頁〕を行使すべきだと，多くの学説が主張しています。つまり，裁判所が違憲審査をする場合の基準をきめ細かく区別して，ここでは厳格な基準で対処すべきという考えが多数説です[1]。しかし，判例ではそのような区別をせず，異なる取扱いが「著しく不合理であることが明白でない限り，平等原則違反とならない」という**合理性の基準**を一般的な尺度として使っています。

憲法14条をめぐる判例はたくさんありますが，ここでは，重大な合憲・違憲判決が出たものについて，紹介しておきましょう。

①尊属殺人重罰規定違憲判決（最判昭和48年4月4日刑集27巻3号265頁）
　　直系尊属つまり父母や祖父母を殺した者を普通殺人犯よりも重く罰する刑法200条につき，最高裁で違憲判決が出ました。その22年後の1995（平成7）年，ようやく刑法200条は削除されました。
②議員定数不均衡合憲判決（最判昭和51年4月14日民集30巻3号223頁）
　　1972（昭和47）年に行われた衆議院議員選挙につき，選挙区ごとの定数と人口との比（議員1人あたりの人口数較差）が最大1対4.99に及んでおり，投票の価値の平等に反するとして選挙無効の訴えが起こされました。最高裁は，投票価値の平等は憲法上の要請と認め本件は違憲としたものの，選挙区割りなど国会の裁量は広いとした点，普通は違憲なら無効のはずが選挙の違法を宣言するにとどめるという，アクロバティックな判断をしました（行訴31条「事情判決の法理」を援用）。批判があるものの，最高裁はその後も基本的にこれを踏襲しています。参議院選挙についてはこれに加え，参議院の特殊性（半数改選など）を理由に，より大きな較差を合憲としています（その後の判例については⇒94頁♪ティータイム「議員定数不均衡問題と夏の甲子園」）。
③非嫡出子相続分規定違憲判決（最決平成25年9月4日民集67巻6号1320頁）。
　　「非嫡出子の相続分は嫡出子の2分の1」とする民法900条4号但書の前半部分が違憲であるとの判決。これを受けて，2013（平成25）年12月，この部分が削除されました〔⇒**第15講Ⅰ3** 204頁★7〕。

★1　人種・信条等の差別や精神的自由等についての差別的取扱いが合理的区別といえるためには，その取扱いや立法の目的が必要不可欠（やむにやまれぬ公共的利益を追及するも

の）であり，その目的の手段が必要最小限度のものであるかを検討するという，いわゆる**厳格審査基準**をとるべきであると多数説は主張する。

Ⅱ　個別の人権を学ぼう

Ⅰでは，日本国憲法に載っている基本的人権をざっと見渡してきましたが，ここでは，実際に個々の人権に焦点をあてて，見てみましょう。どれも奥が深いものです。ここでは「思想・良心の自由」，「表現の自由」，「教育を受ける権利」をとりあげて，説明します。

1　思想・良心の自由 (憲19条)

思想・良心の自由は，精神活動の中核となる，基本的な内心の自由です。日本では戦前，治安維持法等によって反国家的な思想を弾圧したという暗く苦い経験から，特に精神的自由権の冒頭にこの人権が置かれました。「思想」は論理的な，「良心」は倫理的な，内心の精神活動といえますが，あえて両者を区別する必要はなく，一般的に広く世界観や人生観を含む内面的精神活動と解釈されています。

人は心の中で，どのような思想を持っていても，それが内面にとどまる限り，制約も侵害もできません。しかし，その開示を国家が強制したり，特定の思想を強制したり禁止することは許されないでしょう。思想を無理に開示されないという意味では，沈黙の自由も大変重要だと考えられます。近時，議論となっているのは，君が代や日の丸を思想・良心により拒否する者にその斉唱や掲揚を強制できるかという問題です。実際の判例では，公立高校の校長が教諭に対して卒業式で国旗に向かって起立し，国歌を斉唱するよう命じた職務命令（従わない者に戒告処分，定年退職後の嘱託員採用選考で不合格とする）が，憲法19条に違反しないかという一連の訴訟で，最高裁がすべて合憲であるとの判断を下しています。[2] 最高裁は，このような職務命令は「教育上の行事にふさわしい秩序の確保とともに当該式典の円滑な進行を図るものである」とし，「職務命令の目的及び内容……制約の態様等を総合的に較量すれば，上記の制約を許容し得る程度の必要性及び合理性が認められる」としました。

確かに，君が代や日の丸が「国旗及び国歌に関する法律」によって，日本の国家・国旗と定められるようになった1999（平成11）年以降は，それを教えることにつき職務命令を出すのは違憲といいにくいかもしれませんが，式典で斉唱等を強制することについては，もっときめ細かく厳格に判断すべきと思われます。もっとも，最高裁はその後，最判平成24年1月16日において，「減給・停職は慎重に考慮する必要がある」として，厳しすぎる処分を一部取り消して，厳罰化に歯止めをかけています。

2　表現の自由 (憲21条)

憲法21条1項は「集会，結社及び言論，出版その他一切の表現の自由は，これを保障する」と定めます。**表現の自由**は，思想や主張や感情など心のうちの精神作用を外部に公表する精神活動のことです。精神の自由は，個人が自分の思いや言いたいことを外に向けてはっきりと表現できるからこそ，完全なものとして真価を発揮します。つまり，表現の自由は，個人が思う存分精神活動をして自己実現を達成できるという精神的な意義（自己実現の価値と呼ぶ）のある自由です。それと同時に，国民の一人として自由に言論活動を行い，政治的意思決定に関わって民主的な政治を実現するという社会的な意義（自己統治の価値と呼ぶ）のある自由でもあります。このような意義ある自由だからこそ，他の自由権にも増して，表現の自由は重要だと考えられています。さらに，たとえ好ましくないと思われる主張や表現が行われても，それに反対する意見が自由に表明され，競争が行われれば真理に到達することができるという**思想の自由市場論**[★3]によって，表現の自由は優越的な地位を占めると考えられています。このような表現の自由の，優越的地位を持つという性質から，裁判所の違憲審査の基準としては，**厳格審査基準**がとられています[★4]。特に日本では，明治憲法29条でも言論の自由が定められていたにもかかわらず「法律ノ範囲内ニ於テ」しか認められず（法律の留保），裁判所の違憲立法審査権も認められていなかったので，容赦のない言論弾圧が行われました〔⇒第**5**講60頁★6〕。その過酷な経験から，憲法21条は「表現の自由」と明記し，さらに2項前段でわざわざ検閲の禁止を定めたのです。

近代では，言論の表現者とそれを聞く（読む）受け手とは，双方向的に議論

することが可能でした。街かどで辻説法をするシーンは，欧米でも明治・大正時代の日本でも珍しくない光景でした。つまり，表現者の意見を聞いたあと，直ちに今度は聞き手が反論し，自分の意見を表明できたわけです。したがって，表現者の自由を保障しておけば，受け手の自由も自動的に保障すると考えられました。しかし，情報化の進んだ現代では，マスメディアの出現によって情報の送り手と受け手が完全に分離しています。情報の送り手である表現者の立場は一部の巨大マスメディアが独占し，ほとんどの国民は情報の受け手の立場に追いやられたのです。そうすると，表現の自由は情報の受け手の自由も含むとことさらに捉える必要が出てきます。そこで，国民が情報を邪魔されずに十分に受け取ることができる権利（知る権利）や，さらに，こちらから情報を積極的に求める権利（情報公開請求権）も憲法21条によって保障されていると解釈すべきではないかという問題が起きてきました。

◆ 知る権利

　知る権利は，現代において，情報を受け取ることを国家によって妨げられないという意味で，当然，憲法21条によって保障すべきでしょう。さらに，表現の自由の「自己統治の価値」を考えれば，国民の知る権利に奉仕するマスメディアの**報道の自由**はもちろん，その報道のための**取材の自由**も保障すべきだと通説は解しています。しかし，取材は犯罪や社会的事件を対象とすることもあるので，往々にして国家的利益や社会的利益と衝突することがあります。ここでは，3つのケースを紹介しましょう。

> ✒ **Case6-1　博多駅テレビフィルム事件**（最決昭和44年11月26日刑集23巻11号1490頁）
> 　アメリカ原子力空母の佐世保寄港に反対するデモ隊に参加するため，博多駅で下車した学生約300人に，機動隊（警察官，鉄道公安官ら）800数十人が検問や荷物検査を行い，駅構内から排除した。学生らは，その際の衝突における機動隊の過剰警備につき，特別公務員暴行凌虐罪，職権濫用罪にあたるとして機動隊員を告発したが，検察官は不起訴処分にしました。そこで，学生らは「機動隊員が，学生たちを階段上から投げ飛ばし，手拳や警棒で頭部，背部等を殴打するなどの過剰行為をしたにもかかわらず，特別公務員暴行凌虐罪，職権濫

用罪で起訴しなかった検察官の不起訴処分は不当である」として，裁判所（福岡地裁）に付審判請求[★5]を提起しました。被害者側の供述調書は数通，被疑者側は犯行を徹底的に否定し，第三者の供述が得られず犯行の態様を仔細に把握して検討できないとして，刑訴法99条2項に基づき，福岡地裁は衝突の模様を取材したNHK他テレビ局3社に取材フィルムを証拠として提出するよう命じました。

これに対し，テレビ局側が「フィルム提出命令は取材活動を大きく妨げ，報道の自由を保障した憲法21条に違反する」として福岡高裁に抗告しました。福岡高裁は報道機関の不利益は少ない等の理由で抗告棄却の決定を出しました。そこで，テレビ局側は，それを不服として最高裁に特別抗告を行いました。

最高裁は，衝突の模様を取材したNHK他テレビ局3社に取材フィルムを証拠として提出することが「報道のための取材の自由も，憲法21条の精神に照らし，十分尊重に値する」としつつも，「公正な裁判の実現というような憲法上の要請があるときは，ある程度の制約を受ける」として「公正な刑事裁判を実現するにあたっての必要性の有無……と……取材したものを証拠として提出させられることによって報道機関の取材の自由が妨げられる程度およびこれが報道の自由に及ぼす影響の度合いその他諸般の事情を比較考量して決せられる」との判断基準を示しました。[★6] そして，本件の場合，「フィルムが証拠上極めて重要な価値を有し，被疑者らの罪責の有無を判定する上にほとんど必須のものと認められる」一方で，「本件フィルムは，すでに放映されたものを含む……報道機関が蒙る不利益は報道の自由そのものではなく，将来の取材の自由が妨げられる恐れがあるというにとどまる」として，フィルム提出命令を認めました。

最高裁は，取材の自由よりも刑事裁判の迅速・公正を，より重視したものと考えられます。しかし，将来の取材の自由が妨げられる恐れが低く評価されたことは，学説によって強く批判されているところです。

取材の自由と国家機密の保護が衝突する場合はどうでしょうか。国家機密とは，軍事や外交上の情報で，公開すると国家の安全を傷つけるものをいいます。国家公務員法では，公務員が「職務上知ることのできた秘密を漏らしてはならない」としています。また，公務員に対して秘密を漏らすよう「そそのかす」

行為をした者を処罰（1年以下の懲役または50万円の罰金）するとしています（国公100条1項・109条12号・111条）。新聞記者が公務員から取材をして，様々な情報を聞き出そうとする行為が，この「そそのかし」にあたるとされたのでは，取材の自由が守られません。この点が争われたのが次の外務省機密漏えい事件（西山記者事件）です。

> ✏ **Case6-2　外務省機密漏えい事件**（最決昭和53年5月31日刑集32巻3号457頁）
>
> 　毎日新聞の西山記者（X）は外務省女性事務官Yと秘かに情を通じ，沖縄返還協定に関する密約の文書を見せてほしい趣旨の依頼をしました。Yはその文書をXに閲覧コピーさせ，Xから入手した国会議員がこれを公表したことから捜査当局が捜査を開始して，Yを国公法違反により逮捕・起訴（国公109条12号・100条1項），Xも「そそのかし罪」で起訴しました（国公111条）。Xは第一審では無罪だが，第二審では有罪であったため，Xは上告しました。

　最高裁は「取材の自由」については，博多駅テレビフィルム事件判決をそのまま受け継ぎ，「憲法21条の精神に照らし十分尊重に値する」としつつ，「手段・方法が法秩序全体の精神に照らし相当なものとして社会観念上是認されるものである限りは，実質的に違法性を欠き正当な業務行為というべきである」としました。そして本件では「情報入手の目的で事務官と肉体関係をもつなど，相手の個人としての人格の尊厳を著しく蹂躙した」方法を用いているので，その行為態様を重視し「正当な取材活動の範囲を逸脱している」つまり正当業務行為〔⇒第8講Ⅱ2 106頁〕とはいえないと判断しました。

　ところで，国家機密の保護については，特定秘密の保護に関する法律（いわゆる特定秘密保護法）が2013（平成25）年12月，成立しています。これは，防衛・外交・テロ活動などに関する特定秘密の漏えいとそそのかしを含む取得行為をした者を拘禁刑10年以下の厳罰に処すものです。「特定秘密の指定」をめぐりあいまいさが残る上，国公法より厳罰の程度がはなはだしいので，マスメディアはもちろん，フリージャーナリストや研究者の「取材の自由」までも萎縮してしまう恐れがあるのではないかと批判があります。

第6講　権利のカタログ　●　075

● 情報公開請求権

　情報公開請求権とは，国家機関が自発的に情報を提供しないときに，強制的に情報を出させる権利のことです。この権利は，知る権利の持つ「国家からの自由」としての性質を超え，国家に対して情報を提供せよと請求する積極的な側面を持っています。この権利は，憲法21条で保障されると解したとしても，現実には，いつ，誰が，どんな情報を，どんな手続で請求できるのか，憲法21条の存在だけでははっきりしません。つまり，請求を具体化するための情報公開制度が必要です。歴史的には，まず，市町村や都道府県で情報公開請求のニーズが高かったため，多くの地方公共団体の条例で情報公開請求権が具体化されました。これにより，住民による公金支出の監視が可能になり，その後1999（平成11）年，国レベルでも情報公開法が制定され，2001（平成13）年に施行されました。

　このように，ある権利を現実に行使するのに，具体化するための制度や法律を必要とするような権利を**抽象的権利**といいます。情報公開法や条例によって情報公開請求権は抽象的権利から**具体的権利**となり，そこで初めて裁判所の救済を受けることができるようになるのです。

● 表現の自由をめぐるその他の問題

　表現の自由をめぐる問題は，ほかにもいろいろあります。例えば，インターネット上での名誉棄損です。友人はもちろん知らない人からでも，ツイッターやラインなどでひどい中傷をされたという人が，あなたのまわりにもいるのではないでしょうか。インターネット上の名誉棄損については，次のような考え方があります。インターネット上，討論をする場合，そこでの参加者は平等なメディア・アクセスができるので，すぐに法的救済という国家的な救済をするのではなく，まずは参加者同士が言論で対抗し合い，名誉回復を図るべきという考え方です。個人間で武器対等なのだから自由に闘わせて，国家は介入しないのです。つまり，前述の思想の自由市場論から導かれる考え方ですね。これは**対抗言論の理論**と呼ばれています。もっとも，ホームページで他人の名誉を侵害する情報を掲載した者について，最高裁は，名誉毀損罪（刑230条）の責任を負う可能性があり，その場合の判断としては通常の手法で検討され，イン

ターネットだからといって，より緩やかな要件で犯罪成立が否定されるわけではないとしています（最決平成22年3月15日刑集64巻2号1頁）。この問題については，その後，**プロバイダ責任制限法**という特別法が制定され，一定の事情のもとに名誉棄損情報が発信されているサイトにつき被害者がサーバを提供するホスティングプロバイダーに削除や，発信者の情報開示を求める権利が認められるようになりました。

　表現の自由とプライバシーの衝突についても，名誉毀損との衝突同様，困難な問題があります。プライバシー権のところで紹介した「石に泳ぐ魚」事件〔⇒本講Ⅰ2②68頁〕などはその例です。

　また，**差別的表現**，ヘイト・スピーチと呼ばれる表現が，近時，憲法21条との関係で問題視されています。これは，人種・民族・性・性的志向等を異にする集団に対する敵意や憎悪を表す表現です。これも言論であるとするなら憲法21条で保障されるものであり，対抗言論の理論が妥当するといえるでしょう。しかし，ヨーロッパ諸国ではアメリカと違い，ナチスによる反ユダヤ主義の宣伝などの反省から人種差別撤廃条約（1966年）を批准し，差別的表現に刑罰を科します。日本は1995（平成7）年にこの条約をアメリカと同様，憲法の保障する表現の自由等に反しない限度（留保付き）で批准し，2016（平成28）年，いわゆるヘイトスピーチ解消法を制定しました。しかし，罰則規定はありません。これに対し地方レベルでは，例えば川崎市や大阪市で刑事罰またはそれに準じるサンクションを設ける条例が出現し，さらにそれに対する憲法判断が下されるなど，目が離せません。

3　教育を受ける権利 (憲26条)

　憲法26条は1項で「すべて国民は，法律の定めるところにより，その能力に応じて，ひとしく教育を受ける権利を有する」と定めています。この，**教育を受ける権利**は社会権〔⇒第5講Ⅱ3 63頁〕の1つとして，教育の機会均等を実現するための経済的な配慮を国家に要求する「国家による自由」が強調されてきました。しかし，今日では，国家から受け取るだけの受動的な響きが嫌われ，**子どもの学習権**という言葉がよく使われます。これは，子どもが教育を受けて学習し，人間的に発達・成長していく権利と一般に捉えられています。後

第6講　権利のカタログ　● 077

述の旭川学力テスト事件でも最高裁は「国民各自が，一個の人間として，また一市民として，成長，発達し，自己の人格を完成，実現するために必要な学習をする固有の権利を有すること，特に，……子どもは，その学習要求を充足するための教育を自己に施すことを大人一般に対して要求する権利を有する」としています（最判昭和51年5月21日刑集30巻5号615頁）。子どもの学習を助けるのに最も重要な役割を果たすのは，通常，親ですが，親がすべてを負担するには限界があるので学校制度が発達してきました。今日では，国や地方公共団体による公立学校制度が中心となるまでに至っています。憲法26条2項は，国に対し無償で普通教育を提供する義務を負わせ，保護者に普通教育を受けさせる義務を負わせています。[10] この学習権を実現するような教育制度と教育の場を国民が要求する権利が，憲法26条によって保障されていると考えられますが，**抽象的権利**〔⇒本講Ⅱ2 76頁〕である以上，具体的にどのような制度・施設を整えるかは「法律の定めるところ」によるしかありません。憲法の保障を具体化する基本的な法律として，教育基本法と学校教育法があります。これらの法律によると，親が子に普通教育を受けさせる義務は9年と定められ，国・公立学校の授業料は無償とされています（教基5条，学教6・16条）。

　義務教育ではない高校の授業料についても，高校支援金支給法に基づく支給[11]が2014年4月より始まっています。しかし，これには所得要件があり，最近では地方レベルで（条例によって）その要件を撤廃する動きが出ています。[12] 少子化対策がいまや緊急の課題であることの表れですね。

★2　最判平成23年5月30日民集65巻4号1780頁，最判平成23年6月6日，最判平成23年6月14日，6月21日。

★3　Free Market of Ideas. 1919年，アメリカの連邦最高裁ホームズ判事が「真理の最上の判定方法は，市場の競争の中で，自らを容認させる思想の力を持っているかどうかである」と述べ，それ以後，アメリカでの表現の自由の「優越的地位」論の発展に大きな影響を与えた。

★4　特に，表現の自由を中心とする精神的自由を規制する立法は，経済的自由を規制する立法よりも厳格な審査基準によって審査されるべきという理論を，**二重の基準論**という。

★5　検察官が公務員の職権濫用等の罪に対して起訴しない場合に，裁判所に審判に付すよう請求する制度。刑訴262条。

★6　裁判所は違憲審査基準として，二重の基準論ではなく比較衡量論をとったとされる。

★7　正式名称は「特定電気通信役務提供者の損害賠償責任の制限及び発信者情報の開示に関

する法律」（2001（平成13）年）。2021（令和3）年改正で新設された5条の「発信者（＝加害者）情報開示請求権」により加害者が特定できるようになり，裁判の迅速化が進んだ。

★8　本邦外出身者に対する不当な差別的言動の解消に向けた取組の推進に関する法律。

★9　「川崎市差別のない人権尊重のまちづくり条例」（2020年施行）は在日コリアンなど本邦外出身者に対する不当な差別的言動を市長の命令に従わず行った者に，50万円以下の罰金を科すと定めている。「大阪市ヘイトスピーチへの対処に関する条例」（2016年施行）は表現の拡散防止のための措置・氏名等の公表などのサンクションを盛り込む。これらにつき最高裁は，表現の自由への制限ではあるが，利益衡量により，公共の福祉による制限として正当＝合憲とした（最判令和4年2月15日民集76巻2号190頁）。ちなみにアメリカでは，アフリカ系アメリカ人の住居の敷地内で手製の十字架を燃やした白人少年達に対しミネソタ州セントポール市がヘイトスピーチ禁止条例を適用して処罰したが，連邦最高裁判所は「その処罰は，（少年らの）表現の自由に反し違憲」とした（R. A. V 対セントポール市事件［1992年］）。

★10　「すべて国民は，法律の定めるところにより，その保護する子女に普通教育を受けさせる義務を負ふ。義務教育はこれを無償とする」（憲26条2項）。

★11　高等学校等修学支援金の支給に関する法律。2010（平成22）年にいわゆる高校無償化法が制定されたが，バラマキ政策との批判が生じたため2014（平成26）年にこの法律となり，所得要件を満たす世帯の生徒に限られている。

★12　2024（令和6）年4月から，東京都と大阪府で所得制限が撤廃された。

第6講　権利のカタログ　● 079

第7講 統治のしくみ——憲法その3

Ⅰ 疑う者は救われる？！

　まず，身近な問題であなたの憲法センスを問うクイズに挑戦してもらいましょう。

> **💡Quiz7-1　困った事務局長を抑えるには？**
> 　あなたは，学生自治会の事務局スタッフです。学生自治会は，学生達から会費を集めて，大学祭や各種イベント，下宿の相談など，学生生活のために活動する組織です。実はいま，事務局で困っていることがあります。皆が信頼していた有能な事務局長ツネナベさんが，集めた会費を独断で使い始め，収支がよくわからなくなりました。最近ますます横暴になり，次の大学祭で災害復興支援コンサートを開く気運が高まっていたのに，学生野球トーナメントに勝手に変えてしまいそうな勢いです。どうすればよいでしょうか。

　最も深刻なのは，集めた会費を独断で使うことですね。1人に金銭の管理を任せるとロクなことはありません。複数で手分けして管理しましょう。特に，ツネナベさんを信じていない人の方が適任です。イベント内容を決めるのは，学生の気持ちを汲み取ることのできるほかのスタッフ達の方がよさそうです。有能なツネナベさんには，イベントと予算の大枠が決まったあと，存分に腕をふるってもらいましょう。予算の執行や行事が計画通り行われたかのチェック担当スタッフを決めることもお忘れなく。

　要するに，ツネナベさんの仕事をできるだけ皆で割り振って，見張ればよいのです。力が1人に集中すると，誰でも暴君になってしまうものです。任せっきりにせず，力を分散させる。これが組織作りの基本といえるでしょう。

　疑いの目を持って見張り合う，力の**抑制と均衡**（チェック＆バランス）が大切

080 ● 第Ⅱ部　様々な法を学ぶ

だと唱えたのは，**モンテスキュー**[1]です。彼は，18世紀フランス絶対王政下の中央集権政治を批判して，その著書「法の精神」で**権力分立（三権分立）**の仕組みを提唱しました。国家権力を**立法権，行政権，司法権**の３つに分け，立法府，行政府，司法府という国家機関にそれぞれ持たせることで，国民の人権侵害を防ぎ，自由（権）を守ろうとするわけです。日本国憲法は，立法府を**国会**，行政府を**内閣**，司法府を**裁判所**と呼び，互いに次のようなチェックをする仕組みを作っています。[2]

①国会は内閣に対して**国政調査権**を持ち（憲62条），**内閣不信任決議**ができる（憲69条）。
②内閣は国会に対して，**衆議院解散権**を持つ（憲69・7条3号）。
③裁判所は内閣に対して，行政活動の**違憲審査権**を持つ（憲81・76条）。
④内閣は，裁判所に対して最高裁長官を指名し，それ以外の裁判官を任命する（憲6条2項・79条1項）。
⑤国会は裁判所に対して，**弾劾裁判**ができる（憲64条）。
⑥裁判所は国会に対して，**違憲立法審査権**を持つ（憲81条）。

[1]　シャルル＝ルイ＝ド＝モンテスキュー（1689-1755年）。フランスの哲学者。
[2]　戦後，日本国憲法が制定された時，その第8章で初めて**地方自治**の制度が導入された。これは三権分立とは別の視点から，地方分権を尊重し，地方公共団体が中央の権力を抑制して少数者や個人の人権を守るという権力分立の役割を持つ（**団体自治**の側面）。加えて，地方自治の制度は，住民が身近な政治に関わるという「民主主義の学校」の役割も持つ（**住民自治**の側面）。

Ⅱ　ライバルだけど良い仲間

　国会，内閣，裁判所のうち，政治を行うのは国会と内閣です。三権分立の考えを徹底させれば，国会と内閣は，裁判所との関係と同様，厳格に分離され，独立しているべきでしょう。しかし，日本国憲法では，イギリス，フランスをはじめとする多くの国と同様，議院内閣制をとっています。

　議院内閣制とは，内閣（行政府）の存立が議会（立法府）に依存する制度のことです。内閣の首長つまりリーダーである内閣総理大臣が国会の指名によって決まり（憲67条），内閣総理大臣は，内閣の構成員である国務大臣の過半数を

第7講　統治のしくみ　● 081

国会議員の中から選びます（憲68条）。内閣は国会に連帯責任を負い，国会の
衆議院から内閣不信任の決議があると，内閣は総辞職するか，衆議院の解散を
するか，どちらかの道を選ばなければなりません（憲69条）。衆議院が解散さ
れると，40日以内に総選挙が行われ（憲54条1項）その後，内閣は総辞職をし
なければなりません（憲70条）そして，その総辞職を受けて国会が新たに内閣
総理大臣を指名します（憲67条）。つまり，衆議院の多数派の支持を失ったら，
内閣は遅かれ早かれ，総辞職して，衆議院の多数派に支持された内閣を作り直
さなければならないのです。要するに，議院内閣制だと，内閣は常に国民の意
思（民意）を反映する衆議院に支持されている同質のメンバーということにな
るので，政治がスムーズに行われ，膠着することがありません。

　この点，アメリカがとっているような大統領制では，議会の議員も大統領も
その都度国民の選挙で決まるので，議会の多数派と大統領（行政府）の多数派
が一致しないことがあり，激しく衝突することが考えられます。もっともアメ
リカでは，交差投票★3などによって，衝突がうまく緩和されています。

　ここでは，日本の国会と内閣がそれぞれ，どのような組織でどのようなこと
をするのか，見ておきましょう。

1　国　　会 ─────────────────────◆

◆ 唯一の立法機関

　憲法41条前段は，**国会**を「国権の最高機関」であると定めています。この
条文からは国会が内閣や裁判所よりも偉いように見えますが，国会が1番偉い
権力者というわけではなく，主権者である国民による直接選挙で選ばれた議員
からなる代表機関である（憲43条）との点を尊重して，最高であると政治的に
強調したにすぎない，つまり国政は民意に従うという民主主義の理念を立法面
から謳ったもの（法的な意味はない）と一般に解されています（**政治的美称説**）。

　それよりも大切なのは，代表機関である国会が「唯一の立法機関」であると
いう41条後段です。つまり，明治憲法下で見られたような，議会と関係のな
い行政府と天皇による独自の立法は許されないということ（**国会中心立法の原
則**），立法に天皇の裁可★4を必要とせず，法律は国会の議決だけで成立するとい
うこと（**国会単独立法の原則**）に意味があります。

082 ◆ 第Ⅱ部　様々な法を学ぶ

● 政　党

　現代の代表民主制で，政党を無視することはできません。**政党**とは，同じ政治上の意見を持つ人が集まり，意見の実現のために政治活動をする団体のことです。元来は，主義・主張を同じくする代表者達が議会内でグループを作ったという程度のものでしたが，普通選挙〔⇒第5講Ⅱ2 62頁〕によって有権者が大幅に増えてからは，組織としてまとまらないと選挙に勝てないため，有権者を組織化し，効果的な選挙活動を行う政党組織が必要となりました。大衆社会において，国民と議会とをつなぐ組織として発達してきましたが，いまや国家意思の形成に主導的な役割を持つようになり，それまでの内閣vs国会の対抗関係が，内閣＋国会の与党vs.国会の野党の対抗関係に変化しています。このように，権力分立（三権分立）の内容に変化をもたらす政党中心の新たな現象を，**政党国家現象**といいます。

　政党の重要な役割を考えて，日本では1994（平成6）年に政党に公的助成を行うことを認める**政党助成法**の制定や，公職選挙法改正による政党本位の選挙制度改革が行われました。これによって政党の位置付けがますます強くなっていますが，このような動きに反対する見解もあります。ドイツやフランスでは，憲法自体が政党を現代政治になくてはならない存在として組み込んでいますが，日本国憲法ではそうではなく，すべての政党は「結社の自由」（憲21条）を保障された純粋に私的な団体として，思想の自由市場の中で大いに議論し競い合う方が望ましいという理由からです。

　単独で多数派を作ることのできる政党が2つある場合を二党制，単独で多数派を作れない政党が複数存在する場合を多党制といいます。イギリスのように議院内閣制と二党制が結合すると，選挙民としては政権と政策の行方が予想しやすいのですが，議院内閣制と多党制が結合すると政権は連立政権とならざるを得ず，選挙民の予測しない連立が行われて思わぬ政策が決定されたり，政権が不安定になったりする可能性があります。ただ，政党の数や連立の状態によっては，強固な安定政権が作られる場合もあるといわれています。日本は，二党制でも多党制でもなく，1955年以降，長期にわたり自民党が単独で多数派として政権を持ち，その他いくつかの小政党が存在する「支配政党制」と呼ばれる政党システムが続いています。一党が長期政権を持ち続けると政治腐敗や

第7講　統治のしくみ　● 083

様々な弊害が生まれます。2009（平成21）年8月の総選挙で画期的な政権交代が起きたものの，2012（平成24）年12月に自民党政権（ただし公明党と連立）が復活しました。その後再び支配政党制が続いていますが，果たしてそれでよいのか，私達国民がもっと真剣に考えなければなりませんね。

◆ 二 院 制

　日本の国会は，衆議院と参議院の二院で構成される**二院制**をとっています（憲42条）。二院制には，イギリスの貴族院（いわゆる上院。House of Lords）と庶民院（いわゆる下院。House of Commons）のような性格の違うタイプもありますが，日本の場合は，両院とも国民の直接選挙による議員からなり，性格は同じです。それならなぜ二院も必要なのかと，かなり前から批判がありますが，次の点で存在意義があるとされています。

　まず，衆議院議員の任期は4年で，しかも解散により短縮される可能性がありますが（憲45条），参議院議員の任期は6年で，3年ごとに改選され，解散はないということです。つまり，衆議院の方が参議院よりも，そのときどきに変化する国民の意見をよく反映します。そこで，衆議院は参議院に優越する力が与えられています（**衆議院の優越**）。例えば，予算案は先に衆議院に提出されなければなりません（予算の先議権。憲60条1項）予算の議決，条約の承認，内閣総理大臣の指名は，参議院が衆議院の議決と異なる議決をした場合，両院協議会という衆議院議員10人と参議院議員10人とが調整のために話し合う一種の委員会を開き，一致しないときは衆議院の議決が国会の議決となります。法律案は，たとえ参議院が否決しても衆議院が3分の2以上の多数で再び可決すれば，法律として成立します（憲59条）。これにより，法律が**制定**されます。

　一方，参議院議員は，6年間じっくりと国の政治と向き合うことができるので，民意が短絡的な視野に陥ったとしても，惑わされることなく安定した政治をめざすことができます。

　こうして，それぞれ長所を持つ両議院は，互いに独立して自律的に活動します（議院の自律権）。例えば，各議院で独自にルールを作ることができ（**議院規則制定権**。憲58条），議長その他の役員を選任します（憲58条1項）。所属議員の身分や処遇について議員の**資格争訟裁判権**（憲55条），**議員の釈放要求・逮捕**

084 ● 第Ⅱ部　様々な法を学ぶ

許諾権（憲50条），**議員懲罰権**（憲58条2項）があります。このように，議院が
それぞれ互いに従属せず自律権があることによって，権力分立の観点から国会
内部のチェック＆バランスが働き，よりよい立法ができると考えられています。

　衆議院も参議院も，どちらもその職務を行うのに情報収集や調査が必要です。
そこで憲法は両議院それぞれが「国政に関する調査を行ひ，これに関して，証人
の出頭及び証言並びに記録の提出を要求することができる」として，**国政調査権**
を与えています（憲62条。国勢調査と違うので注意！）。証人を呼び出したり，証
言させることもできる点で，裁判所のようですが，三権分立の視点から，裁判
所の司法権を侵害するような調査は許されないと解されています。裁判所とは
異なった目的，つまり，立法の資料としたり行政を監督し責任を問うために裁
判と並行的に調査することは許されるでしょうが，司法権の独立を尊重する意
味で，裁判官の訴訟指揮や裁判内容の当否の調査は許されないというべきです。

　社会的に影響の大きな事件や政治事件が起きたときなど，テレビの国会中継
で証人喚問の場面が放映されますが，まさに国政調査権を行使している場面で
す。ただ，与党政府に都合の悪い事件の場合，内閣や行政担当者はなかなか証
人喚問や証言に応じようとしません。1976（昭和51）年のロッキード事件，
1988（昭和63）年のリクルート事件，2018（平成30）年の森友学園決裁文書改
ざん事件などでも，国政調査権が十分には役立ちませんでした。支配政党制の
弊害が見られる場面ですね。

　最後に，衆議院と参議院の合成機関としての国会がどのような仕事を担って
いるのか，国会の権能について，ざっと紹介しておきましょう。[★5]

①憲法改正の発議（憲96条1項）：明治憲法下では憲法改正権を持つのは天
　皇でしたが，現在の主権者は国民です。そこで，憲法改正の提案をする
　のは国民の代表である国会が最も適切と考えられたのです。
②法律の議決：前述の通り（衆議院の優越性）。
③条約の承認（憲73条3号）：外交は本来，内閣の行政事務ですが，条約の
　締結については民主的統制をしようと国会の承認を組み込みました。
④内閣総理大臣の指名（憲6条1項・67条1項前段）：2で述べる。
⑤内閣の報告を受ける：内閣総理大臣が内閣を代表して，一般国務，外交
　関係，国の財政状況について国会に報告する（憲72・91条参照）。国会か

らも報告を要求できると解されています。

⑥弾劾裁判所の設置（憲64条1項）：司法権の独立から，裁判官には特別の身分保障が与えられています。著しい義務違反や職務怠慢の場合にだけ，罷免される可能性がありますが，その場合でも，公務員の選定罷免権を持つ国民を直接代表する国会議員からなる弾劾裁判所に委ねるのが適切だと考えられています。

⑦予算の議決（憲73条5号）：内閣が作成し提出してきた予算を吟味，修正などして議決します。国家が任務を行うための必要な財の調達，管理，使用（これを**財政**という）は民主的に行われなければならないとの観点から，国会の財政監督が広く認められています（**財政民主主義**）。このことより，予算も法律に準じて国会の議決が必要と考えられます。財政の監督権もあります（憲83条）。

2　内　　閣

　内閣は，首長たる内閣総理大臣と国務大臣で構成されます（憲66条1項）。**内閣総理大臣**は，国会が国会議員の中から指名（一定の範囲の人の中から指定すること）され，そして天皇が任命（ある人を一定の地位または職に就けること）します（憲6条1項）。**国務大臣**は，内閣総理大臣が任命し，その過半数は国会議員の中から選ばなければなりません（憲68条1項）。国務大臣は14人から最大17人です。内閣総理大臣もその他の大臣も皆，文民つまり職業軍人であった者や自衛官以外の者でなければなりません（憲68条2項）。これは，軍が政治に介入するのを防止するために政治部門と軍組織を分離するという**文民統制**（シビリアン・コントロール）の考えに由来しています。

　内閣の仕事（権能）は，一般行政事務のほかに，以下のようなものが例として挙げられています（憲73条1～7号）。

①法律の誠実な執行と国務の総理（憲73条1号）：これこそが，内閣の中心的役割といえます。国民主権を重視して，内閣は法律が憲法に反すると考えたとしても裁判所が違憲と判断しない限り，その法律を実現する行政事務に励まなければならないと解されています。

②外交関係の処理・条約の締結（憲73条2・3号）：外交交渉・外交使節の任免，外交文書の作成など，外交に関する事務全般，特に，条約の締結

は重要な外交関係の処理の1つです。**条約**とは，一定の権利義務関係を設定することを目的とした国家間の文書による約束です。協約と呼ばれようが協定と呼ばれようが，名前にかかわらず内容が条約であれば，その締結は内閣の担当すべき仕事です。ただし，締結後，国会の承認を必ず経なければならないのは，国会の権能のところで述べた通りです。

③官吏に関する事務の掌握（憲73条4号）：国家公務員法に基づき，内閣は国の公務に従事する公務員を掌握します。ただ，ここでの「官吏」とは三権分立の観点から，内閣の仕事を担当する職員に限ると解すべきでしょう。

④予算の作成（憲73条5号）：国会の権能のところで述べた通り。

⑤政令の制定（憲73条6号）：**政令**とは，行政機関が制定する**命令**〔⇒第5講Ⅰ2③58頁〕のうち，内閣が定めるもののことです。国会中心立法の原則〔⇒本講Ⅱ1 82頁〕からすると，明治憲法下で見られたような行政機関による立法は決して認められません。したがって，ここでの政令は，国会の定めた法律を執行するための単なる手順・細目としての命令（**執行命令という**）か，または法律自体の具体的な委任に基づいて定める命令（**委任命令という**）にすぎないということになります。

⑥恩赦の決定（憲73条7号）：**恩赦**とは，犯罪者を赦免つまり罪を許す制度で，国家に祝い事があるときなどに，政令によって行われることがあります（恩赦法参照）。ただ，選挙犯罪者の赦免を内閣が濫用する場合があるとの批判があります。

この他，国会との関係では，国会召集権（憲52条・53条・7条2号），衆議院の解散権（憲69条・7条3号），議案提出権（憲72条），裁判所との関係では最高裁長官の指名，最高裁判事の任命権（憲79条1項・6条2項），下級裁判所裁判官の任命権，また天皇の国事行為の助言承認権（憲3条）があります。権力分立の観点から問題視されるのは，20世紀以降，**社会国家**〔⇒第5講63頁〕の要請がますます強くなるに伴い，行政活動の役割が飛躍的に増大し，行政権の肥大化に歯止めがかからないことです（**行政国家現象**）。

なお，検察事務は行政作用ですが，裁判と密接に関連するので，準司法作用とされ，司法権に似た扱いが行われています。他にも，公正取引委員会や国家公安委員会，人事院など，ある程度内閣から独立して職務を遂行する，準立法作用や準司法作用を行う合議制の行政機関があります。これを**独立行政委員会**

（行政委員会ともいう）と呼びます。憲法65条によると，**行政権**は内閣に属し，通説によれば，行政作用とは国家が行うすべての作用から立法作用と司法作用を除いた残り全部と考えられているので，内閣から独立するこの行政委員会は，憲法65条に反するのではないかという問題があります。この点については，委員の任命権や予算の編成権が内閣のコントロール下にあるから合憲とする説や，最終的に国会のコントロールが直接に及ぶのであれば合憲とする説などがあります。

★3　交差投票（cross-voting）とは，議員が自分の信念や選挙民の考えに基づき，所属しない党の政策に賛成投票すること。政党の拘束が弱いために見られる現象である。

★4　君主による許可のこと。

★5　権能とは，国家や公共の機関が職務を行うことのできる範囲，つまり権限のこと。権限というと，職務の「限界」に力点を置いた表現であるが，権能というと「可能性」に力点を置いた表現。

★6　内閣法2条2項。ただし，復興庁設置法の特例により，改正されて復興大臣が1人追加された。

Ⅲ　がんばれ裁判所

1　司法権の独立

中学・高校の教科書に出てくる有名な**大津事件**を覚えていますか。憲法上，重要な意義を持つので，ここでおさらいしてみましょう。

✐Case7-1　大津事件と司法権の独立

　1891（明治24）年5月，来日したロシア皇太子ニコライは滋賀県の大津を巡行中に，巡査の津田三蔵から切りつけられ負傷しました。激怒するロシア帝国に気を使い，首相の松方正義や元老の伊藤博文らをはじめとする政府は，日本の皇族に対する罪を適用して津田を死刑にするよう大審院に迫りました。しかし，大審院長の児島惟謙はこれに抵抗し，政府のプレッシャーに動揺する担当裁判官達に「決死の説得」をしました。その結果，法律通りの普通謀殺未遂罪が適用され，死刑ではなく無期懲役となりました。

088　●　第Ⅱ部　様々な法を学ぶ

これは，日露戦争が起きる13年前，まだ日本が富国強兵の過渡期にあった時代，政府からの強力な圧迫に，司法府が屈することなく司法権の独立を守った点で，歴史的にも有名な事件ですね。

司法権の独立とは，裁判が公正に行われるために，司法権が立法権・行政権の介入を受けず，独立の立場を確保するという意味です。この意味では，最後まで担当裁判官を叱咤激励し続けた児島惟謙は気骨のある明治の偉人といえるでしょう。ただ，今日の憲法では，裁判官一人ひとりがその良心に従って職権を行うことと定められているので（裁判官の職権の独立。憲76条3項），立法・行政はもちろん，国民の裁判批判，最高裁長官などの司法府内部からの干渉からも独立していなければなりません。この意味では，児島の「説得」は現代では問題があるということになるでしょう。

裁判官の職権の独立を確実なものにするには，裁判官の身分保障が十分でなければなりません。良心に従い公正な判断をしようと思っても，辞めさせられたり，給料を減らされたりする心配があっては，それを貫くことができません。そこで，憲法は裁判官が罷免される場合は次の場合に限定され，それ以外は，その意思に反しての転任や減給はありません（憲78・79条6項・80条2項）。

罷免される場合とは，次の3つです。①心身の故障のための職務不能（憲78条），②**弾劾裁判**（憲64条）〔⇒本講Ⅱ1⑤81頁〕，③国民審査（憲79条3項）。**国民審査**とは，最高裁判所裁判官の選任と在任について，国民に是非の判断を問う制度のことです。この限りでは，裁判官の身分に民主的コントロールが司法権に及んでいるということができますね。なお，現在，私達が投票所で行っている国民審査の方法は，任命後初めて行われる衆議院議員総選挙の際と10年経過後に，罷免なら×印を付ける方法です。しかし，そもそも内閣による任命を審査する制度なのだから，任命を可とする裁判官に○印を付ける方法を採用すべきではないかという主張もあります。[★7]

司法権の独立や裁判官の職権の独立を保障するために，憲法は裁判制度の運用としくみをできる限り裁判所の自律に任せるよう，配慮しています。人事管理，裁判を行うために必要な施設の管理・運営などに関する権限を**司法行政権**といいますが，明治憲法のもとでは，司法行政権は行政機関である司法大臣が

握っていました。しかし，日本国憲法のもとでは，司法権の独立を強固にしようと，すべての裁判所が司法行政権を持ち，最高権限と監督権は最高裁判所が持つと解されています。下級裁判官の任命は内閣が行いますが，最高裁が指名した者の名簿から必ず任命しなければなりません。これによって裁判所の自律が確保され，かつ内閣と裁判所のチェック＆バランスが図られているといえます。

さらに，憲法77条1項は「訴訟に関する手続，弁護士，裁判所の内部規律及び司法事務処理に関する事項」について規則を定める権限（規則制定権）を最高裁に認めて，司法運営における司法府の自主性を尊重しています。もっとも，国民の権利・義務に直接関わる訴訟手続についてまで最高裁判所が規則を定めうるとしたのでは，民主主義に反するので，まずは法律で定めるべきです。実際，民事訴訟法と刑事訴訟法は国会で定められた法律です。

2 司法権の意味

憲法76条は「すべて司法権は，最高裁判所及び……下級裁判所に属する」と定めますが，そもそもこの司法権とは何なのでしょうか。国民は権利を侵害されたり，国家機関のひどい権力行使があれば，裁判所に訴えを起こし，公開の裁判所の裁判を受ける権利（憲32・82条）を行使し，権利を守ることが認められています。この，裁判を受ける権利の意義を考えるとき，裁判所に属する司法権というのは，国民の権利・義務をめぐる紛争を解決するものでなければならないというべきです。そうすると司法の内容は「当事者の具体的な権利義務に関する紛争において正しい法の適用を保障する作用」と考えればよいのだろうというのが大方の説です。[★8]

「司法」がこのようなものであるとすると，①具体的な権利・義務の争いや②法令の適用によって終局的に解決できる事件でなければ，司法権とは無関係ということになります。例えば，「AさんとBさんはどちらが魅力的か」の争いは①にあたらないし，また，信仰の対象の価値や宗教上の教義などは②にあたりません。この点で，次のような有名な判決があります。

✐Case7-2　板まんだら事件（最判昭和56年4月7日民集35巻3号443頁）
創価学会は「広宣流布達成」の時期にあたるとして，その本尊である「板ま

090 ● 第Ⅱ部　様々な法を学ぶ

んだら」を安置する正本堂を建立しようと寄付金を募りました。そこで会員の Xらは供養金の名義で資金を寄付しました。ところがその後，正本堂を建立したことで広宣流布が終わったわけではないと前言を翻した上，さらにXらの調査によって建立された「板まんだら」が本尊ではなく偽物であると判明しました。このため，本件寄付は錯誤に基づき無効であるとして，寄付金の返還を学会に対して求める訴訟を起こしました。

　Xの訴えの内容は，一見，寄付金返還請求権という，①の権利義務の紛争の形をとっています。しかし，問題の行方を左右するポイントは，結局「広宣流布達成」や「板まんだらの本尊性」といった信仰の対象の価値または宗教上の教義に関する判断にあるので，最高裁は「その実質において法令の適用による終局的な解決の不可能なものであって，裁判所法3条にいう法律上の争訟にあたらない」と判断しました。

3　違憲審査制

● 付随的違憲審査制と抽象的違憲審査制

　憲法81条は，最高裁判所が，法令や国家の行為が憲法に違反していないかを審査する権限を持つ終審裁判所であると定めています。これを**違憲審査権**といいます。国家が憲法の定めに従っているかどうかをチェックすることによって，国民の人権を守ろうとしているわけです。最高裁判所が**憲法の番人**と呼ばれているのは，この違憲審査権があるからです。しかし，違憲審査の方法が行き過ぎると，三権分立が崩壊するおそれがあります。国民の人権が侵害される事件が何も起きているわけではないのに，国会や内閣のすることすべてに最高裁が違憲審査権を行使すれば，それはもはや司法権の枠を超えていることになるでしょう。

　アメリカ，カナダなどでは，具体的な訴訟事件の過程で法令や国家の行為の合憲性が問題になった場合にだけ，事件解決のための前提として合憲・違憲の判断をします。具体的な訴訟に付随して違憲の判断をするので，**付随的違憲審査制**といいます。これに対して，そのような具体的事件がなくても訴えがありさえすれば，法令そのものの合憲性を，特別に設置された憲法裁判所で判断する**抽象的違憲審査制**があります。ドイツ，オーストリア，イタリア，韓国など

第7講　統治のしくみ　● 091

多くの国で，採用されています。

　日本では司法権の範囲内で合憲，違憲も判断されるのだから，付随的違憲審査制をとっていると解するのが，最高裁の立場です（警察予備隊訴訟。最判昭和27年10月8日民集6巻9号783頁）。抽象的違憲審査制をとっていると考えれば，多くの人が抽象的な形で違憲審査を請求できるので，積極的に憲法判断が行われることになり，ひいては行政権が肥大化し続ける現代の**行政国家現象**に歯止めをかけて立憲主義を貫くことができるといえるのかもしれません。しかし，それは司法権を超えることになるので解釈としては無理があり，憲法改正しなければならないと考えられています。多数説は，現在の日本では付随的違憲審査制をとっていると解されるものの，運用の面で積極的に憲法判断をすることで，他の権力への歯止めをかけることができると考えるようです。

　なお，下級裁判所も最高裁判所のように違憲審査権を持つかどうかは，憲法81条の文言からはわかりませんが，下級裁判所も司法権を担う以上，違憲審査を行ってもよいはずだというのが通説・判例です（最判昭和25年2月1日刑集4巻2号73頁）。

● 条約と違憲審査制

　違憲審査の対象となるのは，憲法81条によると「一切の法律，命令，規則又は処分」です。これには，国会で制定する法律つまり衆議院と参議院でそれぞれ話し合って可決する立法（憲59条参照），行政機関の定める各種法規，法律遂行の行為等々に加え，都道府県と市町村（**地方公共団体**という）の議会で制定する自主立法（**条例**）も含まれると解されます。

　では，**条約**はどうでしょうか。もし，条約がそもそも憲法よりも優位にある法規範であると考える学説に立てば（**条約優位説**），条約を違憲審査することは論理的にナンセンスなので，対象から外れるでしょう。しかし，多くの学説は，条約の締結とその手続は憲法に基づいている以上（憲61・73条3号），憲法の方が上だと考えます（**憲法優位説**）。ただ，この学説に立っても，81条に条約が並んでいないところから，違憲審査の対象から外されたと解釈することは可能です。この点について最高裁は，日米安全保障条約が違憲でないか争われた砂川事件で，条約も違憲審査の対象となり得ることを承認しました（最判昭和34年

092 ● 第Ⅱ部　様々な法を学ぶ

12月16日刑集13巻13号3225頁）。ただし，第一審（東京地判昭和34年3月30日下刑集1巻3号776頁）の判決が日米安保条約を違憲と判断したのに対し，最高裁では，統治行為という別の理由を掲げて，憲法判断を避けました。**統治行為**とは，直接，国家統治の基本に関する，高度に政治性のある国家行為を指します。要するに政治問題なので，政治的解決に委ね，法的判断ができるとしても裁判所はあえて口を出さないという考えです（これを統治行為論という）。

　統治行為以外にも裁判所はあえて口を出さない方がよいのではと思われる場合があります。それは**立法不作為**，つまり国会がなすべき立法をしない場合です。社会権などは，国会による具体的な立法がなければ権利の内容が実現することがないので，国会が立法すべきですが，だからといって裁判所が立法を命じるのは，三権分立の趣旨に反するでしょう。実際の裁判としては，公務員の不法行為を定める国家賠償法1条1項に基づき，国会議員の立法不作為（立法しないで放置していること）が不法行為にあたるとして，国家賠償請求訴訟の中で違憲性が争われてきました。以前は，「容易に想定し難いような例外的な場合でない限り，国賠法1条1項の規定の適用上，違法の評価を受けない」として最高裁は事実上救済の道を閉ざしてきました。しかし，2005（平成17）年，国外に住んでいる国民の選挙権が制限されていることが憲法14条，15条1項3項等違反にあたるとする国家賠償請求訴訟で，10年以上立法措置がとられなかったことは例外的な場合にあたるとして，その立法不作為を国家賠償法上違法と認める判決を下しました。（在外国民選挙権事件。最判平成17年9月14日民集59巻7号2087頁）。

　なお，私人間で人権侵害が行われるような場合も，裁判所としては私人の不法行為責任や公序良俗違反など私法上の規定を使うことによって，間接的に違憲審査の対象とすると，考えられます。これは，憲法の私人間効力の問題でもあるところです〔⇒第6講Ⅰ2①67頁〕。国と私人とが取引など対等な立場で私法上の行為を行った場合も同様に考えられています。

★7　この点につき，最判昭和27年2月20日民集6巻2号122頁は×印方式を合憲と判断した。
★8　より専門的な説明をすると，司法の内容は，裁判所法3条が定める「法律上の争訟」とは何かという解釈論の中で議論される。なお，行政訴訟である民衆訴訟（個人の権利義

務に関わらない住民訴訟や選挙無効訴訟など）や機関訴訟（都道府県・市町村の長と議会との紛争や国・都道府県・市町村に関する訴え）は具体的事件性がなくても法律で例外的に争訟性が認められている（公選203・204条，地自242条の２）というのが通説だが，これらも何らかの具体的な国の行為を争う点では司法の内容として捉えうるとする有力説もある。

♪ティータイム　議員定数不均衡問題と夏の甲子園

　衆議院・参議院の議員定数不均衡問題は，高校野球にたとえることができます。例えば，夏の選抜では，各都道府県から１校ずつ，地区大会を勝ち抜いて出てきますが（ただし，東京都は人口増で，北海道は広すぎて，それぞれ東西と南北の２地区に分割），地区大会といっても高校の数が地区により異なるので，激戦地区かそうでないか，かなりの差があるのです。多い県の出場校数を見ると，愛知県が174校，神奈川県が167校，少ない県では鳥取県と高知県がともに23校と，７倍以上の差があります。そこで，甲子園をめざす都会の野球少年の中には，地方の方が高校野球に出場できる確率が高いと，「野球留学」をする者が出てくるのです。かたや少子化に悩む過疎地域の高校側も，都会の優秀な野球エリート達を受け入れることによって「格差是正」を果たすことができ，地方校でも甲子園連覇が可能となるわけです。一方，国会議員も，野球留学よろしく人口の少ない選挙区から出馬すれば，都会の激戦区をくぐり抜けるよりも効率よく当選し，国会に「出場」を果たせます。野球であれば，出場選手がどこの出身かなど気にすることなく，好きな地域の代表校を応援して楽しめますが，選挙についてはそんな呑気なことは言ってられません。多くの支持を得て当選した議員であればこそ，私達の代表という気がしますが，選挙の時だけ田舎に出向いて少ない得票数で当選し，登院してくるような議員に，政策を任せてよいのかと思わずにはいられないからです。

　では，衆議院・参議院の議員定数不均衡に対して，最高裁と政府（国会）はどのような態度をとってきたでしょうか。1972年以来，最高裁は「憲法14条は投票価値の平等も含む」としつつも，「選挙は違憲・違法だが無効でない」との奇妙な判決スタイルを踏襲しています。国会は国会で，一人別枠方式の廃止や死票の多い小選挙区の一部削減などを行い選挙区の是正に努力してきたかに見えますが，やはり自分で自分の外科手術をすることには限界があるでしょう。最近の判例では，衆議院議員選挙１対2.079の状態，参議院議員選挙１対３の状態につき，それぞれ合憲とする判決が出ています（最判令和５年１月25日LEX/DB25572554。最判令和２年11月18日民集74巻８号2111頁）。最高裁判事達はどうやら，選挙制度そのものの適法性を検討する（客観訴訟という）スタンスに立つ多数意見と，選挙権・平等権の侵害に対する権利救済のスタンスに立つ少数意見に分かれ，対立したままのようです。

　定数是正のための選挙区割りがそれほど難しいのなら，発想を変えて国会での多

数決の方法を変えてみてはどうでしょうか。多数決といえば1人1票（頭数多数決）だと思い込む人は多いでしょうが，例えば，私が大学で教える「会社法」に登場する「株主総会」の多数決は，1株1票です（会308条）。つまり，資本力を持つ大株主が発言力を持つ「資本多数決」なのです（マンション所有者の「総会」でも，票数はそれぞれの占有床面積の割合に比例します（区分所有38条））。このわかりやすい比例方式を国会に応用するのです。例えば2021年の衆議院議員選挙で当選した神奈川15区の自民党議員Aは，史上最多の得票数21万515票，同じ自民党でも長崎4区の議員Bは，得票数が5万5968票でした。そこで議院内での持ち票数はその得票数と同数，つまりAは21万515票を持って，Bは5万5968票を持って議院で投票することとします。このようにすれば，過疎地の地盤を受け継ぎ安穏とする世襲議員は淘汰されるでしょう。国会が選挙区割りを本気で考え始めるきっかけになるかもしれません。何より，都会の人々が「投票しても何も変わらない」という政治的アパシー（無気力）から解放されるのではないでしょうか。

　他にもいろんな弥縫策が考えられそうですが，そもそもその前に，違憲状態を続ける選挙のありさまを，最高裁がもっと厳しく糾弾しなければならないはずです。なぜなら，選挙制度は立法・行政が間違っていればそれを正し民意を反映させるための「民主政の回路」だからです。この回路自体が1票の格差の放置によってゆがめられている以上，人々は民主的に正すことができません。ここは，裁判所が積極的に立法府を批判し突破口を作らなくてはならないでしょう。現在の小選挙区制のもとでなら，問題のある選挙区に限定して違憲・無効の厳しい判決を下しても，決して重大な影響はないと思われます。いまこそ私達のために，「がんばれ裁判所！」とエールを送らずにはいられません。

第**8**講 犯罪が起きたら──刑法その1

I 罪 と 罰

1 罪刑法定主義

　ロシアの文豪ドストエフスキーの小説『罪と罰』を知っている人は多いでしょう。映画や漫画で知っている人も多いかもしれませんね[★1]。これは，帝政ロシアの時代，ある学生が強欲な高利貸しの老婆を正義の名のもとに斧で殺し，そして苦悩するという深遠な小説ですが，その1世紀前にベッカリーア[★2]によって書かれた『犯罪と刑罰』に触発されて，ドストエフスキーが筆をとったものです。

　ベッカリーアは，宗教権力や王侯貴族が勢力を持っていた時代，多くの貧しい人々が理不尽な裁きや拷問，残虐な刑罰に苦しめられるのを批判して，1864年，やはり正義のために『犯罪と刑罰』を匿名で一気に書き上げたといわれています。ドストエフスキーもベッカリーアも，一握りの特権階級と多くの虐げられた人々からなる格差社会を憂えていたわけですね。ベッカリーアはその書物の中で，拷問の禁止，死刑の廃止の他，何が犯罪であり，これに対してどのような刑罰が科されるかが事前に明確に定められていなければならないという**罪刑法定主義**の考えを示しました。罪刑法定主義は，フランス革命時の啓蒙思想家にも大いに影響を与え，のちに近代刑法学の父と呼ばれるフォイエルバッハ[★3]によって，1801年，「法律なければ犯罪なし，法律なければ刑罰なし」の標語とともに確立されました。この考え方は，国家の刑罰権の不当な行使から国民を守るという人権保障につながるもので，日本国憲法でも，法定の手続の保障を定める31条[★4]や遡及処罰の禁止を定める39条前段[★5]に示されています。刑法に盛り込むよりも，憲法上の原則として定める方がよいと考えられたからです。このことからも，罪刑法定主義が，苦い歴史に裏打ちされた重要な原則である

096 ● 第II部　様々な法を学ぶ

とうかがい知ることができますね。なお，歴史的には1215年にイギリスで書かれたマグナ・カルタ（大憲章）39条「法によらない逮捕・投獄等の禁止」が最も古い書面であり，これこそが罪刑法定主義の淵源とする学者もいます。しかし，これは貴族や商人と国王との封建契約の1つにすぎず，近代的意味の人権保障の精神に裏打ちされたものとは言い難いでしょう〔⇒54頁♪ティータイム「失地王ジョンとマグナ・カルタ」〕。

罪刑法定主義は，具体的には次のような内容を含むと考えられます。①成文法として書かれていない不明瞭な慣習法を認められない（**慣習刑法の禁止**），②行為のあとで刑罰法規を設け，さかのぼって処罰することは許されない（**遡及処罰の禁止**），③恣意的な刑法の適用をしないよう，解釈は厳格に行い，類推解釈〔⇒第**4**講45頁〕は許されない（**類推解釈の禁止**），④「拘禁刑1日以上」「拘禁期間は反省するまで」というような，身体を拘束する期間を，国家機関（刑務所）に委ねる法定刑の定め方は許されない（**絶対的不定期刑の禁止**），⑤国民の自由な活動を萎縮させたり官憲が恣意的に処罰することのないよう，刑罰法規の内容は明確に規定されていなければならない（**明確性の原則**）。

2 刑法の役割と犯罪の種類

犯罪の内容とそれに対する制裁としての刑罰を定めた法律を，一般に**刑法**と呼びます。刑罰の役割は第**10**講で見ることにして〔⇒第**10**講Ⅱ2 133頁〕，ここでは，刑法の役割について考えてみましょう。

前述の罪刑法定主義からすれば，刑法は国家の恣意的な刑罰権の濫用を防ぎ，国民の権利・自由を保障する役割を持つといえます（刑法の自由保障機能，人権保障機能）。また，当然のことですが，刑法は社会秩序を維持する役割があります。刑法の存在によって国民は行動が規制され，自ずと刑法に載っている犯罪を犯さないようにすると考えられるからです（刑法の規制的機能）。しかし，それは国民に倫理や道徳を強いるためではありません。刑法が人の生命，身体，財産，公共の安全といった価値や利益を守りたいからです（刑法の法益保護機能）**法益**とは，法が守ろうとする利益，つまり人々の共同生活に不可欠の利益のことです。詳しくいうと，法益には，生命，身体，自由，名誉，財産などの**個人的法益**，公共の安全・信用・社会の風俗などの**社会的法益**，国家の存立そのも

のや立法・司法・行政作用などの**国家的法益**があります。刑法にはたくさんの犯罪名が載っていますが，どのようなものがあるか，ここで法益ごとに分類して紹介しましょう。

a　国家的法益に対する罪

①国家の存立に対する罪：内乱罪（刑77条），外患誘致罪（刑81条），外患援助罪（刑82条）等。

②国交に関する罪：外国国章損壊等罪（刑92条），私戦予備罪（刑93条）等。

③国家の作用に対する罪：公務執行妨害罪（刑95条以下），偽証罪（刑169条），賄賂罪（刑197～198条），犯人蔵匿罪（刑103条），証拠隠滅罪（刑104条），虚偽告訴罪（刑172条），職権濫用罪（刑193～196条）等。

b　社会的法益に対する罪

①公共の平穏に対する罪：騒乱罪（刑106条），放火および失火の罪（刑108条以下），往来危険罪（刑125条），水道汚染罪（刑143条）。

②公共の信用に対する罪：通貨偽造罪（刑148条以下），有価証券偽造罪（刑162条），支払用カード電磁的記録不正作出等罪（刑163条の2），文書偽造罪（刑155条以下），不正指令電磁的記録作成罪（刑168条の2）等。

③社会風俗・公共の感情に対する罪：公然わいせつ罪（刑174条），わいせつ物頒布等罪（刑175条），賭博罪（刑185条以下），礼拝所および墳墓に関する罪（刑188条以下），死体損壊罪（刑190条）等。

c　個人的法益に対する罪

①生命・身体に対する罪：殺人罪（刑199条），傷害罪（刑204条），過失致死傷罪（刑209条以下），堕胎罪（刑212条以下），遺棄罪（刑217条以下）等。

②自由に対する罪：逮捕・監禁の罪（刑220条），略取・誘拐の罪（刑224条以下），人身売買罪（刑226条の2），不同意わいせつ罪（刑176条），不同意性交等罪（刑177条），住居侵入罪（刑130条），信書開封罪（刑133条），秘密漏示罪（刑134条）等。

③名誉・信用・業務に対する罪：名誉毀損罪（刑230条），侮辱罪（刑231条），業務妨害罪（刑233条以下），電子計算機損壊等業務妨害罪（刑234条の2）等。

④財産に対する罪：窃盗罪（刑235条），強盗罪（刑236条），詐欺罪（刑246条），恐喝罪（刑249条），横領罪（刑252条），毀棄・隠匿の罪（刑258条以下）等。

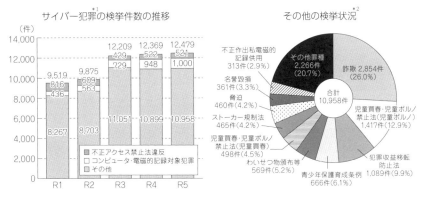

図8-1 サイバー犯罪の検挙状況

[出典：警察庁　犯罪統計サイト「令和5年におけるサイバー空間をめぐる脅威の情勢等について」51頁，https://www.npa.go.jp/publications/statistics/cybersecurity/data/R5/R05_cyber_jousei.pdf]

注　図中の割合は小数第2位以下を四捨五入しているため，総計が必ずしも100にならない。

*1　サイバー犯罪とは，不正アクセス禁止法違反，コンピュータ・電磁的記録対象犯罪，その他犯罪の実行に不可欠な手段として高度情報通信ネットワークを利用する犯罪。

*2　その他の検挙状況は，サイバー犯罪の検挙状況から不正アクセス禁止法違反，コンピュータ・電磁的記録対象犯罪の検挙を除いたもの。

　なお，近時はインターネットを利用するサイバー犯罪が多発しているため［図8-1］，特別法（特別刑法ともいう）によって規制する傾向にあります。例えば，ネットバンキングに対する不正アクセスや重要インフラへのサイバー攻撃，フィッシング行為に対処するための不正アクセス禁止法[6]，児童買春の原因となりやすい出会い系サイトを規制する出会い系サイト規制法[7]，フラれた腹いせに元交際相手や元配偶者の性的画像などをネットの掲示板等に公表する行為に対処するリベンジポルノ防止法[8]，スマホや携帯電話を使って振込め詐欺など特殊詐欺に対処する携帯電話不正利用防止法[9]などが挙げられます。今後も，このような特別刑法はたくさん出てくるでしょう。

★1　手塚治虫『罪と罰』（角川文庫，1995年），柳沢きみお『新訳・罪と罰（1）〜（5）』（CoMax，2021-2023年）から，時代や登場人物を変えた落合尚之『罪と罰 A Falsified Romance Vol.1-10』（双葉社アクションコミックス，2007-2011年）まで，多くの漫画や劇画も出されている。

★2　チェーザレ・ベッカリーア（1738-1794年）はイタリア・ミラノ出身の法学者・経済学者・

啓蒙思想家。モンテスキュー，ルソーなどのフランス啓蒙思想家の影響を強く受け，1864年に『犯罪と刑罰』を著した。

- ★3 アンゼルム・フォイエルバッハ（1775-1833年）はドイツの刑法学者。カント哲学を信奉し，明確性の原則と刑罰論における心理強制説を唱えた。
- ★4 憲法31条「何人も，法律の定める手続によらなければ，その生命若しくは自由を奪はれ，又はその他の刑罰を科せられない」。
- ★5 憲法39条前段「何人も，実行の時に適法であった行為又は既に無罪とされた行為については，刑事上の責任を問はれない」。
- ★6 不正アクセス行為の禁止等に関する法律（1999（平成11）年）。
- ★7 インターネット異性紹介事業を利用して児童を誘引する行為の規制等に関する法律（2003（平成15）年）。
- ★8 私事性的画像記録の提供等による被害の防止に関する法律（2006（平成26）年）。本法の4条ではプロバイダ責任制限法〔⇒第6講77頁〕の特例が設けられている。その他，スマホ盗撮等を処罰する法律も近年，制定された。cf. 性的な姿態を撮影する行為等の処罰及び押収物に記録された性的な姿態の影像に係る電磁的記録の消去等に関する法律（2023（令和5）年）。
- ★9 携帯音声通信事業者による契約者等の本人確認等及び携帯音声通信役務の不正な利用の防止に関する法律（2005（平成17）年）。

Ⅱ　フローチャートで犯罪成立

　被告人が有罪かどうかを決めるには，どのようにすればよいでしょうか。スタートとしては，機械的に淡々と判断する方が人権侵害が少なくて済むのではないでしょうか。気の毒な身の上からその行為に走ったとか，被害者を憎んでいたとか，いろんなことを感情的に1度に考えるのではなく，フローチャート方式で体系的に考え処理する方が，裁判官としても，判断ミスを少なくして公正に決められそうです。起訴するかどうか判断する検察官についても同様でしょう。そこで，現在では「その行為が犯罪となるかどうか」，つまり犯罪の成否は，体系的・分析的に判断しようというのが大方の見解です。

　その手順としては，まず，犯罪者の行為を形式的・客観的・一般的に見てから，その後，実質的・主観的・個別的に見ます。例えば，AがナイフでBを刺す行為が殺人罪となるには，その行為が殺人罪の条文に示されている構成要件にあたり（構成要件該当性），違法で（違法性），責任あるものでなければなりません（有責性）。この①構成要件該当性，②違法性，③有責性の3つのチェックポイントが，どれもYESとなったとき初めて殺人罪が成立するのです。[10]

100 ● 第Ⅱ部　様々な法を学ぶ

本講では，この３つのチェックポイントのうち，特に形式的・客観的・一般的に見る必要のある①構成要件該当性と②違法性について，じっくりと学ぶことにしましょう。

1　構成要件該当性

　構成要件とは，法律が禁止する行為を類型化したもののことで，ある行為がその「類型」にあてはまることを，構成要件に該当するといいます。例えば，刑法235条で「他人の財物を窃取した者」は窃盗罪，刑法246条で「人を欺いて財物を交付させた者」は詐欺罪とあります。しかし，借金を返さない者を処罰する規定は刑法のどこにもありません。だからどんなに長期にわたって返済せず借金取りから逃げ回っている悪質な者がいたとしても，それは民法上の債務不履行責任を負う〔⇒第**12**講Ⅲ**1** 162頁〕だけで，刑法上は何罪の構成要件にも該当しないので，犯罪不成立です。もし，そのような人間が社会問題になるほど増加して，処罰する法律ができれば別ですが，通常，刑法は法益侵害行為があっても，よほどの場合しか処罰しないものとされます。これを刑法の断片性といいます。逆に例えば，構成要件で，どのような行為が処罰され，また処罰されないかが明確に示され，罪刑法定主義を具体化しているわけです（**構成要件の罪刑法定主義機能**）。

　また，人の死の結果をもたらすような行為でも，殺人罪の「殺した」（刑199条）となるのか，傷害致死罪の「身体を傷害し，よって人を死亡させた」（刑205条）のか，過失致死罪の「過失により人を死亡させた」（刑210条）のか，それぞれ異なります。つまり，構成要件は，個々の犯罪行為を区別するわけです（**構成要件の個別化機能**）。

　構成要件は形式的・客観的・一般的に判断されるものですが，その際，細かく要素に分けて丁寧に見て行きます。これを**構成要件要素**といいます。構成要件要素には，例えば，「主体」「客体」「行為」「結果」「因果関係」「行為の状況」などがあります。これらは犯罪ごとに見なければならない性質のものが多いので，多くの刑法のテキストは刑法「総論」と「各論」に分け，「各論」で各犯罪ごとに，構成要件要素を中心に固有の犯罪成立要件を検討しています。ここでは，「客体」，「行為」，「因果関係」について見てみましょう。

第８講　犯罪が起きたら　◆　101

● 客　体

　例えば，殺人罪の構成要件要素としての客体は「人」ですが（刑199条），その判断は案外難しいものです。例えば，妊婦の腹を蹴って胎児を死なせたとしましょう。これは，客体が人ではなく胎児なので，堕胎罪（刑212条）が成立します。しかし，胎児が妊婦の体から外に生まれ出てきたら，もはや胎児ではなく人です。ではいつから「人」になるのでしょうか。この世に体の一部でも出てきたら，母体とは独立して攻撃侵害が可能になるので，「人」であると解釈する**一部露出説**が通説のようですが，[11] **全部露出説**も有力です。

　また，死んだ人をいくら殺そうとしてもそれは死体損壊罪（刑191条）にすぎないので，「死体」か「人」か判断するのに，人の終期（いつ死んだといえるか）をめぐり議論があります。従来は，慣習法的に①心拍停止（心臓の機能停止），②呼吸停止（肺の機能停止），③瞳孔拡大（脳幹の自律機能停止）の三徴候説がとられてきました。しかし，生命維持技術の進歩や臓器移植の必要から，現在では心臓死を前提としつつ，臓器移植の場合に限り，**脳死**（脳幹を含む脳全体の機能が完全に喪失した状態）を人の死とするようになってきています。しかし，疑問の残る点も多く，臓器移植法の改正により臓器摘出や脳死判定の要件が緩和[12]されつつある昨今，ますます議論の尽きないところです。

● 実行行為

　構成要件要素としての行為（**実行行為**）は，一般に，法益侵害の危険のある行為とされます。例えば，傷害罪というと，人を刃物か何かで傷つけるイメージが浮かびますが，構成要件要素としての「傷害」の実行行為はどのように解釈すればよいでしょうか。人の身体の完全性を害することと考える説（完全性毀損説）によれば，頭髪を切ったり，眉を剃り落としても，傷害の実行行為となるでしょう〔⇒122頁♪ティータイム「♪女は髪がいのち！」〕。多数説では，人の生理的機能に障害を生じさせることとか，健康状態を不良にすることとしていますが（生理的機能障害説），この説に立っても，生理や健康の中身をどう捉えるかで，結論が異なってくる可能性があります。

　では，相手に暴言を吐いたり，嫌がらせ行為をして相手を精神衰弱に陥らせたような場合はどうでしょうか。生理的機能や健康の中身として精神的機能や

精神の健康を含ませるなら，傷害の実行行為にあたる可能性があります。かつて，連日連夜ラジオや目覚まし時計のアラーム音を大音量で鳴らし続けることによって隣人に精神的ストレスを与え慢性頭痛症にさせた事件で，最高裁は，生理的機能障害説に立ち，傷害罪の成立を認めました（騒音おばさん事件。最決平成17年3月29日刑集59巻2号54頁）。

　確かに，精神と生理的機能とは密接に結びついているので，精神的機能や精神の健康を害する行為は生理的機能を害する行為といえるでしょう。しかし，どのような場合に「害する」といえるのか，心の傷や心の痛みを与えた場合も含むのか，抑うつ症や不安症など神経系の障害があればよいのか，よく考えるとはっきりしません。また，手段として，騒音を鳴らすのではなく単なる無言電話や匿名の手紙，秘密の暴露といった方法ならどうでしょうか。職場でのパワハラ，セクハラ，叱咤はどうでしょうか。相手の精神的機能を害する行為なら何でも含むと解するのではあまりに曖昧になり，罪刑法定主義に反することになるでしょう。この点，ドイツでは，精神的ストレスによる場合にも，手段に限定がないとするのが判例・通説のようですが，日本やイギリスの判例ではある程度の限定があるとされています。[★13]

◆ 因果関係

　因果関係とは，行為と結果のつながりのことです。つながりがなければ，客観的に見ても，起きた結果に対して行為者を責めることはできないでしょう。例えば，AがBを殺そうとナイフで切りつけたが，その直後，同じようにBを殺そうと思っていたCが横からBをピストルで撃って即死させた場合，AにBの死の結果を問うことはできないでしょう。つまり，殺人未遂となっても殺人既遂とはならないということです。このような場合を**因果関係の断絶**といい，行為と結果の間にまったくつながりはありません。しかし，AがBに切りつけた後，Bは救急車で運ばれ，病院に向かう途中，交通事故で死んだとしたらどうでしょう。AがBに切りつけさえしなければ，Bは救急車に乗ることもなかったのですから，Aの行為とBの死の間につながりがないとはいえません。かといって，交通事故はあまりに偶然のハプニングです。そこで，行為者に罪を問えるような因果関係が客観的に見てあるかどうかが議論されるわけです。

なお，因果関係の有無が議論される際の行為は，法益侵害の危険性を持つ行為，つまり実行行為でなければなりません。そうでなければそもそも構成要件に該当しないので，因果関係の有無を考えるまでもないからです。例えば，飛行機事故で死ねばよいと思ってXがYに飛行機に乗るよう勧めたら，たまたまYの乗った飛行機が事故で墜落したとしましょう。Xの望み通りYが死んだとしても，Xの行為は到底，殺人の実行行為とはいえませんね。つまり，Xには殺人未遂さえ成立しないでしょう。因果関係の検討は，構成要件に該当する行為と結果が存在する上で，その間のつながりがあるかという問題なのです。
　では，因果関係に関する学説の流れを紹介しましょう。

a　条件説：前述のように，AがBに切りつけさえしなければ救急車に乗ることもなくBは死ななかったというように「あれなければ，これなし」の関係を条件関係と呼びますが，**条件説**は，この条件関係があれば刑法上の因果関係も認めるとする立場です。条件説では，どんな異常な経路で悲惨な結果が生じても因果関係を認めるので，構成要件の罪刑法定主義機能がぼやけてしまいます。そこで，条件説は，異常な経路で結果が生じた場合は，錯誤〔⇒第9講Ⅱ1 119頁〕の問題として検討したり，因果関係中断論を持ち出したりします。しかし，考え方としては，次の相当因果関係説の方が妥当な結論が得られやすいと，多くの支持を得るようになりました。

b　相当因果関係説：条件関係に加えて，一般人の社会生活上の経験に照らし，通常，その行為からその結果が生じることが相当と認められる場合に，刑法上の因果関係を認める立場を**相当因果関係説**といいます。条件関係のあるものから不相当な場合を取り除き，刑法上の因果関係を限定しようとします。行為時に一般人を基準に相当かどうかを判断するのですが，どのような事情を判断材料とするかでさらに説の対立があります。①客観説は，行為時に客観的に存在した全事情と予見可能な行為後の事情を，②主観説は，行為時に行為者が認識した（し得た）事情を，③折衷説は，一般人が知り得た事情と本人が特に知っていた事情を，判断材料にします。例えば，AがBにナイフで切りつけたが，Bが血友病であったために血が止まらず死んだ場合，①客観説なら被害者が血友病だと一般にはわかりにくかったとしても必ず因果関係あり，となります。

逆に②主観説なら，誰が見ても血友病とわかったのに，行為者には認識し得なかったのなら因果関係なし，となります。③折衷説では，行為者が被害者の血友病をたまたま知っていたら因果関係あり，知らなかったら因果関係なしとなります。①～③の説はどれも合理的な結論を導こうとしての対立なのですが，このようにどの説も合理的でない結論に陥る可能性を含み，悩ましいところです。

✏ **Case8-1　米兵ジープ事件**（最決昭和42年10月24日刑集21巻8号1116頁）
　在日駐留軍の米兵Ｘがジープを運転中，歩行者Ａに衝突して車の屋根にはね上げましたが，それに気づかず，4キロほど走行，Ａが屋根からずり落ちて来たため同乗者ＹがＡを走行中引きずり降ろし，道路上に転落させました。Ａは頭部打撲により死亡しましたが，Ａの致命傷が車にはねられたものによるのか，Ｙの引きずり降ろし行為によるものかは不明なので，被告人Ｘに有利にＹの引きずり降ろし行為によるものと認定されました。

　Ｘの運転行為とＡの死亡との因果関係が問題となりましたが，最高裁は，Ｙの引きずり降ろす行為が「経験上，普通予想し得ることではない」として，因果関係なしと判断しました。これは当時，相当因果関係説を採用したものだと言われましたが，いまでは第三者（Ｙ）の行為が介在しその寄与度が大であったために因果関係が否定されたにすぎず，相当因果関係説に立ったのではないと評価されています。行為の時に予見できなかった別の危険が行為のあとで生じた時は，相当因果関係説とは異なる別の厳しい判断基準を用いようという説[★14]が有力になっています。判例も，条件関係を前提とした上で，行為が結果に寄与した程度や行為後に生じた事情への影響力など，事件ごとに細かく吟味し，因果関係の有無を判断しています。

2　違 法 性

● 違法性阻却事由

　構成要件該当性の次に続く第2の犯罪成立要件は，**違法性**です。違法とは何かを，突き詰めて考えると結構難問です。「法律で違法と決められているから違法」という考え方（**形式的違法論**といいます）が，19世紀末から20世紀はじめ

第8講　犯罪が起きたら ● 105

にドイツで唱えられました。ダメと法律に書いてあるからダメという，いかにも**法実証主義**を生んだ規則好きの国ドイツらしい考え方です。しかしこれではトートロジー（同義反復。問いに問いで答えている）にすぎません。なぜ違法とされるのかという違法の実質的理由から違法の本質に迫ろうとする，**実質的違法論**の立場によるアプローチをとれば，たとえ構成要件に該当する行為であってもその行為は違法でないことがあり，犯罪は成立しない場合がありえます。

ところで，構成要件はそもそも社会に有害でよくない行為を類型化したものです。つまり，典型的に違法だからこそ，それを類型化し，構成要件にしたといえます。これを**構成要件の違法性推定機能**といいます。そこで刑法は逆に，違法性がなくなる例外的な場合を列挙して載せることにしました（刑35〜37条）。これを**違法性阻却事由**（「阻却」とは斥けるという意味）または**正当化事由**といいます。例えば，ナイフで人の身体を傷つける行為は，傷害罪の構成要件に該当する行為ですが，もし，それが外科医による手術の執刀であったら，それは職務上の正当な業務として違法性が阻却されると考えられます（**正当業務行為**）。刑法35条「法令又は正当な業務による行為は，罰しない」は，正当化事由の一般規定と解されています。ボクシングや相撲のようなスポーツ行為が傷害罪や暴行罪で処罰されないのも，同様の理由とされています。

正当防衛や緊急避難も，違法性が阻却され，処罰されません。**正当防衛**とは，例えば凶器を持って急に襲いかかってきたAから身を守ろうと，Bが持っていた傘で反撃し，Aにケガを負わせるような場合です（刑36条）。**緊急避難**とは，誰かが凶器を持ってBに急に襲いかかってきたので，Bが逃げようとそばにいたCを突き飛ばし，ケガをさせた場合です（刑37条）。どちらもともに緊急事態のもとでとっさに行った構成要件に該当する行為ですが，それはやむを得ない行為であったので違法性が阻却されると，一般に解されています。

正当防衛が不正の侵害への反撃であるのに対し（不正対正），緊急避難は不正でない他人（C）に侵害を与える（正対正）点が大きく異なります。第1講に出てきた「カルネアデスの板」〔⇒第1講Ⅲ1 12頁〕の事例も正対正の関係なので，緊急避難です。つまり，危難の原因は人の行為だけでなく，自然現象や動物の攻撃など何であるかは問われません。ただ，正対正の関係にある以上，正当防衛と違って自分の法益を守るためにほかにとるべき手段がなく，それが唯一の

方法であるべきと解されます。これを**補充性の原則**といいます。なお，防衛の程度を超えた行為を過剰防衛，避難の程度を超えた行為を過剰避難といいます。例えば，拳で殴りかかってきた相手を刃物などの凶器を用いて防衛したり，殴り返して相手が弱かったのにまだ殴り続けるような場合（過剰防衛）や，殴りかかってきた者から逃れるために，階段にいた人を突き落とし，瀕死の重傷を負わせるような場合（過剰避難）です。これらの場合，処罰を免れることはできません。自分の法益を守るためにやむを得ず相手の法益を侵害するのですから，相当の範囲内での侵害でなければ違法性を阻却することはできないからです。もっとも，切羽詰まった状態での行為なので，情状によりその刑を減軽または免除されることがあります（**刑の任意的減免**。刑36条2項・37条1項但書）。

◆ 違法性の本質

　さて，違法とは何かという先の問いに戻りましょう。これまでに見た，違法性阻却事由である正当業務行為，正当防衛，緊急避難から，違法性の本質がぼんやりと見えてきたのではないでしょうか。ある考え方としては，共同生活の中で正当な目的を持つ行為なら，相当な手段で行われる以上許されるが，そうでなければ違法であるという，行為者の主観に着目するものがあります（**目的説**）。医療業務などはその考え方になじむでしょう。また，ある考え方としては，行為の態様や手段が社会的・倫理的に見て妥当なら許されるが，そうでないやり方での法益侵害は許されないというものもあります（**社会的相当説**）。一方，より大きな利益が守られるなら，より小さい利益を侵害しても許されるが，そうでないなら違法であるという考え方（**優越利益説**）もあります。過剰防衛や過剰避難が処罰されるのは，この考え方になじむといえます。あえて一言でいってしまうと，はじめの2つの考え方は「悪い，許されないから違法」，3つ目の考え方は「人に迷惑をかけたから違法」ということです[17]。どの考え方ももっともなので，どれか1つだけを選ぶことはできないでしょう。ただ，刑法35〜37条に載っている違法性阻却事由にはあたらないが，実質的に見て違法性を阻却し不処罰とすべき事情（**超法規的違法性阻却事由**という）があるかどうかの判断の際，これらの考え方が結論を分けることになります[18]。次の2つの事例を読んで，あなたも違法とは何か，じっくり考えてみてください。

✏️Case8-2　ブルーボーイ事件

1965（昭和40）年，産婦人科医が，性的倒錯者の男性（男娼）より性転換手術を求められたのに応じ，当時の優生保護法28条所定の除外事由がないのに生殖不能となる手術を行いました。医師はこのため逮捕・起訴されました。

東京高裁は「いまだ正当な医療行為と認めることはできず，優生保護法（現母体保護法）違反の罪が成立する」としました（東京高判昭和45年11月11日高刑集23巻4号759頁）。ただし，傷害罪の刑事責任は何ら追及されていないことに注意が必要です。法益の主体が法益を放棄しているのだから（被害者の同意），そもそも保護すべき利益がなく，違法性が阻却されると考えられたからでしょう。なお，現在では，性同一性障害への理解も社会で深まり，特例法や日本精神神経学会による性別適合手術のガイドラインも整備されています。[19]

✏️Case8-3　外務省機密漏えい事件（西山記者事件）

毎日新聞の西山太吉記者が外務省女性職員をそそのかして情交関係を持ち，それを利用して沖縄返還協定に関する秘密文書のコピーを持ち出させた事件。女性職員の秘密漏えい（国公100条1項・109条12号）をそそのかした罪（国公111条）により起訴されました。

この事件は，憲法21条のマスメディアの「取材の自由」のところで学びましたが〔⇒第6講Ⅱ2 75頁〕，そもそもこの事件は，西山記者の取材活動が正当業務（刑35条）にあたり，公務員に秘密を漏らすことをそそのかしたとしても，違法性が阻却されるのではないかという点が争点となったものです。最高裁は次のように述べて，本件の取材活動の違法性は阻却されないとの判断を示しました。「報道機関が公務員に対し根気強く執拗に説得ないし要請を続けることは，それが真に報道の目的からでたものであり，その手段・方法が法秩序全体の精神に照らし相当なものとして社会観念上是認されるものである限りは，実質的に違法性を欠き正当な業務行為というべきである。しかしながら，……取材の手段・方法が贈賄，脅迫，強要等の一般の刑罰法令に触れる行為を伴う場合は勿論，その手段・方法が一般の刑罰法令に触れないものであつても，取材対象者の個人としての人格の尊厳を著しく蹂躙する等法秩序全体の精神に照ら

し社会観念上是認することのできない態様のものである場合にも，正当な取材活動の範囲を逸脱し違法性を帯びる……。」(最決昭和53年5月31日刑集32巻3号457頁)。上記の優越利益説なら，国民の知る権利や報道・取材の利益と，国家の不利益を丁寧に比較検討することになったのでしょうが，最高裁はその点は検討せず，情報入手手段が不相当であるとして正当化を認めませんでした。

★10　このフローチャートは，違法状態は客観的に判断するものであり，行為者の立場や能力，心理など主観の問題は責任のところで判断するという**客観的違法性論**(「違法は客観的に，責任は主観的に」)の立場に立つことを前提としている。これに対し，違法と責任を併せて見る立場を**主観的違法性論**という。ドイツ法学の影響を受けた学説の対立だが，現在はドイツでも日本でも客観的違法性論が通説。この立場に立った上で違法性の本質が刑法学の世界で議論されている。⇒本講107頁。

★11　判例も傍論で一部露出説に立つことを示す。大判大正8年12月13日刑録25輯1367頁。

★12　臓器の移植に関する法律。1997(平成9)年制定。2009(平成21)年改正で，本人の積極的な反対がなく，かつ親族の同意があれば，脳死状態からの臓器摘出を認めるとして，本人の同意を要件から外したため，15歳未満の脳死者からの臓器提供も可能になった。

★13　林幹人『判例刑法』(東京大学出版会，2011年)や藪中悠『人の精神の刑法的保護』(弘文堂，2020年)ではドイツ，イギリスの判例の傾向を紹介。

★14　①行為者が法的に許されない危険を創出した，②創出した危険が結果の中に実現したといえる，の2つの基準をクリアすれば因果関係を認める。危険の現実化説とか客観的帰属論と呼ばれる。

★15　実定法だけを法と認める考え方。正義，道徳，神というような，それより高次の法を認める**自然法理論**と対立する。法実証主義は行政権の根拠を議会の制定した法律に求める**法治主義**につながり，自然法理論は自然法，正義の法によりすべての国家権力が支配されるという**法の支配**につながる。⇒第1講17頁。

★16　緊急避難は不正でない他人の法益を侵害しているのだから違法であることに違いはなく，ただ責任阻却されると考える説もある。

★17　違法性の本質のテーマは本講Ⅱのはじめに述べた客観的違法性論をさらに徹底して貫くのか，それとも主観面をある程度考慮してソフトに捉えるのかで見解が分かれている。1つは，法益侵害という「結果」を発生させたことが「無価値(＝マイナスの評価を受けること)」であり，それを違法とする見解(**結果無価値論**)，もう1つは法益侵害をめざして「行為」を行ったことが「無価値」でありそれが違法の本質だと見る(**行為無価値論**)。徹底した客観的違法性論＋結果無価値論をとれば，蜂に刺されてケガをしても違法となってしまいナンセンスなので，多くの説は修正を加えたり，結果無価値と行為無価値2つの観点に立つ(結果無価値・行為無価値二元論)。本文の目的説や社会的相当説は行為無価値論に，優越利益説は結果無価値論により近い立場といえる。

★18　超法規的違法性阻却事由は条文にないが，不処罰の方向なので罪刑法定主義に反しない。

★19　性同一性障害者の性別の取扱いの特例に関する法律。2003(平成15)年制定，翌年施行。

第8講　犯罪が起きたら　● 109

♪ティータイム　電気は物か〔電気窃盗事件〕

　明治時代に，類推解釈が問題となった有名な判例があります。電気器具商を営むAが雇い人に命じて電線から勝手に支線を引いて工場などの電灯をつけさせたという「電気窃盗事件」です。第一審は窃盗罪の成立を認めましたが，第二審の東京控訴院（現在の東京高裁）は無罪にしました。刑法の条文によると，窃盗は人の所持する「物」を盗むことですが，その「物」とは有体物，つまり気体，液体，固体のように質量があって空間を占めるものとされています。民法85条にも「物」とは有体物とあります。電気のようなエネルギーは有体物ではないので，それを盗んでも窃盗にはならないとしたわけです。これに対し，大審院は「物」を物理や民法の見地から決めず，刑法上は「可動性」と「管理可能性」があれば「物」であり，電気は容器に蓄えて運べるから可動性も管理可能性もあり「物」であるとして高裁の無罪判決を破棄，有罪としました（大判明治36年5月21日刑録9輯874頁）。

　この判決をめぐって大議論が巻き起こりました。罪刑法定主義に反する，許されない類推解釈ではないか，いや，これは文言の拡張解釈にすぎず許されるという対立です。そこで，1907（明治40）年，窃盗，強盗，詐欺，恐喝罪について，「電気は財物とみなす」と規定を置いて立法的解決が図られました（現行刑245条も同じ）。しかし，これで解決したのか，今でも疑問の声はあります。なぜなら，同じく横領罪や盗品譲受罪のような「横領の罪」では，245条は準用されていないが，これらの罪には電気は対象とならないのかどうか，熱や冷気など電気以外のエネルギーはどうなるのか，完全に立法的に解決されたとはいいにくいからです。そもそも，財物と「みなす」ということは，財物でないと認めていることになるから，論理的にもおかしいと批判できます。明治の同じ時期に，ドイツで電気は有体物でないことを理由に窃盗罪の成立を否定する判決が出ているのと好対照です。

　電気の他にも，日本では戦後，クレカやデビットカードは有価証券偽造罪の「有価証券」か，各種カードのスキミングや偽造Suicaの利用は窃盗罪の「窃取」か詐欺罪の「交付」か，コンピュータ・ウィルス作成は文書偽造罪の「偽造」か等をめぐり，裁判所は無理な拡張解釈で処罰しようとしてきました。その後，ようやく国会が重い腰を上げ，「電子計算機使用詐欺罪（刑246条の2）」「電磁的記録不正作出罪（刑161条の2）」(1987年)，「支払用カード電磁的記録に関する罪（刑163条の2〜163条の5）」(2001年)，「不正指令電磁的記録に関する罪（刑168条の2・168条の3）」(2011年) が新設されています。

110 ● 第Ⅱ部　様々な法を学ぶ

<table>
<tr><td>第 **9** 講</td><td>悪いことをしても罰せられない？──刑法その2</td></tr>
</table>

I　あぁ無情：有責性

まず，次の設問について考えてみましょう。

> 🔮 **Quiz9-1　ジャン・バルジャンは有罪か**
>
> 　ジャン・バルジャンは育ての親でもある姉とその7人の子ども達とともに暮らしていました。姉の夫が亡くなってから家はますます貧しく，植木の刈込みや人足仕事では，その日の食べ物にも困る始末でした。1795年の暮れ，とうとう彼はパン屋のガラスを割って1本のパンを盗んでしまいます。裁判所は，窃盗罪，器物損壊罪などの有罪判決により5年の懲役刑を科します。
>
> 　あなたが裁判官なら，ジャン・バルジャンに対してどのような判決を下しますか。

　フランスの文豪ユゴーによって書かれた「ああ無情（レ・ミゼラブル）」，映画やミュージカルにもなっている有名な物語ですね。この主人公ジャン・バルジャンはパンを1つ盗んだだけなのに5年の懲役刑となり，脱獄を図ったため結局19年間投獄されます。釈放後も脱獄履歴などが記載された通行証を渡され，社会復帰できない日々を送ります。ユゴーが19世紀の無慈悲な法と社会を痛切に批判した小説でもあります。

　さて，ジャン・バルジャンの行為は，窃盗罪と器物損壊罪の構成要件に該当し，違法性もあります。しかし彼の行為を責めることができるでしょうか。責めるとはどういうことなのか，19世紀以降，責任の本質をめぐり激しい学派の争いや議論が繰り広げられたところでもあります。

　第**8**講で，構成要件該当性，違法性と，2つの犯罪成立要件を学びましたが，本講では，第3の犯罪成立要件である責任について見ていきましょう。

● 111

行為者に責任があること（**有責性**という）が，犯罪成立に必要であると考えられています。刑罰が本質的に応報刑とするなら，その行為者を非難し責めることができない場合には，懲らしめる意味がないからです。特に，近代以前，人々は，同じ氏族というだけで団体責任を負わされたり，過失すらないのに結果責任を負わされました。そこで近代以降，「責任なければ刑罰なし」という考え方が標語となり，**責任主義**が罪刑法定主義と並ぶ大原則となりました。

　現在，行為者のいろいろな事情が，責任の要素として，行為者を最終的に処罰すべきかどうかのチェックポイントにされています。その事情とは，責任能力，故意・過失，そして多数説によれば，違法性の意識，期待可能性です。順に見て行きましょう。

◆ 責任能力

　責任能力とは，自分の行為の是非や善悪を判断し，かつそれに従って行動することができる力のことです。刑法39条は心神喪失者と心神耗弱者，刑法41条は刑事未成年者を，責任能力を欠く者として定めています。

　心神喪失とは，①精神の障害により事物の是非・善悪を弁別する能力，または，②それに従って行動する能力のない状態をいい，**心神耗弱**とは，①②の能力が著しく減退した状態にあることです。心神喪失の場合は処罰されず，心神耗弱の場合は刑が減軽されます（刑39条1・2項）。もっとも，被害者側の意見が強く主張されるようになった昨今，②の是非・善悪を弁別する能力に従って行動する能力は不要ではないかとの議論が，起き始めています。アメリカでは，ヒンクリー判決[1]をきっかけに国民の厳しい批判が巻き起こり，以後，①の能力だけでよいという修正論が強くなりました。

　心神喪失・心神耗弱であったかどうかは，まず統合失調症など精神疾患があったかどうかの分析から始まります。それは，精神医学の知識が必要なので，自ずと鑑定医・心理学者等の鑑定結果が重要な役割を果たします。以前は，科学偏重の姿勢から鑑定結果が十分に尊重されていました。しかし，覚醒剤中毒患者による犯罪激増に対する批判を背景に，次第に鑑定結果が退けられるようになり，とうとう最高裁は「心神喪失又は心神耗弱に該当するかどうかは法律判断であって専ら裁判所に委ねられるべき問題であることはもとより，その前提

となる生物学的, 心理学的要素についても, 右法律判断との関係で究極的には裁判所の評価に委ねられるべき問題である」としました（最決昭和58年9月13日判時1100号156頁）。ヒンクリー判決と同時期のことです。[★2]

　心神喪失により無罪判決を受けた被告人は, そのあとどうなるのでしょうか。次の2つの対応策があります。1つ目は, **心神喪失者等医療観察法**[★3]による対応です。殺人, 放火, 強盗など重大犯罪を行った者につき, 検察官の申立てにより医療および観察を受けさせるかを, 裁判官と精神保健審判員（必要な学識経験を持つ医師）が審判します。2つ目は, **精神保健福祉法**29条による**措置入院**[★4]の対応です。自傷他害の恐れのある者を検察官の通報で都道府県知事が事実上強制的に自由を拘束する制度です。

　次に, **刑事未成年**は14歳未満の者を指し, これも, 処罰されません（刑41条）。可塑性に富み将来ある年少者には, 教育で矯正することが有意義であるとして, 政策的に処罰を控えるためです。ちなみに14歳以上20歳未満の者も刑法の特別法である少年法が適用され, 刑罰ではなく保護処分という教育的処分が施されます。ただし, 少年法の改正が繰り返され, 厳罰化の方向にあります。[★5]

● 故意・過失

　故意とは「罪を犯す意思」（刑38条1項）, つまり, わざと犯行に及ぼうとする犯意のことです。犯罪（構成要件）事実の認識ということもできます。故意というと, 意欲的に悪だくみや悪心を起こすことをイメージしがちですが, まずは構成要件となっている事実を認識していることが必要です。[★6]例えば, 自分の財布とそっくりの財布をたまたま持っている友人がいて, 教室の机の上に置いていたとします。あなたが, 自分の財布だと思って持ち帰った場合, 他人の物を盗るという認識はありませんね。この場合は, 窃盗の構成要件に該当する行為をしていますが, そのつもりはないので, 故意はありません（故意が阻却されるという）。しかし, 自分の物でないような気もするが, それでもかまわないと思っていたとすると, 不確定ではあるが窃盗の故意があったと考えられます。これを**未必の故意**と呼び, 通説によると故意ありと認定され, 犯罪は成立します。

　認識対象が犯罪事実つまり構成要件に該当する事実なので, 責任ではなく,

第9講　悪いことをしても罰せられない？　● 113

構成要件該当性の問題として処理されるべきとし，構成要件的故意と呼ぶ学説もあります。他人の物を自分の物と思った場合のように，特に犯罪事実の認識に勘違いがあった場合を錯誤と呼びますが，これはⅡで説明することにしましょう。

責任主義から故意を考えると，その人を非難しとがめ得るだけの事実の認識が必要でしょう。つまり，そのような犯罪事実を認識すれば，一般人なら「いけない」と思うような事実の認識があってこそ非難可能だと思われます。例えば，Xが暗がりで襲われそうになって反撃したが，実は友人Aが驚かすつもりで飛び出してきただけであったというような場合です。Xの認識通りであれば，正当防衛が成立して違法性が阻却される（刑36条）ところですが，そうではないので暴行罪が成立します。しかし，Xを非難できない事情があるので，正当防衛となる事実を認識していなかった点で，故意を阻却するわけです。

過失とは，不注意のこと，つまり注意するべきであったのに注意をしなかったということです。これを注意義務違反といいます。刑法38条1項に「罪を犯す意思がない行為は，罰しない」と規定しています。不注意で起きたことは処罰されないということです（故意処罰の原則）。ただ，特別の定めのある場合だけ，不注意で起きたことでも例外的に処罰されます。これが過失犯です。

ところで，故意と過失は，かつては責任要素と捉えられてきました。両方とも心の中の事柄なので，行為者それぞれの主観的な問題だと考えられたのです。しかし，犯罪を個別化，特定化するという，構成要件の罪刑法定主義的役割を考えると，故意も過失も構成要件要素と考えるべきだというのが現在の多数説です。例えば，人を死なせた場合，殺すつもりであったのなら殺人罪（刑199条），傷害のつもりであったのなら傷害致死罪（刑205条），危害を加えるつもりなどなくまったくの不注意だったのなら過失致死罪（刑210条）というふうに，犯罪類型（罪名）が異なってきます。そこで，構成要件該当性を検討する段階から，行為者の主観も考慮してしまうわけです。この意味での故意・過失を**主観的構成要件要素**と呼びます。[★7]故意・過失の問題は奥が深いので，Ⅱで改めて取り上げることにしましょう。

114 ◆ 第Ⅱ部　様々な法を学ぶ

● 違法性の意識

　刑法38条3項には「法律を知らなかったとしても，そのことによって，罪を犯す意思がなかったとすることはできない」とあります。これまでの判例によると，伝統的にこの「法律」は違法性を意味し，**違法性の意識**つまり自分が悪いことをしているという気持ちがなかったとしても犯罪事実をきちんと認識していたのなら故意は認められると解してきました（違法性の意識不要説）。例えば，賭博が合法である国で育った人が日本に帰国し，賭博を行うような場合，賭博を行うという犯罪事実は認識しているので，賭博罪は成立するわけです。つまり「法の不知は害する（許さず）」という法格言により，国民は違法だと知るべきという，いささか権威主義的な考えです。確かに，悪いと知りながらあえて犯行に出たのでないと，故意があるとはいえないという考え（**厳格故意説**）では，罪の意識のマヒした常習犯や軽率な人間ほど故意が否定されてしまいます。そこで，違法性の意識は不要だが違法性の意識の可能性は必要だと考えるのが大方の見解です。悪いと思わなくても，悪いと思うことができたはずという違法性の意識の可能性があったのなら処罰すべきと考えるのです。ただ，違法性の意識の可能性があれば故意が認められるという考え方（**制限故意説**）ではなく，現在では，責任が認められるとするのが多数説（**責任説**）です。わざと意識して行うという意味であるはずの「故意」の中に「可能性」を含ませるのはおかしい感じがするからです。むしろ，「責任」の中の1つの要素として，条文にはないが「超法規的責任阻却事由」として違法性の意識の可能性を捉えようと，責任説は考えるわけです。要するに，犯罪事実の認識があれば，構成要件的故意があると考えられるが，その行為者に違法性の意識の可能性さえなかった場合は，責任要素の1つが欠けて責任が阻却されるので，犯罪不成立となるのです。複雑そうに見えますが，①「悪い（かもしれない）と思うこと」を考慮するか，②考慮するとしてどの段階で考慮するか，という手順の問題にすぎません［図9-1］。

　なお，最高裁で違法性の意識の可能性を必要とする説に配慮する判例が出ているので，今後も目が離せないところです。[8]

第9講　悪いことをしても罰せられない？　● 115

図9-1 故意と違法性の意識の関係

◆ 期待可能性

19世紀末，ドイツで起きた有名な事件に「暴れ馬事件（ライネンフェンガー事件）」があります。馬車の馬が暴れて通行人が負傷し，御者が過失傷害罪で起訴されました。その馬は暴走する癖があり，御者は以前より馬を替えてほしいと雇い主に頼んでいたが応じてもらえず，やむなくその馬を使っていたという事情がありました。

ライヒ裁判所（当時のドイツ帝国の最高裁判所）は，1897年，御者に無罪判決を言い渡しました。御者に責任能力も過失も認められるが，職を失ってまで雇い主の命令に逆らうことは御者に期待できないとして，責任がないとしたのです。この事件をきっかけに，超法規的責任阻却事由としての**期待可能性**が，理論として登場するようになりました。日本でも，戦前，雇い主の命令でやむなく定員超過の乗客を載せていた連絡船の船長が，船を転覆させ多数の乗客を溺死させたという事件で，大審院は船長の過失を肯定しつつも，著しく軽い罰金刑を選択しました。法律の根拠がないため，期待可能性の理論を責任要素として正面から認めなかったものの，船長を非難できない点を重視して量刑の面で考慮したわけですね。

★1 1981年3月，レーガン大統領他3人をジョン・ヒンクリーJr.が狙撃した事件に対する判決。ヒンクリーは，行為の邪悪性は認識していたが，行為の制御能力が欠けていたと認定され「精神障害のため無罪」との評決が下された。
★2 その後，統合失調症の幻覚妄想下で行われた傷害致死事案につき「その診断が臨床精神医学の本分であることに鑑みれば，専門家たる精神医学者の意見が鑑定等として証拠となっている場合には……その意見を十分に尊重して認定すべき」という穏健な判断が出

た（最判平成20年4月25日刑集62巻5号1559頁）。しかし翌年には「裁判所は，特定の精神鑑定の意見の一部を採用した場合においても，責任能力の有無・程度について，当該意見の他の部分に拘束されることなく，上記事情等を総合判断して判定できる」として，再び揺戻しがあった。

- ★3　心神喪失等の状態で重大な他害行為を行った者の医療及び観察等に関する法律（2003（平成15）年7月成立）。
- ★4　精神保健及び精神障害者福祉に関する法律。
- ★5　例えば，2001（平成13）年，刑事罰対象年齢を16歳以上から14歳以上に引き下げた。2014（平成26）年，犯行時18歳未満の少年に対する有期刑の上限を15年から20年に引き上げた。判決時20歳未満の少年への「不定期刑」も「短期5年，長期10年を超えない」から「短期10年，長期15年」に改められた。なお，民法改正による成年年齢の引下げに伴い，少年法もそれに合わせる案が出たが，2021（令和3）年の少年法改正では一応見送りとしつつ，18・19歳を「特定少年」とすることになった〔⇒197頁♪ティータイム「いくつからオトナ　〜成年年齢をめぐって〜」参照〕。
- ★6　厳密には，故意は犯罪事実の認識（表象）であるとする認識説（表象説）と，それに加え，犯罪の実現を意欲する積極的な意思が必要とする意思説などに分かれる。
- ★7　他の学説には，構成要件と犯罪類型を厳密に区別して，故意・過失は構成要件の要素ではないが，犯罪類型の要素であると説明するものがある。この説によると，うっかり人を死なせてしまった場合でも，客観的には「人を殺す」という同一の構成要件に該当するが，犯罪類型（殺人罪）には該当しないと説明する。構成要件はあくまで客観的に見なければならないという立場を貫くからである。
- ★8　百円札摸造事件。最決昭和62年7月16日刑集41巻5号237頁。
- ★9　第五柏島丸事件。大判昭和8年11月21日刑集12巻2072頁。

Ⅱ　犬か鹿か？：錯誤論

古典落語の1つに鹿政談という人情噺があります。あなたも奉行になったつもりで，どう裁くか考えてみましょう。

> ✎Case9-1　鹿 政 談
>
> 奈良では，昔から鹿は神の使いとされ，徳川時代には鹿を殺すと死罪を言い渡されるほどでした。ある日，奈良三条横町の働き者，豆腐屋六兵衛さんが，いつものように明け方の暗いうちから豆腐作りに精を出していると，大きな赤犬が店の表の暗がりでおから（豆腐の搾り粕。別名卯の花）の桶に首を突っ込み，おからをむしゃむしゃと食べています。とっさに六兵衛さんがそばの割木をつかんで投げつけると，うまく犬にあたって倒れました。ところが，近寄って見ると犬ではなく鹿，それも死んでいます。鹿殺しの罪で奉行所に引っ張られた

第9講　悪いことをしても罰せられない？　● 117

六兵衛さんをお奉行様が何とか助けようと，鹿の死骸を引き出させ「これは犬か，鹿か？」と尋ねます。白州にいた他の連中も「そうだ，犬だ」「いま，ワンと鳴いた」と応援しますが，正直者の六兵衛さんは嘘をつけません……。

　お裁きの行方と噺のオチは実際に落語を聴いてのお楽しみということにして，ここでは六兵衛が鹿を赤犬と間違えて割木を投げて殺してしまったことを刑法上，どう処理すべきか考えてみましょう。

　刑法38条2項で「重い罪に当たるべき行為をしたのに，行為の時にその重い罪に当たることとなる事実を知らなかった者は，その重い罪によって処断することはできない」とあります。六兵衛は「鹿殺しの罪」となる事実，つまり構成要件要素の客体である「鹿」を認識せず「犬」と思い込んでいたので，この条文により「鹿殺しの罪」で罰することはできないでしょう。過失犯が別になければ，六兵衛は無罪放免です。

　では，六兵衛がこの鹿を隣の飼い犬ポチだと思っていたとしたら，どうでしょう。割木を投げて殺す（傷つける）つもりだったのなら，六兵衛は「他人の物（犬）を損壊（傷害）」しているので，器物損壊罪（刑261条）の犯罪事実を認識していたことになります。器物損壊の認識で鹿殺しの結果が発生したということです。このように，認識した犯罪類型（構成要件）と異なる犯罪類型（構成要件）の結果が生じた場合，**抽象的事実の錯誤**と呼びます。

　ところで，Ⅰで述べたように，故意とは犯罪事実を認識することでした。六兵衛は客体となる「鹿」をまったく認識していないので，鹿殺しの罪の故意がありません。多数説によると，構成要件的故意がない（阻却される）ことになるでしょう。しかし，器物損壊罪の認識はあります。つまり，軽い犯罪事実の認識で，重い犯罪事実を実現しているわけです。この場合，やはり刑法38条2項により重い犯罪である鹿殺しの罪（死刑）で処罰できないことはわかりますが，その後の処理はこの条文からははっきりしません。また，逆に鹿を殺そうとして殺したのは赤犬だった場合はどうなるのでしょうか。

　そもそも犯罪事実に軽重がない場合でも，主観と客観にズレが生じる場合はいくらでもあります。例えば，Aを殺そうとしてBをAと間違えて殺してしまったような場合，Bを殺す認識はないのでBに対する殺人の故意は阻却されてし

まうのでしょうか。客観的に犯罪事実が存在するのに，主観的に行為者がそれを認識していない場合を事実の錯誤といいます。事実の錯誤には，さきほど出た抽象的事実の錯誤の他に，同じ犯罪類型（構成要件）の中で主観と客観のズレが生じる場合があります。これを具体的事実の錯誤といいます。

1 具体的事実の錯誤

　従来，事実の錯誤として特によく議論されてきたのは，①方法の錯誤，②客体の錯誤です。①方法の錯誤（打撃の錯誤ともいう）とは，Aを殺そうとピストルで撃ったが，弾がそれて，近くのBにあたった場合（打撃のはずれ）をいいます。②客体の錯誤とは，Aと思って殺したが，殺した相手はAではなくBだったような場合です。①②の錯誤を解決するのに，2つの学説があります。1つは，a具体的符合説，もう1つは，b法定的符合説です。a説は，認識した内容と実際に発生した事実が具体的に一致していなければ故意は認められないとする見解，b説は，構成要件の範囲で符合していれば故意を認める見解です。①方法の錯誤の場合，a説だと，Aを殺そうとしていたのであって，Bにあたってもlを殺す認識はなかったので，主観と客観が符合するとはいえず，故意は阻却されます。しかし，b説だと，AであろうがBであろうがAという「人」を殺すつもりでBという「人」を殺した以上，主観と客観の間に構成要件の符合が認められます。一方，②客体の錯誤の場合，a説でもb説でも故意は阻却されません。a説からは，「その人（B）」を殺そうとして現実に狙った通り「その人（B）」を殺したのだから，故意は認められるし，b説でも「人」を殺そうとして「人」を殺したので故意は阻却されません。

　さて，b説に立つと，およそ「人」に対する故意であれば足りると解されることになりますが，そうすると行為者の意図していた結果より多くの数の結果が生じた場合，どう考えるか問題となります。例えば，XがAを殺そうとしてピストルを撃ったところ，Aにあたった上，Aの近くのBにもあたり，AもBも死んだような場合です。およそ「人」に対する故意があればよいとし，すべての結果に対して故意の成立を認める立場に立つなら（数故意説という），Aに対してもBに対しても殺人既遂となります。判例もこの説に立っています。しかし，b説の中でも，責任主義を重視するなら，故意はあくまで1個だとして，

Aに対する殺人既遂罪とBに対する過失致死罪の成立を認めることになります（一故意説という）。Bを殺す気はなかった以上，その死は過剰結果にすぎないからです。

　それでは，Aは重傷を負ったが一命をとりとめ，Bだけが死んだ場合，どうなるのでしょうか。一故意説はBに対する殺人既遂をまず認め，1個の故意を使い果たしたので，Aに対しては過失傷害罪とします。しかし，これに対しては批判があります。Aはひどい重傷を負っていても過失傷害罪（刑209条）しか成立しないのはおかしいという批判や，もしその後Aが死んだらAに対する殺人既遂とBに対する過失致死（刑210条）に切り替わることになりおかしいという批判です。

2　抽象的事実の錯誤────────────────────────●

　今度は，異なる構成要件にまたがる**抽象的事実の錯誤**について考えてみましょう。やはりここでも，具体的事実の錯誤の場合と同様，方法の錯誤と客体の錯誤の区別が考えられ，具体的符合説と法定的符合説の違いが検討できますが，本書では，異なる構成要件でも故意を認めようとする抽象的符合説と法定的符合説の違いを理解するため，客体の錯誤に絞って検討することにしましょう。

> 🖋️**Case9-2　抽象的事実の錯誤と客体の錯誤を組み合わせた2つのケース**
> ①暗がりでXがAの飼い犬を殺そうとピストルで撃ったところ，実はそれはAであり，Aは死亡しました。
> ②暗がりでXがAを殺そうとピストルで撃ったところ，実はそれはAの飼い犬であり，犬は死亡しました。

　判例・通説である法定的符合説によれば，殺人罪と器物損壊罪とでは認識した事実が「人の死」と「物の損壊」であって共通するところがないため，発生した結果に対して故意は認められません。すなわち，ケース①では，犬に対して器物損壊罪の未遂（規定がないので不可罰），Aに対して過失致死罪（刑210条。場合によっては211条1項後段の重過失致死罪）となります。ケース②では，殺人

120　●　第Ⅱ部　様々な法を学ぶ

未遂罪（刑203条）と過失の器物損壊（規定がないので不可罰）となります。これらは，刑のアンバランスや軽すぎるという不合理な結果をもたらします。つまり，ケース①で，もしXが犬を狙って本当に犬を殺していたのなら器物損壊罪の既遂（刑261条。3年以下の懲役または30万円以下の罰金・科料）であるのに，誤って人を死なせた方が過失致死罪（刑210条。50万円以下の罰金）となって刑が軽くなる可能性があります。ケース②では，もしXの（客観的には）犬を狙う行為が，殺人の実行行為にもあたらず殺人罪の未遂犯（刑203条）とならなかった場合，Xはまったく処罰されないこととなります。

　以上のような不合理を解決しようと考えられたのが，**抽象的符合説**です。この立場によると，現実と認識とに異なる構成要件のズレがあるとしても，軽い罪の限度で故意を認めます。「およそ犯罪」となる事実を認識し，「およそ犯罪」となる結果を生じさせたといえるからです。ただし，38条2項により，認識していた犯罪よりも重い犯罪で処罰できないという限定がつくことを忘れてはいけません。

　抽象的符合説によれば，ケース①では器物損壊罪の既遂の成立を認めるか，または殺人罪の既遂を認めるが，処罰は軽い器物損壊罪の限度とします。ケース②では殺人未遂罪です。つまり，この説は行為者の悪しき性格に注目して故意犯を認めようとするわけですね。しかし，この抽象的符合説に対しては異論が多くあります。この説は違法性や責任の違いを考えず，およそ犯罪を認識していたなら錯誤はないと考える点で，故意の意味や役割を軽視し，責任主義に反するといえるからです。

　さて，抽象的事実の錯誤を法定的符合説から妥当な結論へと導けないでしょうか。多数説はこの点につき，構成要件同士に実質的な重なりがあるなら，その重なりの範囲で故意を認めます。例えば，Xが落し物と勘違いして，Aのそばに置いてあったAの財布を持ち去る場合，占有離脱物横領罪（刑254条。人の占有を離れた物を領得する犯罪）の故意で窃盗罪（刑235条。人の占有下にある物を領得する犯罪）にあたる行為をした場合，人の物を不法に領得する点で共通性があり，実質的にはこの限度で重なり合いを認め，結論として占有離脱物横領罪の成立とします。

　判例でもかなり緩やかに重なり合いを認めた薬物犯罪があります。主観的に

第9講　悪いことをしても罰せられない？　　121

は覚醒剤のつもりで客観的にはヘロインを輸入した場合（最決昭和54年3月27日刑集33巻2号140頁），覚醒剤輸入罪とヘロイン輸入罪とでは，構成要件はまったく重なり合わないのですが，社会に害悪をもたらす薬物であり実質的には重なり合っていると見て，どちらも同じ法定刑なので生じた結果であるヘロイン輸入罪が成立するとしました。また，主観的にはコカインのつもりで客観的には覚醒剤を所持した事件（最決昭和61年6月9日刑集40巻4号269頁）では，法定刑がコカイン所持罪の方が軽いので，実質的に重なるコカイン所持罪が成立するとしました。

3 違法性の錯誤

最後に，**違法性の錯誤**を紹介しておきましょう。これは，わかりやすくいうと，事実の錯誤はなかった（事実を認識していた）が，許されないとは思わなかった（違法性の意識はなかった）という場合です。違法性の意識と故意や責任等との関係にいろいろな学説が錯綜していましたが〔⇒本講Ⅰ 115頁〕，厳格故意説によれば，当然，故意もなくなります。しかし，他の説でも，違法性の錯誤が相当な理由に基づいている場合には，行為者を非難することができないので，故意（制限故意説の場合）や責任（責任説の場合）を問うことはできないと考えられています。例えば，ある行為をすれば犯罪にあたるかもしれないと思い，検事に問い合わせると「それは正当な行為である」と回答があったので信じたが，実は正当な行為ではなかった場合です。

> ♪ティータイム　女は髪がいのち！
> 　傷害と暴行の境目はあいまいで，考え方によっては結論が大きく異なってきます。「暴行」とは「身体に対する物理力（有形力ともいう）の行使」と一般に解されています。殴る，蹴るといった行為がその典型でしょう。その結果，相手がケガをすれば傷害罪となります。暴行罪（刑208条）は「暴行を加えた者が人を傷害するに至らなかったときは」と規定されているので，その反対解釈により傷害するに至れば傷害罪と考えられるからです。ところが，本文で見たように，「傷害」について完全性毀損説に立てば，人の髪の毛を切り落とす行為は「傷害」に該当しますが，生理機能障害説に立つなら傷害とはならず，せいぜい暴行罪でしょう。昔の有名な判例で，親しく付き合っていた女性が別の男と結婚することとなったのを知って憤

慨し，カミソリで女性の頭髪を根元から切ってしまったという事件があります。大審院は生理機能障害説に立ち，髪の切断や剃り落としは「傷害」でなく「暴行」にとどまるとしました（大判明治45年6月20日刑録18輯896頁）。この説に立って「傷害」を認めるには，毛根から引き抜いて皮膚を傷つけなければならないでしょう（毛根を引き抜いた事件につき大阪高判昭和29年5月31日高刑集7巻752頁参照）。

　一方，下級審の判決ですが，完全性毀損説に立って傷害罪を認めたものがあります。男が女性を虐待し，無理やり頭髪を根元から不整形に裁断し，無残な坊主頭にしたという事件です。これについて裁判所は，女性の髪が「社会生活上，重要な要素を占めている女性の容姿にとってまさに生命ともいうべきものとして古くから大切に扱われてきている」として，暴行にとどまらず傷害と判断しました（東京地判昭和38年3月23日判タ147号92頁）。大変古風な内容の判決文ですね。

　どちらも古い昔の判例ですが，同じ頭髪の切断でも，自分を裏切った女への腹いせと虐待という事情の違いが，裁判所を異なる説に立たせたのでしょうか。あなたならこの2つの判例をどう考えるでしょうか。それにしても，ひどいことをしたとモトカノの被害者に被告人は謝ったのか，気になります。奇しくもその頃，はやった流行語「アイムソーリー・ヒゲソーリー」ならぬ「アイムソーリー・カミソーリー」とつぶやいてしまうのは私がディープな昭和人間だからでしょうか。

第9講　悪いことをしても罰せられない？　◆　123

第10講　罰するということ——刑法その3

I　黒幕のスター達：共　犯

　映画を見ていると，主役のスターと脇役の共演者達が出てきます。中には，共演者の存在感がありすぎて，主役の影が薄くなってしまう映画もあります。米国のアカデミー賞授賞式では，主演男優・女優賞よりも大スター揃いの助演男優・女優賞の方が話題になるほどです。

　犯罪の場面でも，複数の人々が登場することがしばしばあります。複数人が犯罪に加わることを，広い意味（広義）の共犯と呼びます。**広義の共犯**は，映画のスクリーン（銀幕）の主役同様，その中心的存在を正犯，その他の存在をすべて狭い意味（**狭義**）の共犯と呼びます。狭義の共犯には教唆犯と従犯があります。他国の法制度，例えばイタリア刑法などは，正犯と共犯に分けることはせず，すべての関与者を正犯とし，処罰に軽重を設ける方法をとります。[1]ちょうど，イタリアのベネチア国際映画祭で，主演・助演の区別をせず，男優賞・女優賞を授与するのと似ていますね。

　日本では，自ら実行行為を行い犯罪結果をもたらす者を正犯，それ以外を（狭義の）共犯として処罰しますが，一見，手を下さないので正犯に見えず，かといって重要な役割を担う人物，特に影の黒幕をどう捉えればよいのか，悩ましい問題が立ちはだかります。まさに，銀幕のスターならぬ黒幕のスター達，とても手ごわい相手です。

1　正犯と共犯

　刑法典第11章では，犯罪に関わった複数の人々を正犯と狭義の共犯に区別して処罰の対象としています。正犯は単独正犯と共同正犯に分けられ（刑60条），共犯は教唆犯（刑61条）と従犯（刑62条）に分けられます。**正犯とは自ら犯罪**

124　●　第II部　様々な法を学ぶ

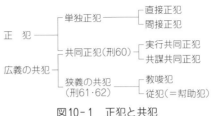

図10-1　正犯と共犯

の構成要件に該当する行為，つまり実行行為をした者のこと，**単独正犯**はそれを単独で行うこと，**共同正犯**は複数人で互いに意思を通じて共同で行うことです。**教唆犯**はそそのかすこと，つまり人に犯意を生じさせて犯罪を実行させること，**従犯**は正犯を手助けしてその実行行為を容易にすることです。手助けすることを幇助といい，従犯を**幇助犯**ともいいます［図10-1］。

　正犯と共犯の違いは，実行行為を行ったか行っていないかの点ですが，この境界をはっきりさせることは意外に難しい作業です。正犯と共犯の関係を考える際のスタンスとして次の2つの立場があります。

　①拡張的正犯概念：犯罪の結果に何らかの原因を与えた者はおよそ皆正犯であるが，ただ共犯の規定があるので，教唆・幇助行為は共犯とする。
　②限縮的（制限的）正犯概念：正犯というからには自分の手で直接犯罪の実行行為を行った者だけが正犯，それ以外の関与者は皆共犯とする。

　一般には，②の立場が支持されています。直接手を下さなくても，例えば誰かをリモコンロボットのように遠隔操作して間接的に実行できると考える見解は，①の立場に近いところから正犯と共犯の境界を見ます。これは，直接正犯と間接正犯の議論でもあります。間接正犯については，2で詳しく見ましょう。

　なお，犯罪の中には，内乱罪（刑77条。国家転覆を狙った暴動の罪）や騒乱罪（刑106条。集団で暴行・脅迫する罪）のように，共に犯行に及ぶ仲間がいなければ成立しない犯罪（**集団犯**という）や，重婚罪（刑184条）や賄賂罪（刑197条）のように向かい合う相手がいないと成立しない犯罪（**対向犯**という）があります。これらを**必要的共犯**といい，単独で実行可能な犯罪をあえて複数で行う**任意的共犯**と区別されます。必要的共犯は元々複数の関与者を予定して規定が置かれ

第10講　罰するということ　● 125

ているのだから，上記の共犯規定の適用はないと解されます。

2　間接正犯

　Xが6歳の息子Yにコンビニで万引きするよう命じて商品を持ってこさせた場合，Yは14歳未満なので刑事未成年者として処罰されません(刑41条)。では，Xはどうでしょうか。自ら窃盗の実行行為をしていませんが，何もわからないYを，動物やピストルなどと同様，あたかも道具のように利用して犯罪結果をもたらしているので，正犯として処罰されると一般に考えられています。このような場合を**間接正犯**と呼び，この考え方を**道具理論**と呼びます。

　それでは，Yが6歳の子どもではなく，12歳の子どもならどうでしょうか。次の事件は実際にあった有名なケースです。父親をどのように処罰すべきか考えてみましょう。

> ✎**Case10-1　四国八十八ヶ所窃盗事件**
>
> 　Xはその実子が交通事故で死亡したことなどもあり，12歳の養女Yを連れて四国八十八ヶ所札所および霊場巡りの旅に出ました。しかし，途中から宿泊費用などに窮するようになり，Yを利用して巡礼先の寺などから金員窃取を企てました。Xに逆らう素振りを見せるときはYの顔にたばこの火を押し付けたり，ドライバーで顔をこすったりしてXの意のままに従わせていたYに，窃盗を行うことを命じ，約2ヶ月半の間に13回にわたり納経所などから現金計約78万7750円および菓子缶等の物品6点を盗ませました。Xは，「盗みが悪事だとYはよくわかって盗みの実行をしていたのだから，自分は正犯とはならない」と主張しました。

　子どもが6歳ではなく12歳の場合，確かに，子どもは分別を持って独自の考えで行動する年頃のはずなので，もはや道具とはいえないかもしれません。利用される者が事の善悪を判断できるのなら，単なる道具とはいいにくいでしょうが，利用される者の行為を支配しているといえるのなら，その支配を実行行為というべきであるとする見解もあります（行為支配説）。最高裁は次のように述べています「Xが，自己の日頃の言動に畏怖し意思を抑圧されているYを利用して各窃盗を行ったと認められるのであるから，たとえ（Xの主張のよ

126 ● 第Ⅱ部　様々な法を学ぶ

うに）Yが是非善悪の判断能力を有する者であったとしても，Xについては本件各窃盗の間接正犯が成立する」としました（最決昭和58年9月21日刑集37巻7号1070頁）。子どもの年齢にかかわらず，要するに，道具と呼ぼうが支配と呼ぼうが，他人の行為を利用すること自体が法益侵害をもたらす危険のある実行行為といえるということですね。

3　共同正犯

次のケースを読んで，XとYはそれぞれ何罪に問われるか，考えてみましょう。

> **✎Case10-2　脅迫罪か窃盗罪か？**
> XとYが，Aの家に強盗に入ろうと，綿密に計画を立てました。計画通り，2人でAの家に行き，Xは居間にいるAをピストルで脅しました。その間に，Yが2階に行き金庫を見つけてその中から宝石を取り出し，持ってきたカバンに詰め込みました。
> XとYには，どのような犯罪が成立するでしょうか。

XとYのそれぞれの行為を個別にみると，Xの行為は脅迫罪（刑222条），Yの行為は窃盗罪（刑235条）にあたります。強盗罪（刑236条）は，暴行または脅迫を用いて他人の財物を奪い取る犯罪なので，2人とも強盗の実行行為を半分しか行っていないことになります。しかし，2人で手分けして強盗を行う方がよほど強盗の成功率は高いはずなのに，2人とも強盗罪に問われないのはおかしいですね。そこで，刑法60条は「2人以上共同して犯罪を実行した者は，すべて正犯とする」と規定します。これを**共同正犯**といいます。

XとYは共同して強盗罪の実行行為を行っている以上，たとえそれぞれは一部しか分担していなくても，強盗罪の正犯となるわけです。この考え方を**一部実行全部責任**の法理と呼ばれています。この法理は，共同で実行するところがポイントです。つまり，たとえ一部の行為しか分担していなくても，互いにその物理的な共同とともに，心理的な影響を及ぼし合って，犯罪結果への成功率を高めたわけです。そこで「共同して実行」というのは，①客観的な実行行為の分担（共同実行の事実）と，②互いの間に意思の連絡（共同実行の意思）が存在

第10講　罰するということ　● 127

する場合と考えられます。したがって，ＸとＹの間で意思の連絡を欠くような片面的共同正犯の場合，例えば，Ｘが強盗をしようと，暗がりでＡに殴る蹴るの暴行を加えているときに，ＹがＸの気付かないところでＡの体を押さえつけて暴行を加えやすいようにしていた場合，ＸとＹは強盗罪の共同正犯とはなりません。[★2]

4　共謀共同正犯

3のケースと似た事例です。Ｚの処罰を考えて下さい。

> ✎Case10-3　謀議の参加者
>
> 　ＸとＹとＺが，Ａの家に強盗に入ろうと，綿密に計画を立てました。Ｚは，ＸとＹの親分的存在であり計画の首謀者でもありましたが，直接現場に行ったのはＸとＹだけでした。計画通り，ＸとＹはＡの家で強盗を行いました。

　直接には実行行為を行わず，共謀しただけのＺをＸやＹと同じ共同正犯にできるかという問題です。これは刑法60条の「実行」に共謀者の行為も含められるかが，ポイントとなりますが，判例は戦前から一貫して肯定してきました。戦後は，有名な練馬事件の決定（最決昭和33年5月28日刑集12巻8号1718頁）があり，その後の実務の指針となっています。これは，甲が練馬署の巡査であったＡを襲撃する計画を乙と謀議し，乙がその謀議に従って具体的な犯罪の実行を指導する内容の計画を立て，乙の指導に基づき丙らがＡを襲撃して傷害を与え，死亡させた事件です。最高裁は「共謀に参加した事実が認められる以上，直接実行行為に関与しない者でも，他人の行為をいわば自己の手段として犯罪を行ったという意味において，その間刑責の成立に差異を生ずると解すべき理由はない」として，甲も乙も正犯としました。戦前の判例は共同意思のもとに一体となれば，その中の1人が犯罪を実行しても全員が正犯となるという見解（共同意思主体説）をとっていましたが，この練馬事件決定では，実行者が共謀者間の合意に拘束され，あたかも共謀者の道具のようになる点で共謀者にも間接正犯に似た正犯性が認められるという間接正犯類似説に変更したというのがおおむねの評価です。どちらにしても，共謀者や黒幕をともに処罰したいとい

128　◆　第Ⅱ部　様々な法を学ぶ

う思いから考えられた理論（共謀共同正犯の理論）ですが，60条の「実行」をどこまで実質的に捉えられるかはいまなお難問です。[★3]

　なお，その後判断の枠組みを拡大し，黙示の意思連絡（共謀）と地位（暴力団組長）だけで共謀共同正犯を認める判例が登場したことが注目されます。[★4]

5　正犯と教唆犯

◆ 共犯従属性説と共犯独立性説

　教唆犯が従犯とともに狭義の共犯であることは本講のはじめで述べました。教唆犯の法定刑は正犯と同じですが（刑61条），教唆犯・従犯が成立するには正犯行為の存在が必要と解されています（**共犯従属性説**）。かつては，正犯の存在とは関係なく，共犯は自ら行った行為だけを理由に処罰されるとする立場（**共犯独立性説**）が唱えられた時代もありました。しかし，単なるそそのかしや手助けをしただけでは，犯罪の結果が発生する危険性は極めて低いのですから，その段階で教唆の未遂や従犯の未遂として処罰するのは妥当ではありません。そこで，今日では，共犯従属性説に立つことで学説は一致しています。

　問題は，共犯従属性説に立つとして，正犯がどのような状態であれば共犯が成立するかです。普通に考えれば，正犯の行為は構成要件に該当し，違法，有責でなければならないでしょう。教唆犯の規定（刑61条）を見ても，人を教唆して「犯罪」を実行させたと書いてあるのですから，文理解釈としても素直です。しかし，もし親が子どもをそそのかして犯行に走らせたとしたらどうでしょう。刑事未成年なら子どもは責任なしとなり，正犯がいないことになります。そうすると，親を教唆犯として処罰できません。そこで，この不都合を避けるため，正犯の行為が構成要件に該当し違法でありさえすれば共犯は成立すると考える説が有力になってきたのです。「違法は連帯に，責任は個別に」という標語が叫ばれるようにもなりました。このように，共犯従属性説に立っても「共犯の成立を認めるためには正犯の行為にどこまでの犯罪成立要件が必要か」の問題があり，これを**要素従属性**の問題といいます。次で詳しく見てみましょう。

◆ 要素従属性の問題

　次のように，2つの説が対立しています。

第 10 講　罰するということ　● 129

①極端従属性説：正犯に構成要件該当＋違法＋有責の3要件が必要。
②制限従属性説：正犯に構成要件該当＋違法の2要件が必要。[★5]

　実は，この対立は処罰のすき間を埋めるため，正犯か従犯のどちらかの成立を認めようとするものでした。つまり，①極端従属性説に立てば，刑事未成年（責任なし）の子どもをそそのかして犯罪を行わせた親は共犯とならないので，この立場からは無理に間接正犯の成立を認め，正犯として親を処罰するわけです。しかし，13歳の子どもをそそのかす行為が正犯というのは，正犯を限定的に捉える限縮的（制限的）正犯概念〔⇒本講Ⅰ1②125頁〕から考えて妥当とはいえません。だからといって，②制限従属性説ならすべてがすっきり解決するともいい切れません。この説だと，親は常に共犯となりますが，是非のわからない幼児をそそのかす場合，共犯と考えてよいでしょうか。むしろ親の方に正犯性があるというべきです。そこで近頃は，要素従属性の問題と間接正犯の問題とは別の問題として，切り離して議論されるべきだといわれています。

6　従　　犯

　1で述べたように，正犯を幇助してその実行行為を容易にする者が従犯であり（刑62条），幇助は手助けすることです。従犯の刑は正犯の刑を必ず減軽します（刑の必要的減軽。刑63条）[★6]。幇助には，犯行の道具や場所を提供するといった目に見える形の手助けだけでなく，情報を教えたり，精神的に励ますような形にならない場合もあり，多岐にわたります。それだけに，処罰に値する幇助とはどのようなものか，類型化する必要があるでしょう。例えば，過去の判例を見ると，「男はやるときはやらねばならぬ」と激励して殺人の決意を強固にさせたことは幇助にあたるとされましたが（大判昭和7年6月14日刑集11巻797頁），強盗の正犯らにそれぞれ足袋と鳥打帽子を与えても特異なことなので，強盗の幇助とされるにはそれなりの理由を示さなければならないとされました（大判大正4年8月25日刑録21輯1249頁）。

　では，犯罪を止めないというような，何もしない不作為であっても幇助といえるでしょうか。一般には，「その者がしなければならないと期待される何かをしない」場合，つまり作為の幇助と同視できるだけの作為義務が認められる

場合にだけ，従犯が成立すると考えられています（**作為義務説**[7]）。この点は，最近よくニュースとなる幼児虐待事件で問題となります。例えば，伴侶や同居人による幼い子どものせっかんを制止しなかったために子どもが死亡した事件で，それを止めなかった母親や父親を傷害致死の従犯とするかどうかです。そこでは，暴行を阻止・排除する義務が，具体的な事情の下でその者達に認められたかがポイントとなっているようです。[8]

- ★1　統一的正犯体系という。日本のような方法は加担犯体系という。
- ★2　片面的従犯，つまり意思の連絡のない幇助犯は成立する可能性がある。
- ★3　最近では，共謀者が実行担当者に対し①圧倒的に優越的な地位からの強い心理的拘束を与え，②犯罪遂行に不可欠な寄与を通じて犯罪全体に機能的な行為支配を及ぼした場合は，共同正犯を認めるという説（機能的行為支配説）や，実行の分担に匹敵するほどの重要な役割を果たしたかどうかを判断基準とする説（重要な役割説）などが主張されている。
- ★4　暴力団組長Aがスワットと称されるボディーガードらの拳銃等の所持につき直接指示を下さなくても銃刀法違反の共謀共同正犯が成立するとした事案につき「Aとスワットらとの間に拳銃等の所持につき黙示的に意思の連絡があったといえる。そして……彼らを指揮命令する権限を有するAの地位と彼らによって警護を受けるというAの立場を併せ考えれば実質的には正にAがスワットらに本件拳銃等を所持させていたと評し得る」と判示した（最決平成15年5月1日刑集57巻5号507頁［スワット事件］）。また，暴力団会長Bのいわゆる「会長付き」らがホテル出入口前路上で拳銃1丁と実砲を所持していた類似の事案につき「黙示的な意思の連絡がある」として，Bにも共謀共同正犯を認定する大阪高判を最高裁も是認した（最決平成17年11月29日裁判集刑288号543頁）。後者は前者よりも強固な組織性がなかった点で批判が強い。
- ★5　実は本文の2つ以外に4つある。20世紀初頭に，ドイツの刑法学者マックス．E．マイヤーが4つに分類した。あとの2つは，最小従属性説（構成要件該当の1要件のみ）と誇張従属性説（構成要件該当＋違法＋有責＋一身的な刑の加重・減軽事由があればその有無まで共犯に影響）。
- ★6　従犯以外の刑の必要的減軽事由としては，心神耗弱（刑39条2項）などがある。
- ★7　このことは，従犯に限らず，保護責任者遺棄罪の正犯や過失犯でも同様の理論が成り立つ。
- ★8　札幌高判平成12年3月16日判時1711号170頁，名古屋高判平成17年11月7日高刑速報平17号292頁参照。なお，大阪高判平成13年6月21日判タ1085号292頁は「幼児をこたつの天板に叩きつける妻の制止してほしい気持ちを熟知しながら，妻と一旦合った目を逸らし，あえて制止しなかった」夫に黙示の共謀を認め，共謀共同正犯とする。

II クールヘッドとウォームハート：犯罪論と刑罰論

　これまでは犯罪行為に着目して犯罪が成立するか，罪刑法定主義や責任主義の観点に立ち，クールな目で検討してきました。このような犯罪行為の確定作業に関する議論を，**犯罪論**と呼びます。これに対し，成立した犯罪に対する効果としてどのように処罰するかを議論するのが，**刑罰論**です。刑罰は，刑法典に載っていますが，刑罰を決める際，具体的にどう処罰し，その犯罪者をどう扱うことが最適なのか，それを探るにはクールな目だけでは足りません。実体もふまえ，刑法の規定の背後にある理念に配慮した懐の深さと心が必要です。まさに，経済学者マーシャルの有名な言葉「クールヘッドとウォームハート（冷静な頭脳と温かい心）」は，刑事法の世界でもあてはまる重要な姿勢ですね。

　刑罰論など，以前は刑事学や刑事政策と呼ばれる学問領域で専門家だけが議論していましたが，裁判員裁判が始まってからは，私達一般国民も犯罪の確定だけでなく刑の量定（量刑）に参加しなければなりません。ここでは，柔軟な姿勢で刑罰論に取り組んでみましょう。

1　刑罰の種類

　日本の刑法には，次のような刑罰が定められています。①死刑，②拘禁刑，③罰金，④拘留，⑤科料，⑥没収。①〜⑤は主刑，⑥は付加刑です。**主刑**は，独立に言い渡す刑罰のことで，判決文の主文に書かれます。**付加刑**は主刑が言い渡されたあと，それに付加してのみ言い渡すことのできる刑罰です。刑罰は奪う対象（法益）の種類により，生命刑，自由刑，財産刑に分類できます。古くは身体を傷つけて苦痛を与える身体刑や流刑，また，公民権剥奪や停止といった名誉や身分を剥奪する名誉刑もありました。今日でもマレーシアやシンガポールでは，むちで殴打する笞刑が執行されています。現在の日本では，刑罰の言渡しに伴う選挙権・被選挙権の喪失（公選11・252条）や公職の就業資格喪失（国公38条，地公16条，学教9条）などありますが，行政上の処分とされ厳密には刑罰ではありません。

　では，先ほどの①〜⑥の刑罰の種類と内容を具体的に見ていきましょう。

132　● 第II部　様々な法を学ぶ

①死刑（刑11条）は生命を奪う**生命刑**です。[★9]

②拘禁刑は，拘禁することにより身体の自由を奪う**自由刑**です。かつて拘禁刑は懲役と禁錮に分かれていました。その違いは，懲役が刑務作業（定役）を科せられるのに対し，禁錮は科せられない点です。過失犯や政治犯と言った非破廉恥的犯罪に対する刑なので，定役を科して苦痛や教育を施す意味がないからです。[★10]ただし，現実には何もしないのは辛いので，定役を希望する禁錮受刑者が多く存在しました。そこで，2022（令和4）年改正により，懲役と禁錮は拘禁刑に一本化され，刑務作業は義務ではなくなりました。なお，拘禁刑には無期と有期があり，有期とは1ヶ月以上20年以下です（刑12条1項）。

④拘留（刑16条）も自由刑です。こちらは，ごく軽い罪に対して用いられる1日以上30日未満の自由刑です。

③罰金（刑15条），⑤科料（刑17条），⑥没収（刑19条）は，**財産刑**です。つまり，財産の剥奪を内容とする刑罰です。金額の違いでいうと，③は1万円以上，⑤は1000円以上1万円未満です。なお，⑥は，裁判所の裁量で任意に定められる付加刑で，対象物は，例えば，殺人の凶器に使われた凶器，通貨偽造罪で造られた偽造コイン，賄賂罪でやり取りされた賄賂などです。財産刑ではありますが，社会の安全のため，または犯罪による利得防止のため国家が取り上げるという刑事政策上の目的も含み持つ刑罰です。

2 刑罰論

ではなぜ，このような刑罰があるのでしょうか。刑罰が人の生命，自由，財産を奪いとるものである以上，それが正当とされる根拠が必要なはずです。これが**刑罰論**といわれる論争です。

「そりゃあ，犯罪者を懲らしめるために決まっている」と答える人は多いでしょう。確かに紀元前18世紀から「目には目を，歯には歯を」という言葉が法典にあったくらいです。これは，古バビロニア（現在のイラク南東部）のハンムラビ王が紀元前18世紀に出した**ハンムラビ法典**の載っている**同害報復**の法です。現在では「やられたらやり返せ」という復讐を表す意味で使われるようになってしまいましたが，もともとは，加えられた危害の範囲内でしか刑罰を科してはならないという**タリオ思想**に基づく罪刑の均衡の意味があったので

す。

　その後，ヨーロッパの絶対王政の時代になると，強大な国家権力がタリオ思想を捨て去り，過酷な重罰が科されるようになりました。フランス革命以降は，人権保障，自由主義の理念のもと，刑罰が大幅に緩和されましたが，それでも刑罰という苦痛・害悪を加えて罪を償わせるとの応報の考え方は変わりませんでした。これを**応報刑論**といい，正義の視点から刑罰を科す考え方です。応報刑論は，正義のために必ず処罰しなければならないという必罰主義に陥る危険があるものの，犯罪者を非難し懲らしめるためである点から，犯罪者に対して責任を問える場合でなければ処罰してはならないという責任主義（「責任なければ刑罰なし」の思想）に結び付くものでもありました。

　応報刑論が，犯罪が起きたから刑罰を科すという考え方であるのに対して，犯罪が起こらないよう刑罰を科すという考え方もあります。犯罪の予防を目的とするので，**目的刑論**といいます。目的刑論は一般予防と特別予防の２つの考え方に分けられます。**一般予防**は刑罰を予告し，実際に見せしめとして犯罪者を処罰することで，一般の人々に犯罪行為をしないよう威嚇する考えです（刑の抑止的効果）。**特別予防**は，刑罰により犯罪者が再び犯罪に陥ることを防止しようとする考え方です。そのためには，刑罰の内容は犯罪者に教育を施し，改善させるものでなければなりません。このような刑罰を，**教育刑**とか**改善刑**といいます。

　刑法の役割が法益を保護して社会秩序を維持するところにあるとすると，刑罰の役割も目的刑論から捉えられるべきだといえるでしょう。ただ，その予防効果を重視しすぎると，例えば，犯罪者が改善するまで長期にわたり刑務所に入れておくべきという重罰化の危険があります。そこで，現在では「刑罰は応報であると同時に，犯罪防止の効果を持つことにより正当化される」という応報刑論と目的刑論とを組みあわせた**相対的応報刑論**という立場が支配的です。もっとも，２つの理論を組み合わせてみたところで，問題が本当に解決するわけではありません。例えば，応報の中に被害者や国民の応報感情の満足を取り込みすぎると，被害者に身寄りのいない場合とそうでない場合や，被害者が嫌われ者であった場合など，量刑にブレが生じるでしょう。一般予防の必要が強調されすぎると，刑罰は重ければ重いほどよいということになり，責任主義に

134　●　第Ⅱ部　様々な法を学ぶ

反する危険が生じ，見せしめの刑が好まれる風潮につながりかねません。刑罰の正当性を探る刑罰論は，古くて新しい問題といえるでしょう。

3　死刑をめぐる問題

　現行刑法は12の犯罪（内乱，外患誘致，外患援助，現住建造物等放火，激発物破裂，現住建造物等侵害，汽車転覆等致死，往来危険汽車転覆等致死，水道毒物等混入致死，殺人，強盗致死，強盗強制性交等致死）と，特別法の7つの犯罪（激発物使用，決闘致死，航空機強取等致死，航空機墜落致死，人質殺害，組織的殺人，海賊行為等致死）で，死刑が定められています。そのうち，外患誘致罪（刑81条）だけが，死刑を絶対的法定刑とし，あとは選択刑です。

　さて，死刑が応報刑以外の何物でもなく，しかも国家が国民を，社会復帰や改善の余地を一切認めずにこの世から葬り去ることは果たして許されるのでしょうか。歴史的には，18世紀半ば，ベッカリーア〔⇒第**8**講**I** 1 96頁〕が**死刑廃止論**を唱えて以降，大反響が起こり，19世紀半ばからポルトガル，オランダ，イタリア，コスタリカ，アメリカのいくつかの州が徐々に死刑を廃止し始めました。第二次世界大戦後は，ヨーロッパ諸国が次々と廃止を決め，現在，ベラルーシを除いてすべての国で廃止されています。1989年の国連総会でも，いわゆる死刑廃止条約を採択，1991年に発効しました。世界的には144ヶ国が法律上または事実上，死刑を廃止し，死刑存置国58ヶ国を大きく上回っています。

　一方，日本では，1948年に死刑制度の合憲性が争われましたが，最高裁は1948（昭和23）年3月12日の判決で「1人の生命は全地球よりも重い」としながらも，死刑は憲法18条の残虐な刑罰にあたらないとしています。その後，76年以上の歳月が流れましたが，死刑制度は撤廃されていません。それどころか，2004（平成16）年以降の世論調査では死刑の存置を望む国民が8割を超えています。幼女連続殺人事件，大阪池田小学校事件，秋葉原通り魔事件などの無差別殺傷事件が起きるにつけ，国民の処罰感情は無視できないといわざるをえません。死刑が人道的に問題があるとしても，廃止は時期尚早という意見が根強くあります。また，死刑が格別の威嚇力を持ち，一般予防効果があるとする積極的な存置論者もわずかながらいるようです。

第10講　罰するということ　◆　135

では，死刑廃止論者からは人道的理由以外に，どのような点を廃止の理由に挙げるのでしょうか。それは①死刑に特別な威嚇力はない，②誤判に対して取り返しがつかない，の２点が特に重要です。①の威嚇力については，アメリカの存置州と廃止州で犯罪発生率が変わらないというデータがあるようですが，はっきりしません。威嚇力はなくても，死刑こそ応報感情が満たされ，被害者保護になるという意見がありますが，短絡的で真の解決につながらないといえるでしょう。応報ではなく，真の被害の修復に向けた制度・社会（コミュニティ）作り，怒りをあおるだけのマスメディアの姿勢転換が望まれます。②については，最近の袴田事件〔⇒第２講29頁★10〕をはじめとする死刑囚に対する再審無罪事件[12]を見ると，冤罪による死刑執行がいかに罪深く，深刻な問題であるかを物語っています。やはり，死刑に代わる制度，例えば仮釈放のつかない終身刑のような刑罰を設けて，冤罪による間違いが１件たりとも起きないようにすべきです。

★9　刑事施設で絞首して執行する。刑事収容施設及び被収容者等の処遇に関する法律178条1項。

★10　道徳的に非難される動機によらない犯罪のこと。

★11　５年ごとに行われる「死刑制度に関する内閣府（総理府）世論調査の結果」によると，死刑を「やむを得ない」とする回答が，1999（平成11）年の79.3％から，2004（平成16）年は81.4％となり，2009（平成21）年には85.6％となった。2019（令和元）年は80.8％である。

★12　これまでにわかっている冤罪事件としては，免田事件，財田川事件，松山事件，島田事件がある。

♪ティータイム　教唆犯でも間接正犯でもない親のそそのかし行為

　親が子どもをそそのかして犯行に走らせたが，教唆犯でも間接正犯でもないとされた興味深い判例を紹介しましょう。

〔事案〕スナックのホステスであった母親Xは生活費に窮したため，同スナックの経営者A子から金品を強取しようと企て，自宅にいた長男Y（12歳10ヶ月，中学１年）に対し，『A子の所に行ってお金を取ってきて。映画でやっているように，金だとかいってモデルガンを見せなさい』などと申し向け，覆面をしエアーガンを突き付けて脅迫するなどの方法によりA子から金品を奪い取ってくるよう指示命令した。Yは嫌がっていたが，Xは『大丈夫。お前は体も大きいから子どもには見え

ないよ』などと説得し，犯行に使用するためあらかじめ用意した覆面用のビニール袋，エアーガン等を公布した。これを承諾したＹは，上記エアーガン等を携えて一人で同スナックに赴いた上，上記ビニール袋で覆面をして，Ｘから指示された方法によりＡ子を脅迫したほか，自己の判断により，同スナック出入口のシャッターを下ろしたり，『トイレに入れ。殺さないから入れ』などと申し向けて脅迫し，同スナック内のトイレに閉じ込めたりするなどしてその反抗を抑圧し，Ａ子の現金約40万1000円及びショルダーバッグ1個を強取した。Ｘは自宅に戻って来たＹからそれらを受け取り，現金を生活費等に費消した。

　最高裁決定平成13年10月25日（刑集55巻6号519頁）は次のように示して，Ｘに共同正犯の成立を認めました。「本件当時Ｙには是非弁別の能力があり，Ｘの指示命令はＹの意思を抑圧するに足る程度のものではなく，Ｙは自らの意思により本件強盗の実行を決意した上，臨機応変に対処して本件強盗を完遂したことなどが明らかである。これらの事情に照らすと……Ｘにつき本件強盗の間接正犯が成立するものとは，認められない。そしてＸは，生活費欲しさから本件強盗を計画し，Ｙに対し犯行方法を教示するとともに犯行道具を与えるなどして本件強盗の実行を指示命令した上，Ｙが奪ってきた金品をすべて領得したことなどからすると，Ｘについては，本件強盗の教唆犯ではなくて共同正犯が成立するものと認められる。」

　このように，判例では間接正犯とならないから教唆犯，教唆犯とならないから間接正犯という論じ方をしていません。本件のような教唆犯の可能性のある行為でも，処罰性の高い関与行為にはまず共同正犯の成否を検討している点で学説の議論とは異なる路線を歩んでいるといえます。あなたが裁判官ならどのように論理構成しＸを処罰するでしょうか。

第11講　私達の生活ルール──民法その1

Ⅰ　民法と因数分解

　私達一般市民である私人が仲良く暮らしていくためのルール，つまり私法〔⇒第1講Ⅱ27頁〕の中で，特に基礎となる法律が民法です。商法，手形法，借地借家法など，他の私法と民法とは特別法と一般法の関係になり，「特別法は一般法に優先する」ことを第1講で学びました。このことは，逆にいえば，特別法に規定がない限り，一般法である民法に立ち帰ることを意味します。財産の問題，取引のトラブル，近所づきあい，夫婦や親族の関係……様々な問題を解決するのに，民法が欠かせないわけですね。だからこそ，民法は広い範囲と1050条に及ぶ条文を持ち，公務員，宅建，行政書士，司法書士，不動産鑑定士，FP（ファイナンシャルプランナー）など，あらゆる国家試験や資格試験などの科目に入っているわけです。

　さて，そんな膨大な量の民法のどこから手をつければよいのでしょうか。まずは民法典の全体図を眺めてみましょう［図11-1］。

　よく見ると，どれも総則で始まっていますね。これは，総括的にまとめた共通項のことです。総則のあとには，細かな具体的事項が出てきますが，それぞれに共通していえる同じ事項があるのなら，ひとまとめに括り出して総則に挙げておこうというわけです。中学の時に習った因数分解と同じですね。第1編に至っては，まるごと総則です。つまり，第2編〜第5編に共通していることを第1編にまとめているわけです。このような法典の形態をパンデクテン方式[★1]と呼びます。この方式は，一見わかりにくいのですが，実はすっきりコンパクトにできているといえます。実際，因数分解を開く要領でこの図を開いてみて下さい。各総則にもかなりの条文数があるので，条文の数は天文学的に増えるのではないでしょうか。

138　◆　第Ⅱ部　様々な法を学ぶ

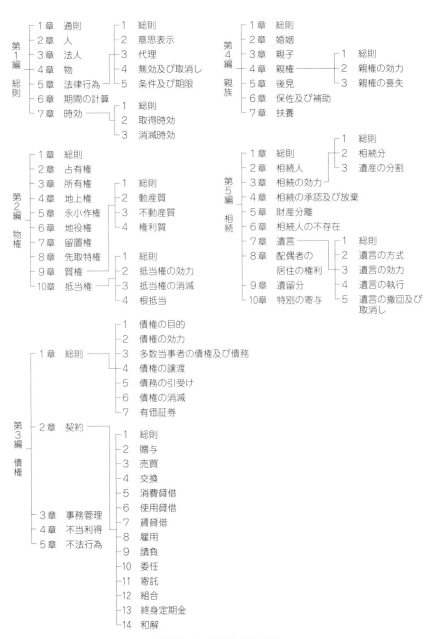

図 11-1　民法典の全体図

第 11 講　私達の生活ルール

さて，数が多いからといって最初からとりかかる必要はありません。出題範囲が限られている資格試験なら，そこだけを重点的に勉強すればかまいませんが，多くの場合，出題されるのは第3編の「債権」，特にその中の2章「契約」です。なぜなら，いまの社会は取引を中心に動いており，取引は契約という法律行為を使って進めていくものだからです。民法の勉強をする際も，重要な「契約」からメリハリをつけて進めるのがイメージを持ちやすく，得策です。本書でも簡単な契約から見ていくとしましょう。

★1　ドイツは古来，ローマ法を継受し，特にビザンチン帝国（東ローマ帝国）でユスティニアヌス帝のもと作られた「ローマ法大全」（534年完成）の主要部分「学説彙纂」をドイツ普通法（一般的な私法）の典拠としていた。この「学説彙纂（pandectae）」をドイツ語で表すとPandektenとなる。19世紀のドイツ普通法の代表的な教科書が共通の準則を上位の総則として括り出す体系をとるようになったため，このような法典編纂方式をパンデクテン方式と呼ぶようになった。

Ⅱ　わらしべ長者の契約

1　契約から生じる債権と債務

次の日本の昔話を読んで，誰にどのような権利がいつ発生するのか，「民法的分析」をしてみて下さい。

> ✏Case11-1　わらしべ長者の物語①
>
> 　むかしむかし，観音様の夢を見た信心深くも貧しい男が，転んでつかんだ1本のわらに虻をくくりつけ，夢のお告げ通り，捨てずに持って歩いていました。子どもがそれを見てほしがるので，その母親に請われ，みかん3個と交換しました。次に旅人が，のどが渇いて死にそうだったのでみかんを旅人の持っていた絹3反と交換しました。その後，絹が馬，馬が田地へと，次々に姿を変え，男はとうとう大金持ち（長者）になりました。★2

たった1本のわらが出会う人ごとに姿を変え，最後は広い田地になってしまうところがこの話の魅力ですが，民法を使ってこの話を説明しましょう。細か

140　◆　第Ⅱ部　様々な法を学ぶ

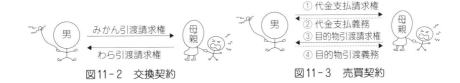

図11-2　交換契約　　　　　　図11-3　売買契約

いところは省くとして、まず、男は子どもの母親との間で、わらとみかん3個を交換するという約束をしています。互いに物々交換、つまり金銭以外の財産権を相手に移転することを約束しています。これを**交換契約**または交換といいます（民586条1項）。財産権というのは、所有権をはじめとする財産的価値のある権利すべてのことです。

交換契約を結ぶとどうなるのでしょうか。男は母親に対して「そのみかんをこちらに寄こせ」と要求する権利である「みかん引渡請求権」を持ちます［図11-2］。一方、母親も男に対して「そのわらをこちらに寄こせ」と要求する権利である「わら引渡請求権」を持ちます。みかんだの、わらだのと、具体名をいうのが面倒な場合は、目的物引渡請求権と呼ぶこともあります。法律の世界で「目的」というときは、ターゲットとなる対象（物）のことを指すのであり、世界平和というような目指す目標のことを指さないので注意が必要です。

男も母親も、互いに相手に対して目的物引渡請求権を持つわけですが、逆にいうと、双方とも相手に目的物引渡義務を持つことになりますね。このように、民法をはじめとする私法の世界では、権利と義務に着目をしながら話が進みます。誰が誰にどんな権利や義務を持つか。これをいつも考えるようにすると、混乱せずに法律問題を解くことができます。

それでは、もし、母親がみかんでなく、「売ってほしい」といったとしたらどうでしょう。一方が代金を支払い、他方がある財産権を移転すると約束することを**売買契約**または売買といいます。男と、母親の権利義務関係は次のようになります［図11-3］。

　　①男は母親に代金支払請求権を持つ
　　②母親は男に代金支払義務を持つ
　　③母親は男に目的物引渡請求権を持つ
　　④男は母親に目的物引渡義務を持つ

第11講　私達の生活ルール　　141

男と母親は代金と目的物（わら）につき，それぞれ対応する権利と義務を持つことがわかります。このように，ある人が他の人に対して一定の行為を請求する権利を**債権**，一定の行為をしなければならない義務を**債務**と呼びます。請求権と呼んでも債権と呼んでも同じ意味です。また，義務と呼んでも債務と呼んでも同じです。債権を持つ人は債権者，債務を持つ（負う，負担するともいう）人は債務者です。男と母親は，互いに債権者でもあり，債務者でもあるということですね。

　契約を結んだ当事者双方がどちらも債務を負う場合，その契約を**双務契約**と呼びます。双方が債権を持つので「双権」契約と呼んでもよいのですが，日本では債務を中心にした用語を使うことが多く，ここでも双務契約と呼ばれます。双務契約についてはあとで詳しく説明します。

2　契約の分類

◆ 有償契約・無償契約

　わらしべ長者の話で少し異なるバージョンがあります。こちらは民法上どのような分析ができるでしょうか。

> 🖊**Case11-2　わらしべ長者の物語②**
> 　貧しい男がわらの先に虻を付けて歩いていると，母親に抱かれて火の付いたように泣く子どもが近づいてきました。男が自分のわらを子どもにそっと握らせてやると，急に，泣きやみました。喜んだ子どもの母親は，お礼にとみかん3個を差し出し，男はお礼をいって受け取り，また歩き出しました。

　ここでも，男と母親のやり取りだけに照準を合わせて見ていきましょう。子どもが泣きやんだお礼にと，母親はみかん3個を男にプレゼントしています。これもプレゼントするという契約，つまり，**贈与契約**に基づくものです。贈与が契約であるとは，妙に思うかもしれませんが，第3編第2章の「契約」の中に「贈与は，当事者の一方が自己の財産を無償で相手方に与える意思を表示し，相手方が受諾することによって，その効力を生ずる」という定めがあります（民549条）。母親は，贈与契約に基づき，目的物（みかん3個）の引渡義務を負うわけです。ポイントは，一方が財産を「無償で」与えるところです。債務者であ

142　◆　第Ⅱ部　様々な法を学ぶ

図11-4　贈与契約

る送り主（贈与者という）が贈られる側（受贈者という）に，見返りや代償を求めず与えるという債務者としての行為（給付という）を約束します。このような，対価的に引き合わない給付をする契約のことを**無償契約**といいます。これに対して，交換契約や売買契約は双方が対価的に意味のある，つまり引き合う給付をするので，**有償契約**といいます。

● 双務契約・片務契約

贈与契約を結んだ男と母親は，どのような権利義務関係に立つのでしょうか［図11-4］。

　①男は母親に目的物引渡請求権を持つ
　②母親は男に目的物引渡義務を持つ

贈与契約は，その条文にある通り，贈与者が与える意思を表示し，受贈者が受諾することで効力が生じるので，受贈者は一方的にプレゼントを受けるといいさえすればよいということがわかります。つまり，受贈者は債務を負いません。このような契約を片方の当事者しか債務を負わないという意味で，**片務契約**といいます。交換契約や売買契約が**双務契約**であったのとは異なりますね。

考えてみれば，贈与契約のような無償契約が片務契約であるのは当然です。相手に見返りを求めず親切心で結んだ無償契約なのですから，その相手に債務を負わせるのはヘンですよね。だから，無償契約であれば片務契約であるはずです。一方，有償契約と双務契約はセットであるのが原則です。経済的に考えれば，対価的に意味のある給付を双方行い合うのが合理的だからです。★3

● 分類の意味

ところで，有償契約と無償契約，双務契約と片務契約に分類するのには，意

第11講　私達の生活ルール　●　143

味があります。有償契約であれば，売買契約の条文が準用されます（民559条）。例えば，自動車の売買の場合，引き渡した車が契約とは異なる物だった（ex.車種違い，色違い等），品質が悪い（ex.ブレーキの故障），数量不足（ex.4台のはずが2台），権利の一部が他人に帰属（ex.借金のカタに自動車抵当がついていた）など，契約に適合しなかった場合，売主は買主に契約通りの車種・台数等を持っていったり，ブレーキを修理するなどの請求権（**追完請求権**という。民562条）に応じたり，不適合分の値引きの請求権（**代金減額請求権**。民563条）に応じなければなりません。その他，契約の**解除**や**損害賠償請求権**（民415・541〜542・564条）にも応じなければなりません。対価を受け取った以上，それだけ責任は重いということですね。これを売主の**担保責任**（**契約不適合責任**ともいう）といいます。このような売買に関する規定は，他の有償契約にもあてはめることができるので，読み替えてしまいます。例えば，交換契約にも契約解除や担保責任などの規定が準用されます。有償契約・無償契約に分類する実益は，まさにこの売買規定の準用にこそあるといえるでしょう。

次に，双務契約は，当事者双方の債務が対価的なつながりを持つ以上，双方が公平にバランスよく扱われる必要があります。例えば，Aの花瓶をBが10万円で買うという売買契約を考えてみましょう。買主Bが代金を持って現れないのなら，売主Aも花瓶を引渡すという債務を**履行**（弁済ともいう）[4]しなくてもよいとする方が公平ですよね。逆も同じです。このように「相手の債務が履行されるまでは自分の債務も履行しなくてよい」と双方が主張できる権利を，**同時履行の抗弁権**といいます（民533条）。また，花瓶の引渡時期を月末と決めて売買契約が6月1日に成立したのに，その花瓶が6月20日に地震で粉々に壊れてしまった場合，売主Aの引渡債務だけが履行できない状態になります〔**履行不能**という。⇒第12講Ⅲ 162頁〕が，買主Bの代金債務はどうなるのでしょうか。地震のせいですから引き渡せなくなったとしても売主Aに責任は問えません。しかし，買主Bの代金債務を残しておくのもBに気の毒です。このように，予期せぬまま一方の債務だけが履行不能により消えてしまうリスク（危険）をどちらが負担するかという問題を，**危険負担**の問題といいます。[5]

同時履行の抗弁権も危険負担の問題も，双務契約を公平に処理したいという問題意識から生まれたものです。このような点で，双務契約・片務契約に分類

する意味は大きいというわけです〔⇒本講147頁図11-5参照〕。

◉ 諾成契約・要式契約・要物契約

　次に，🖊Case11-2の話の贈与契約の成立時期につき検討しましょう。贈与契約の定めは，前に見たように「贈与は，当事者の一方がある財産を無償で相手方に与える意思を表示し，相手方が受諾をすることによって，その効力を生ずる」でした（民549条）。そうすると，母親が「このみかん3個をあげましょう」といい，男が「ありがとう」とお礼をいった時点で，贈与契約が成立します。このように，「あげよう」「もらおう」と当事者の合意だけで成立する契約を**諾成契約**と呼びます。これに対して当事者の合意に加え，何らかの要式を必要とする契約を**要式契約**といいます。例えば，保証契約（例えばAがBから借金をする際，もしAが返せないときはCが肩代わりするとBに対して保証する契約のこと。〔⇒第**13**講**Ⅱ**1 179頁〕）は，契約書の作成が必要な要式契約です（民446条2項）。

　さらに，当事者の合意に加え，目的物の引渡しを必要とする契約を**要物契約**と呼びます。例えば，後述の消費貸借契約（民587条）は，金銭，石油，塩など消費する物をタダ（無償）で貸し借りする契約ですが，要物契約なので，貸主が借主に目的物を引き渡さない限り，契約は成立しません。消費貸借がもし諾成契約であるなら，「貸そう」「借りよう」と合意しただけで契約が成立してしまいます。そうすると貸主は契約成立後，その物を即座に引き渡さないと契約違反となってしまいます。せっかくタダで貸そうと親切心でいっただけなのに，すぐに契約違反となるのでは，あまりに貸主に酷でしょう。そこで，貸主が目的物を引き渡して初めて契約が成立することにして，あとは借主が返還義務だけを負う片務契約とし，親切な貸主を保護しようとするわけです。[6]

　こうして比べると，要式契約や要物契約は，契約が口約束だけで簡単に成立しないよう歯止めをかけて一方当事者に慎重さを促し，その立場を保護しようとする意図が背後にありそうですね。そうすると，消費貸借と同じく無償・片務契約の贈与契約も，諾成契約とするのではなく，要式契約か要物契約にした方がよいかもしれませんね。現に諸外国では，公正証書を必要とするところが多く見られます。もっとも，民法550条で「書面」によらない贈与は各当事者の解除自由とされているので，実質的には要式契約と変わりないともいえそう

第11講　私達の生活ルール　◉　145

です。ただ，もしこの「書面」をメールやメモ書きも含むと拡大解釈するなら，贈与者に酷な結果となる恐れがあります。「書面」の解釈は，公正証書と同程度のものに限定解釈するべきでしょう。

◆ 典型契約・非典型契約

民法に載っている契約は，これまでに出てきた交換，売買，贈与，使用貸借を含めて全部で13個あります。契約内容の性質に分けて，以下に並べてみましょう。

- ・**財産移転型**：①売買（民555条），②贈与（民549条），③交換（民586条）
- ・**財産利用型**：④消費貸借（民587条），⑤使用貸借（民593条），⑥賃貸借（民601条）
- ・**役務提供型**：⑦雇用（民623条），⑧請負（民632条）⑨委任（民643条），⑩寄託（民657条）
- ・**その他の特殊型**：⑪組合（民667条），⑫終身定期金（民689条），⑬和解（民695条）

これらは，長い歴史の中で生まれてきた典型的な契約類型なので，**典型契約**といいます。民法上に名前が付けられて載っているので**有名契約**ともいいます。

①～③は物の所有権をはじめとする財産権を移転する型，④～⑥は物の利用をさせる型，④の消費貸借は塩や砂糖，金銭，石油など消費してしまう物を使用させる契約であるのに対し，⑤の使用貸借や⑥の賃貸借は本や自動車のように特定の物を使用させる契約，⑤と⑥の違いは賃料を取らないのが⑤，取るのが⑥です。⑦～⑩は役務つまり労務・サービスを提供する型。⑦の雇用は使用者の指揮監督下での労務提供であるのに対して，他は自由度が大きく，⑧の請負は一定の仕事の結果の達成，⑨の委任は法律事務や業務の委託，⑩は物の保管の委託が契約内容です。とはいっても，現実には，各契約を区別するのは，案外難しいものです。⑪～⑬は，どの型にも属さない特殊な契約です。

①～⑬を前述の有償・無償契約，双務・片務契約の分類にあてはめてみると次頁の図11-5のようになります。

最後に，一時的契約と継続的契約という分類を挙げておきましょう。**一時的契約**は，その場限り，1回の履行で契約が終了する契約のことです。多くの契

	双　　務	片　　務	
有償	①売買　③交換 ⑥賃貸借 ⑦雇用　⑧請負　⑨'有償委任　⑩'有償寄託 ⑪組合　⑫'有償終身定期金　⑬和解	④'利息付消費貸借	売買規程の準用
無償		②贈与 ④消費貸借　⑤使用貸借 ⑨委任　⑩寄託　⑫終身定期金	

・同時履行の抗弁権（533条）
・危険負担（536条）：ただし賃貸借は611条1項，組合は不適用

図 11-5　有償・無償契約，双務・片務契約の具体的分類

約は，この一時的契約です。**継続的契約**は，継続的に給付が行われ，契約関係が長期にわたるもののことです。例えば，⑥の賃貸借，⑦の雇用，⑨の委任，⑪の組合などがその典型です。関係が長く続くので，互いの信頼関係が大切です。もちろん，一時的契約でも信頼関係は大切ですが，例えば売買契約ではその目的物を買って（または売って）くれさえすればよいのであって，この人だから売る（買う）という関係ではありません。しかし，継続的契約は特にこの人だから貸す，雇うというように，信頼関係は必須です。第1編民法総則の最初に**信義誠実の原則（＝信義則）**（民1条2項）〔⇒第**15**講Ⅱ2 211頁〕がありますが，この原則から派生する**信頼関係破壊の法理**が継続的契約を支配すると解されます。例えば，賃貸借契約を解除するには債務を履行しないだけでは足りず，信頼関係が破壊されていることが必要と解されます。

★2　出典は宇治拾遺物語および今昔物語。

★3　ただし，消費貸借契約は後述のように要物契約であるため〔⇒本講145頁〕，利息付きの場合は，片務有償契約であることに注意。なお，2017（平成29）年の民法改正により，書面によるなら諾成契約となりうる（民587条の2）。

★4　給付も同じ意味で使われることが多いが，厳密にいうと，給付は，相手が物を受け取らなくても受け取れる状態にすれば給付があったことになるが，履行や弁済は相手が受け取らないと弁済とはいわない。

★5　民536条。従来は消滅して履行不能となった債務の債権者（本文では買主）が危険を負担する債権者主義がとられていたが，あまりに合理性を欠くので，2017（平成29）年の

民法改正により債務者主義が原則となった。さらに改正点を詳しく説明すると，買主B
の反対債務（本文では10万円の花瓶代支払債務）も消滅してしまうのではなく，債務は
存続しているがその支払いをBは拒むことができる（反対債務の履行拒絶権を主張でき
る）という構成に変わった。なぜかというと，改正前は履行不能があった場合次のよう
になっていた。①債務者に帰責事由がなければ，反対債務は危険負担により当然に消滅
（地震で花瓶が壊れたら10万円の代金債務も即座に消える），②債務者に帰責事由があれ
ば，反対債務は契約の解除により消滅する（売主Aの管理ミスで花瓶を割ってしまった
場合，買主Aは契約解除をすることによって代金債務が消える。改正前民543条）。この
ように適用範囲の棲み分けがはっきりしていた。ところが，改正時に「解除」の方で制
度趣旨に変更があり，債務者の帰責事由は不要となった（改正後民541・542条）。つまり，
解除というのは債務者の責任を追及する制度ではなく，単に債権者を契約の拘束力から
解放する制度である，だから解除をする際に，相手方の帰責事由は関係ないことになっ
た。〔⇒第**12**講163頁〕。そうすると，両制度の適用場面が重複し，不整合が生じてしまう。
例えば，地震で花瓶が割れた場合，危険負担制度だと買主Bの代金債務は当然に消える
のに，解除制度ではBが解除できるにもかかわらず，解除の意思表示をしない限り（あ
るいはその意思表示がAに到達しない限り）Bの代金債務は消えないという整合性のと
れないこととなる。そこで，危険負担制度の良さを認めつつ両制度の不整合が生じない
よう，危険負担では残った反対債務を直ちに消滅させる制度とするのではなく，冒頭の
ように，反対債務（代金債務）の債務者Bに履行拒絶権を認めるにとどめる制度と構成
することになった。

★6　歴史的には後述の使用貸借も寄託も〔⇒本講Ⅱ 2　144-145頁〕，同様の理由から要物契
約とされてきたが，今日では取引の一環としてこれらの契約が利用されることが増え，
物の引渡し前から契約の拘束力を認める必要が出てきた。そこで，2017（平成29）年の
民法改正により，どちらも原則として諾成契約とし（民593・657条），物が移転する前
に限り，当事者が一方的に解除できることとなった。ただし，書面による場合や報酬付
きの寄託（有償寄託）では解除不可（民593条の 2・657条の 2 第 2 項）。

Ⅲ　契　り

1　契約の拘束力

♪あなたは誰と契りますか，永遠の心を結びますか

これは昭和のヒット曲「契り」の最初のフレーズです。愛する力強さと美し
さを朗々と歌い上げる演歌のスター五木ひろしさんの声は，今でも聴くたび感
動させられます。ちなみに，この歌は著者の十八番でもあります。
　さて，この「契」という文字には，固い約束という意味があります。したがっ

148 ● 第Ⅱ部　様々な法を学ぶ

て契約は単なる約束とは違うのです。私達は普段,「今度一緒に食事をしましょう」「近いうちに連絡するよ」などウソの約束ばかり（？）していますが,契約となると,絶対に守らなければなりません。守らないとどうなるか。国家権力を使って強制的に守らされるのです。例えば,借りた金を返さなければ訴えられ,金銭消費貸借契約違反として,裁判所の強制執行の手続によって給料や預金口座など財産を差し押さえられます。また,借りているアパートの家賃を払わないでいると,最終的には契約を解除され,裁判所から執行官が,ときに警察官を引き連れて,家財道具とともに無理やり追い出しにやって来ます。このような強制力を,**契約の拘束力**とか**法的拘束力**と呼びます。こんなに厳しい拘束力が待ち構えているのですから,契約が成立する場合は,契約を結ぼうとする気持ちを,心の中だけでなく相手に向けてはっきりと表明するのでなければならないでしょう。この明確な意思表明のことを,意思表示といいます。詳しくいうと,**意思表示**とは,一定の**法律効果**（＝効力）を生じさせようとする意思（これを**効果意思**という）を外部に向けて表示する行為（これを**表示行為**という）のことです。

　では,契約成立という法的効果を生じさせるのに必要な意思表示は何か。それは,契約成立をめざして表明される,互いに合致する2つの意思表示,その名も**申込み**と**承諾**です（民522条1項）。例えば,AとBが花瓶の売買契約の成立をめざす場合,Aが「この花瓶を売ろう」という申込みを行い,Bが「その花瓶を買おう」という承諾を行います。時間的に先の意思表示が申込み,あとの意思表示が承諾なので,Bが先に「その花瓶を買おう」といえば,それが申込みとなります。そして,申込みと承諾は内容が合致しなければなりません。Aが「この花瓶を10万円で売ろう」といっているのに,Bが「その花瓶を1万円で買おう」といったのでは,意思表示は合致しているとはいえません。申込みと承諾は鏡写しのようにぴったりと反映するものでなければならないという意味で,アメリカではミラー・イメージ・ルールと呼ばれたりします。もし,申込みの手紙に対して承諾の返事を送りつつも,その返事の中に有利な条件を添えていたとしたら,それは新たな申込みとみなされます（民528条）。国際取引上の契約などでしばしば見られるものに書式の戦い（Battle of the Forms）があります。当事者双方が互いに契約書の条件（書式）を自己に有利に書き換え

第11講　私達の生活ルール　● 149

て送りつけあうのです。ミラー・イメージ・ルールを貫けば，永久に契約は成立しないことになりますね。欧米では，相手が文句をいわない限り，最後の承諾が一応有効と扱うルールや，共通する範囲で契約が成立するというルールなど，契約成立に向けて妥当な解決をはかる修正ルールが見られます。

2　契約の成立時期

　契約の拘束力の重みを考えれば，契約当事者双方を慎重にさせる意味で，その成立時期を遅く捉える方がよいのかもしれません。しかし，コンビニで日用品を買うなどの，物の引渡しと代金支払いが契約成立とほとんど同時に行われるような**現実売買**なら，成立時期は早く捉える方が当事者の気持ちにもそうでしょう。しかし，そのコンビニが店の前に「店員募集」と貼り紙をした場合はどうでしょう。それが雇用契約の申込みと考えるべきでしょうか。店としては，面接をしてどんな人物か見極めた上で雇うかどうか決めるはずです。つまり，貼り紙は相手に申込みをしてほしいと誘っている段階にすぎないので，**申込みの誘引**と呼ばれます。新聞へのチラシの折込みや画廊の高価な美術品の陳列も同様に考えられますが，売り手が誰にでもすぐ売りたいと思っているのなら，これらの行為を申込みと捉えてよいかもしれません。結局，意思解釈の問題であり，取引慣行などから，総合的に判断されるものです。[★8]

　それでは，テレビショッピングやネット通販はどうでしょう。すぐ売りたいとの意思で，販売業者は商品の映像（画像）や値段を画面に出すのだから，店のショーウィンドーでの陳列と同じように，それを申込みと捉えてよさそうに見えます。しかし，いわゆる**特定商取引法**13条は，買おうという客からの注文（電話やＰＣのクリック）を申込みと構成します。[★9]つまり，テレビやネット上に商品を映し出す行為は申込みの誘引にすぎないというわけです。なぜ，このように規定したかというと業者の在庫の量をはるかに超える大量注文が日本（世界）中からあった場合，それを承諾と見ると，契約成立になり，注文に応じられない業者は契約違反による債務不履行責任を負うことになってしまいますが，それはあまりに酷だからです。このように，特定商取引法という特別法によって，契約成立の時期をあとにずらしているのです。

★7　債務不履行責任（民415条）〔⇒第**12**講**Ⅲ**1 161頁〕。
★8　条文の解釈ではなく，当事者がどう考えていたかを探る事実の解釈の問題。
★9　特定商取引に関する法律。

♪ティータイム　わらしべの交換は私的自治か暴利行為か？！

　わらしべ長者がわらでみかん3個と交換したり，代金を受け取ることが対価的に引き合っていないのではないかと疑問に思った人がいるのではないでしょうか。虫をくくりつけた汚い1本のわらしべが価値ゼロだとすると，実質は無償契約である贈与ではないのかという疑問ですね。

　しかし，男も母親も，このわらしべが子どもを惹き付ける価値あるおもちゃだと考えている以上，みかん3個と対価関係にあるといわざるを得ません。つまり，当事者が「対価的に意味がある」と思えばその取引は有償契約となるということです。客観的にどう見えようが，本人がそう思うのなら思う通り自由に任せればよいという考え方です。このような考え方は**私的自治の原則**と呼ばれ，民法（私法）全体に通じる基本原則の1つです〔⇒第**15**講**Ⅱ**1 210頁〕。あまりに当然のことなので条文には載っていません。強いていえば，憲法13条の幸福追求権，自己決定権から導かれる理念といってよいでしょう。

　私的自治の原則は，契約の場面では特に重要です。近代以降，封建社会から解放された人々が自由意思に基づいて取引できることが保障されることは，人々の念願であったからです。これを，私的自治の原則の派生原理として**契約自由の原則**ともいいます。したがって，汚いわらしべ1本にみかん3個の価値があると男も母親も思っていた以上，それは交換契約となります。

　ただし，実は価値はないのだが，母親が子どもを泣きやませなければならない差し迫った事情があり，男がそれに乗じて，母親に高価なみかんと交換させた，または代金を払わせたとするなら，暴利行為として契約が無効になる可能性があります。**暴利行為**とは，他人の窮迫・軽率・無経験等に乗じて，著しく不相当な財産給付を約束させる行為のことです（大判昭和9年5月1日民集13巻875頁参照）。暴利行為は，**公序良俗違反**（民90条）により無効とされます。いくら契約自由といえども，社会秩序や正義・人倫・道徳に反するような行為や契約は許さないという趣旨です。公序良俗違反となるのは，暴利行為の他に，談合，人身売買，愛人契約，賭博に関する契約などが一般に挙げられます。

第11講　私達の生活ルール　◆　151

第12講 契約って？──民法その2

I 勘違いはいいけどウソはダメ！：意思表示の問題点

　前講では契約全般と，契約成立の要素となる申込みと承諾という意思表示について学びましたが，ここでは，その意思表示自体に問題があった場合，どう処理されるのか見ていきましょう。意思表示は契約成立のための要素ではありますが，契約以外の**法律行為**，例えば相手がいなくても一方的にできる**単独行為**（遺言，取消し，相殺など），複数人が集まって同じ方向をめざして行う**合同行為**（会社の設立など）の要素でもあります。したがって，意思表示に関することは，民法典第3編の契約の中ではなく，第1編の法律行為（第5章）のところにまとめて載っています。つまり，ここで説明することは，契約を含む法律行為全般[図12-1]について共通することです。

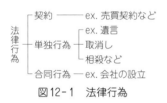

図12-1　法律行為

1　効果意思の不存在

◆ **心裡留保**

　次の設問について考えてみましょう。

> **Quiz12-1　ほんのジョーダン**
> 　Aは，売れば数千万円はするであろう先祖伝来の骨董の皿を持っています。Aはそれを日頃懇意にしている骨董商Bに，売る気もないのに冗談で「この皿を2000万円で売ってあげよう」といいました。本気にしたBは大喜びで礼をいい，後日2000万円持参で皿を受け取りにやってきました。AはBにこの皿を売らなければならないのでしょうか。

Aの内心の効果意思〔⇒第11講149頁。真意ともいう〕としては冗談，つまり皿を売る気は文字通りサラサラありません。しかし，現実の表示行為は2000万円での皿の売却です。すなわち，Aの表示行為に対応する真意が存在しないわけです。このように表示者が表示に対応する意思がないこと（意思と表示の不一致）を知りながら，相手に対して行う意思表示のことを**心裡留保**といいます（民93条本文）。Aの立場に立てば，真意がない以上，その意思を尊重してそのような意思表示は無効，つまり効力がなかったといいたいところですね。この考え方を**意思主義**といいます。しかし，意思主義を貫くと，取引相手に思わぬ損害が生じるかもしれません。設問のBも，約束通りに2000万円をきちんと準備して皿を受け取りにやってきています。そこへ冗談だといわれたら，大きな額だけにガクッとくる，いや，ガク然とするでしょう。取引活動が円滑に行われる社会であるためには，外に表された表示の方を重視すべきです。これを**表示主義**といいます。人々が安心して取引に入れるようにすること（取引の安全という）を念頭に置く考えです。

心裡留保の場合，誰が考えても意思主義を貫くよりも表示主義を採用する方がよさそうです。つまり，表意者の意思表示は表示通り有効としてよいでしょう。ただ，相手がその意思表示を表意者の真意ではないと知っていた（**悪意**）か，知ることができた，すなわち**善意**〔知らないこと。⇒第4講49頁〕であったことにつき払うべき注意を払わなかった（**過失あり**）場合は，意思主義に戻り，無効とされます。本問の場合，Aが皿を売る気でなかったことをBは知らなかったようですが，知らなかったことに過失がないのであれば，Aの申込みの意思表示は表示通り有効となります。売買契約は成立しているといえるので，AとしてはBの過失を立証しない限り，皿をBに売らなければなりません。

● 虚偽表示

虚偽表示は，相手方と通謀して行う虚偽の意思表示です。**通謀虚偽表示**ともいいます（民94条）。例えば，Aが経営難に陥り，債権者に自分の財産を差し押さえられそうなので知り合いのBと通謀して，Aの所有する土地をBに売ったことにして土地の移転登記をするような場合です。この場合も，Aは土地を売る表示はしていますが，実は売る気はなく，真意は存在していません。当事

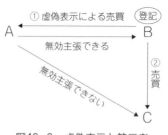

図12-2 虚偽表示と第三者

者を保護する必要はないので，意思主義によりＡの意思表示は無効（民94条1項）です。当然，売買契約も無効です［図12-2］。

それでは，Ｂが土地の移転登記を受けたのをよいことに，Ｃにこの土地を売ったとしたらどうでしょうか。ＡＢ間の売買契約は無効だとすると，Ｂが所有者だと信じて土地を買ったＣは不測の損害を被ることになり，取引の安全を害します。そこで，ＢのものではないことにつきＣが善意なら，Ａは自分の意思表示の無効をＣに対しては対抗できないとされます（民94条2項）。対抗とは，当事者間で主張できることを当事者以外の人（第三者と呼ぶ）にも主張する場合に使う用語です。これを**相対的無効**と呼びます。民法94条2項は，虚偽の外観を自ら作り出したような者よりも，その外観を信じた第三者を保護して取引の安全を図ろうという，**権利外観法理**（表見法理ともいう）に基づく規定です。この法理に基づく規定は，次講以下で学ぶ即時取得〔⇒第13講Ⅰ6 177頁〕や表見代理〔⇒第14講Ⅱ5 195頁〕などがあります。また，2017（平成29）年の民法改正により，前出の心裡留保についても，心裡留保を理由に法律関係が無効となるとは知らずに新たな取引に入った善意の第三者は，保護されることになりました（民93条2項）。規定にない事案でも，権利外観法理をあてはめて取引の安全を図るべきと考えられる場面では，しばしばこの民法94条2項が類推解釈されあてはめられます（類推適用という）。

2 意思表示の瑕疵

◆ 錯　誤

次の設問を考えてみましょう。

💡 Quiz12-2　あぁ勘違い

　Aは先祖伝来の骨董の壺X（5万円）とY（100万円）を2つ持っています。ある日Bから，Yを50万円で売ってくれないかと申込みがありました。Aは，壺Xのことだと勘違いして承諾しました。契約後すぐに勘違いに気が付いたのですが，もう契約書を交わしたあとでした。Aは，100万円の壺Yを50万円でBに売らなければならないのでしょうか。

　Aの内心の効果意思（真意）は壺Xの売却なのに，勘違いによって現実に行われた表示行為はYの売却です。このように，勘違いにより真意と表示の間に食違いがある場合を錯誤といいます。[1] Aの立場に立てば意思主義に従い，錯誤による意思表示は無効といいたいところですね。民法でも，これまでは無効であるとされてきました。しかし，現代のような複雑で慌しい取引社会では即座に無効とするより取消しにした方がよい場面が増えています。そこで，2017（平成29）年の民法改正で，錯誤は取消事由となりました（民95条。**取消権**）。つまり，表意者に錯誤があったからといって当然に無効となるのではなく，その取消しを待ってはじめて意思表示を無効とするのです（民121条）。表意者の取消しを待つのは，不完全ながらも表意者の一応の意思表示があったといえるので，そのままでいくか，無効にしたいか，その自由意思に任せようとしたからです。そのままでよいとはっきり確定させたい場合は，表意者は追認を行い，取消権を放棄します（民122条）。このように，不完全な意思表示を**瑕疵ある意思表示**といいます。

　錯誤は，勘違いに陥って意思表示をした表意者を保護する制度です。しかし，表意者に**重過失（重大な過失）**があったときまで保護する必要はないので取消しはできません。もっとも，表意者の錯誤につき相手方が知り（悪意），または重過失により知らなかった場合は相手方には保護するに値する信頼がなかったのだから，取消し可能となります。相手方が表意者と同じ錯誤に陥っていた場合も同様です（民95条3項1・2号）。

　Aとしては，XとYを取り違えて売ると承諾したことにつき重過失のない限り，その承諾の取消しをBに主張できるでしょう。重過失があったとしても，BがAの錯誤を知っていたか，重過失により知らなかったのであれば，やはり

第12講　契約って？　● 155

Aは取り消すことができるでしょう。取消しにより有効な承諾がなかったのだから，契約もなかったことになりますね。なお，近頃すっかり盛んになったネットショッピングについて述べておきましょう。よく見受けられるのは，買う気がないのに「クリックミス」をしてしまう場合です。買うという効果意思がないのだから錯誤を主張したいところですが，クリックミスは表意者の重過失とされ，なかなか主張が認められませんでした。そこで，消費者保護の趣旨から，電子消費者契約法[★2]という特別法が定められ，一定の要件のもとに錯誤の規定を適用しないこととなりました。

◈ 詐欺による意思表示

同じく意思表示の問題です。考えてみましょう。

> 💡 Quiz12-3　騙されて行った意思表示
> 　　Aが100万円の壺Yの売却先を探していました。Bがそれを騙し取ろうとして「その壺の値打ちはせいぜい8万円だと専門家が鑑定していますよ。しかし私なら10万円で買ってやってもよろしい」ともちかけ，AからBに壺を10万円で売らせました。あとで真実を知ったAはBに何か主張できるでしょうか。

　刑法の財産犯の中にも詐欺罪がありましたが〔⇒第**8**講 **I 2** 98頁〕，民法にも詐欺という用語が出てきます。こちらは，意思表示が形成される過程で詐欺が介入すると，騙された側の意思表示は有効かどうかという問題です。民法上の**詐欺**とは，表意者を騙して錯誤に陥らせ，それによって意思表示をさせる行為です。詐欺も錯誤と同様，当然に無効となるわけではなく，表意者は，詐欺による意思表示であったとして取消しができます（民96条1項）。

　では，Aが取り消す前に，BがCに壺を80万円で売却していたとしたらどうでしょう。CがAB間の事情につき善意であったなら，虚偽表示の際の善意の第三者と同じく，取引の安全を図る必要がありますね。やはりこの場合も，民法は，詐欺による意思表示の取消しを善意・無過失の第三者に対抗できないとしています（民96条3項）。

156　◆　第Ⅱ部　様々な法を学ぶ

● 強迫による意思表示

　強迫による意思表示も詐欺による場合と同様に考えることができます。**強迫**とは，相手を怖がらせ，それによって意思表示をさせることです（民96条1項）。例えば，AにBが「売らないとただじゃすまないぞ」と脅して壺を売らせるような場合です。この場合，Aは強迫によることを理由に意思表示を取り消すことができます。

　刑法にも脅迫罪（刑222〜223条）がありますが，これは相手（またはその親族）の「生命・身体・自由・名誉・財産」に危害を加えることを告げる行為に限定されています。どんな手段であれ，怖がらせて意思表示をさせる民法上の強迫とは似て非なるものですね。第一，字が違います。[★3]

　ただし，強迫の場合は，詐欺と異なり，取消し前に善意のCがBから壺を買っていたとしても，Aは取消しによる意思表示の無効をCに対抗できます（民96条3項反対解釈）。詐欺の場合と違い脅されていた点で，民法はCの取引の安全よりも意思主義を優先したということができます。

★1　刑法でも錯誤という言葉が出てきたが〔⇒第9講Ⅱ 117頁〕，刑法上の錯誤は犯罪事実を勘違いする場合や許されると勘違いするような場合。民法でも意思表示をする中での勘違いという意味では同じなので，錯誤という言葉が用いられている。

★2　正式名は「電子消費者契約及び電子承諾通知に関する民法の特例に関する法律」（2001（平成13）年施行）。その3条によると，通販の事業者が意思確認措置を画面上で提供していなかった場合は民法95条3項不適用，つまり錯誤を理由に取消し可能となる。

★3　もし，BがAを怖がらせて壺を取り上げたり，不当に安く売らせたなら，恐喝罪（刑249条）にあたる可能性はある。

Ⅱ　契約よ安らかに：債権・債務の消滅

　契約が無事に成立すると，債権者と債務者は固い約束を果たすべく，誠意をもってその実現に向けて協力し合うことになります。信義誠実の原則（民1条2項）〔⇒第15講Ⅱ 2 211頁〕は契約実現に向けたあらゆる場面を貫く精神といえるでしょう。そして，契約を実現するということは，すなわちその目的を果たして消滅するということです。債務が約束された通りに**履行**（**弁済**）され，債権者がそれによって満足し消滅すれば，契約は使命を終え，安らかに成仏する

第12講　契約って？　● 157

わけですね。

　民法は，債権・債務の消滅原因として弁済，代物弁済，更改，免除，供託，混同，相殺を挙げています。もっとも，順当な消滅でなく，トラブルや予期せぬ事情で債権・債務が消滅する場合も含めると，実はもっとたくさんの消滅原因があります。例えば，Ⅰで見たように心裡留保や虚偽表示による意思表示の無効，詐欺，脅迫などによる意思表示の取消しによって契約がはじめから成立しなかったとみなされる場合，前講に出た危険負担〔⇒第11講Ⅱ2 144頁〕によって消滅する場合，消滅時効（民166条）による場合などです。**消滅時効**とは，権利を行使しない状態が一定期間継続することにより，その権利を消滅させる制度のことで，その期間は債権の場合，5年です〔2017（平成29年）の民法改正につき⇒第1講11頁★4〕。

　ここでは，債権・債務の順当な消滅原因についてだけ，ざっと紹介しましょう。なお，消滅に関する規定は契約の箇所（第3編第2章）でなく，その手前の債権総則の箇所（第1章）にあるので，注意が必要です。債権・債務の発生は契約成立に基づくのが一般的ですが，後述するように契約成立に基づかない場合も発生することがあるからです〔⇒本講Ⅲ2 164頁〕。

1　弁　済

　弁済とは，債務の本旨に従って債務の給付を実現することです（民473条）。債務者だけでなく第三者も債務者に代わって弁済することができますが，例えば，歌手のコンサート出演契約や著名な講師による講義契約などは，債務者本人でないと弁済できませんね（民474条4項）。また，2017（平成29）年の民法改正で，口座振り込みによる弁済の効力がいつなのかについてわかりにくい場合があったため，新たに「債権者が……払戻しを請求する権利を取得した時」と示されました（民477条）。例えば，債権者Aに対して10万円を返さなければならないBが，金曜の夜にM銀行のATMからN銀行にあるA名義の預金口座へ10万円を振り込んだとしましょう。Aが出金できるようになるのは，Aの口座に入金手続きが行われる月曜の午前です。つまり，弁済の効力が生じるのは金曜日ではなく月曜日ということになります。

　弁済の相手は債権者ですが，債務者から給付を受け取る（受領という）権限

158　　第Ⅱ部　様々な法を学ぶ

を与えられた代理人〔⇒第**14**講**Ⅱ** 2 192頁〕でもかまいません。また，本当は債権者でも債権を受け取る資格のある者でもないのにそのような者と信じさせるような外観を持つ者への弁済は，取引の安全を尊重して有効となります。例えば，銀行預金の通帳と印鑑の持参人や，領収証など受取証書の持参人は，債務者が真の債権者でないことに善意かつ無過失であれば，どちらも有効な弁済となります（民478条）。債務の弁済は取引社会では日常的に行われるものなので，債権者に見えるような人への弁済の保護を図り，迅速な取引を図ろうという趣旨です。これを**権利外観法理**と呼びます。

2 代物弁済

代物弁済は，弁済資格のある者が債権者との契約で本来の債務の代わりに他の給付に代えることです（民482条）。例えば，10万円を支払う債務を負担している債務者が，現金で返せないからと，10万円相当の骨董の壺で帳消しにするよう債権者に承諾してもらい，それを債権者に渡すような場合です。これまで代物弁済は，代物の給付により債務を消滅させる，有償・要物契約であると解されてきましたが，実務では当事者の合意によって契約成立とされていました。そこで，2017（平成29）年の民法改正で，実務に従い代物弁済は有償・諾成契約と定められることになりました。

3 更　改

更改とは，給付の内容や当事者を変更することで，従来の債権（債務）を消滅させ，新たな債権（債務）を成立させる契約をすることです（民513～518条）。例えば，レストランで食事をしたが飲食代金が支払えないので，皿洗いをすると約束して代金債務を消滅させ，皿洗いをする債務を成立させる場合です。当事者の変更つまり，債権者の変更，債務者の変更ともに更改の対象ですが，債権者の変更は，債権者が債権そのものを第三者に譲渡する**債権譲渡**の制度（民466条以下），債務者の変更は，債権者に対して債務者以外の者が債務を引き受け，旧債務者は自分の債務を免れるという**免責的債務引受け**の制度（2017（平成29）年の民法改正により新設。民472条以下）[4]に似ているので，2017（平成29）年にこれらの制度の整備・新設とともに更改の規定も大きく改正されました。

第12講　契約って？　● 159

4 免　除

　免除とは，債権者が債務者に対して，債権を消滅させる意思表示をすることです（民519条）。例えば，100万円の代金債務を，10日以内に80万円支払えば残りの20万円を免除するといった条件付きのものでもよいし，無条件で全額免除することでもかまいません。免除は，債権者から債務者に対する一方的な意思表示で足りる単独行為です。

5 供　託

　供託は，債権者が給付を受領しない場合，受領することができないような場合，供託所に給付すべき物を預けることです（民494〜498条）。例えば，アパートの賃貸人が家賃の金額を引き上げるといってこれまでの金額の家賃を受け取らない場合や，賃貸人が死んで誰が相続人かわからない場合，賃借人は家賃を法務局の供託所に供託できます（民495条1項）。

6 混　同

　混同とは，債権と債務を同じ人が持つ事実が生じることによって債権が消滅することです（民520条）。例えば，親が1人息子に金銭を貸し付けていた場合，親が死ぬと，その金銭債権を債務者である子が相続するので，金銭債権は消滅します。

7 相　殺

　相殺とは，互いに同種の債権債務を持つ場合に，当事者の一方的な意思表示（単独行為）で，その債権債務を対等額で消滅させることです（民505〜512条の2）。例えば，AがBに100万円を貸していたところ，BがAに商品を売って代金債権80万円を持つようになったので，80万円を消滅させ差引額20万円をBがAに支払うことになります［図12-3］。Aとしては，Bがたとえ無資力になったとしても，Bに対して他に債権者がいたとしても，相殺の意思表示をすれば80万円を支払わなくてすむ分，80万円の限度で優先的に債権を回収できたことになります。このように，相殺には弁済を確保する担保〔⇒第**13**講Ⅱ179頁〕

160 ● 第Ⅱ部　様々な法を学ぶ

図12-3　相　殺

としての機能があるわけです。

★4　ちなみに，旧債務者と新債務者（旧債務の引受人）の双方がともに債務者として債務を負担する場合を**併存的債務引受け**という（民470・471条。2017（平成29）年の民法改正により新設）。

Ⅲ　どうしてくれるんだ！：損害賠償請求

　前講からここまで，契約がどのように成立し，終了するか，いわゆる契約の一生を学んできました。しかし，それは債務がスムーズに履行される穏やかな一生です。中にはひどい債務者もいて，約束通りの履行をしない場合もあります。債権者としては「どうしてくれるんだ！」と頭にきますが，その場合，契約はどうなるのでしょうか。ここでは，債務が不当に履行されない場合を見てみましょう。また，契約など結ばなかった場合でも，同様に頭にくる類似の場面があるので，それもあとで説明しましょう。

1　債務不履行

● 債務不履行の3類型

　Bになったつもりで，次の設問を考えてみましょう。

> 💡 Quiz12-4
> 　BはAから骨董の大皿を300万円で購入する売買契約を結びました。その頃，あるパーティの主催者Cからその大皿を飾りたいので貸してほしいと連絡があ

り，20万円で貸し出す契約を結びました。さて，ＢはＡに代金を支払いましたが，引渡しの期限がきてもＡは大皿を渡してくれません。パーティの前日までに搬入できなければ，ＢはＣに違約金を支払わなければなりません。Ｂはどうすればよいでしょうか。

Ａが大皿の引渡債務を履行してくれない場合，履行できる状態なら債権者Ｂはとにかく履行せよと強制できます（履行の強制）[★5] ただし，Ｂの実力行使は許されず〔自力救済の禁止。⇒第2講20頁〕，履行の強制は裁判所の執行官に取り上げてきてもらうか（直接強制），Ａの費用で業者にしてもらうよう（代替執行）裁判所に頼むかしなければなりません（民414条1項，民執169・171条参照）。そして，債務不履行の状態が原因で損害が生じた場合（20万円の貸出料と違約金）損害の賠償を請求したり（民415条），こんな契約はイヤだと思えば，Ｂは契約を解除することができます（民541条以下）。要するに，債権者の債権は，本来の履行請求権から**損害賠償請求権**や**解除権**へと姿を変えるのです。

債務不履行とは，文字通り，債務が履行されないことをいいますが，どのような態様かにより，以前より次の3つに分けられてきました。分ける意味は，いまや大きいとはいえませんが，理解しやすいので3つを順に説明しましょう。

①**履行遅滞**：履行できるのに，期限がきても債務者が履行しない
②**履行不能**：物理的客観的に，または社会通念から見て，履行が無理な状態
③**不完全履行**：一応の履行があったものの完全な履行ではない

①の期限が明確な場合を確定期限，そうでない場合（次に雨が降ったら……というような場合）を不確定期限と呼びます。期限を決めていない場合も含めそれぞれの場合に債務者がしかるべき時期に履行をしないと責任を負うと定められています（民412条）。 Quiz12 − 4では，引渡しの期限が明確なので確定期限ですね。その日にＡは大皿をＢに渡さなかったのですから①の**履行遅滞**です（民412条1項）。

ＡがＢに大皿を渡さなかったのは，渡す前に大皿が倉庫の中で粉々に壊れていたというのであれば，②の**履行不能**です。[★6] 契約の時にすでに壊れていた場合

162 ◆ 第Ⅱ部　様々な法を学ぶ

も同じく履行不能です。この場合，さすがにBはAに大皿を引き渡せとの「履行請求」はできませんが，Aに責められるべき事情（帰責事由という）例えば，倉庫での管理がずさんであった場合，Bは損害（少なくとも違約金）の賠償をAに請求できます（民415条1項）。なお，大皿が壊れた理由が地震によるなどAに帰責事由がなかった場合は前講で説明した危険負担の問題となります〔⇒第11講144頁〕。最後に，Aが一応Bに大皿を引き渡したものの，その際名品であることを証明する箱書きも添えてほしいと頼まれていたのに，Aがそれを紛失してしまったような場合，③の**不完全履行**[★7]です。

2017（平成29）年の改正後の法律によると，①の場合も②の場合も，まずは可能な限り，BはAに本来の履行の請求をします（履行の優先。大皿を渡してもらう，新たな箱書きを添える，など）。そして，Aがどうしても引き渡さないとか，次に学ぶ契約の解除が行われたような時に，例外的に損害賠償請求権がBに生じる，という手順になっています（民415条1・2項参照）。

● 解　除

前記①②③の，どの場合であっても，Bは，契約を解除することができます（①③の場合は催告要。②は催告不要。民541・542条）。**解除**は，こちらから一方的に行う契約破棄の意思表示（単独行為）で，債権者が契約の拘束力から解放されるための制度です。したがって，Aの帰責事由は不要です。解除すれば，まだ履行していない債務はそこで消滅し，すでに履行した分は返してもらいます。要するに，綺麗さっぱりと，互いに契約する前の白紙の状態に戻すわけです。これを**原状回復義務**といいます（民545条）。BがAに向けて解除をしたなら，Aは原状回復義務に基づき代金300万円（厳密には利息も含む。民545条2項）をBに返還しなければなりません。

では，Bに損害，つまりCに支払った違約金のような損害があるとしたら，どうなるでしょう。解除によって契約する前の白紙の状態に戻すことを貫くと，損害賠償請求の根拠がなくなって解除した者に気の毒なことになってしまいます。そこで民法は，解除しても損害賠償請求はできるとする条文を，きちんと置いています（民545条4項）。

解除には，以上のような債務不履行の場合，債権者が行使できる**法定解除**の

第12講　契約って？　● 163

他に，契約であらかじめ解除できる場合を決めておく約定解除があります。もちろん，**契約自由の原則**〔⇒第**15**講210頁〕により，AB双方が話し合った上で解除するという**合意解除**もできます。

2 契約に基づかない債権・債務

これまでは，契約の成立とそれに基づく債権・債務の発生や消滅について説明してきましたが，実は，債権・債務が発生するのは契約を結んだときに限りません。債権・債務は契約がなくても生じるのです。約束もしないのにどこから降って湧くのかと驚く人がいるかもしれませんね。そう，降って湧くように債権・債務が生じることがあります。例えば，横断歩道を歩いていたら車にはねられたというような場合です。治療や入院で金銭的損害が生じる上，ケガの具合によっては，仕事にも差し支えます。本人も家族も悲嘆にくれることでしょう。契約がなくても相手に「どうしてくれるんだ！」と文句を言って治療費など請求したいところです。そこで民法は，このように，偶発的な事故・アクシデントを原因としても請求権つまり債権，そしてそれに対応する債務が発生すると定めました[8]。前講の民法典の全体図〔図11-1〕を見て下さい〔⇒第**11**講**I**139頁〕。第3編「債権」の最後の3〜5章に契約以外の債権発生原因として3つのアクシデント「不法行為」「事務管理」「不当利得」の章が設けられていますね。ではまず，不法行為から見ていきましょう。

● 不法行為

不法行為とは，故意または過失によって，他人の権利または法律上保護される利益を侵害し，損害を発生させる行為です（民709条）。この規定の趣旨は，損害を回復させることによる被害者の救済です。そして，損害賠償額の負担を考えて，誰もが不法行為をしないようにする（例えば，運転する車のスピードを控える）という，不法行為の抑止も含んでいます。

ところで，ここでの当事者の間には契約が何もなかったのですから，不法行為責任を認めるには，責任を負わせるだけの明確な要件が必要とされます。つまり，不法行為の規定に従い①故意または過失，②権利または法律上保護される利益の侵害，③損害の発生，④加害行為と損害発生の間の因果関係，さらに，

164 ● 第Ⅱ部 様々な法を学ぶ

⑤加害行為を咎められるだけの責任があったかが，検討されます（民709〜713条）。

　まず，①の**故意**とは，結果の発生を認識しながらそれを容認していたという心理状態，平たくいうと，わざと行うということです。**過失**とは，一般にはうっかり，という意味ですが，社会が複雑・危険になるにつれ過失の内容は客観的に捉えられるようになりました。学説上積み上げられてきた定義によれば，およそ同じ状況に置かれた者がなすべきことをしなかった，つまり「損害の発生を予見し，防止する注意義務を怠ること」とされています。ところで，被害者救済を重視するなら，過失などなくても損害賠償義務を負担させてよさそうですが，**過失責任の原則**〔⇒第15講Ⅱ 1　211頁〕という民法の基本原則の１つにより，過失がなければ責任を負わなくてよいとされています。そうすると，現実の訴訟では，被害者（原告）が加害者（被告）の過失を立証しなければなりません。しかし，例えばメーカーの作った製品が原因で消費者が深刻な被害にあった場合，消費者がメーカーの過失を証明するのは至難のわざです。そこで，1994（平成 6）年，被害者救済のため，不法行為規定の特別法として**製造物責任法**（いわゆるＰＬ法。Product Liability の略）が制定されました。これは，メーカーの過失の有無を問わず，製品の欠陥だけでメーカーの責任を認める法律です。

　②の権利または法律上保護される利益の侵害は，法律上の権利はもちろん，生命，身体，人格権に基づく名誉やプライバシーなども含むと解されます。

　③の損害は，治療費や入院費など現実に支出した財産的損害（**積極的損害**），失職による収入など事故にあわなければ得られたはずの利益（**消極的損害＝逸失利益**）の他，金銭で示せない精神的損害についても金額が算定されます（いわゆる**慰謝料**。民710条）。

　④の因果関係は，加害者の行為がなければ損害が発生しなかったという関係があることです。刑法の構成要件要素のところで出た言葉と同じ相当因果関係説〔⇒第 8 講Ⅱ 1　104頁〕が，従来，通説・判例とされてきました。しかし，不法行為責任を検討する際の相当因果関係とは，因果関係の有無を定めるものではなく，損害賠償の範囲を定めるための議論として使われてきたため，今日では，因果関係の問題と損害賠償の範囲の問題を区別するため，相当因果関係という言葉を使わなくなってきています。そして，因果関係の問題は純粋に「あ

第 12 講　契約って？　◆　165

れなければこれなし」という本来的な因果関係[11]であるとして，これを**事実的因果関係**と呼び，事実的因果関係があったかなかったかという形で，議論されています。

　事実的因果関係は，以前なら，常識的に判断されました。しかし，公害や食品被害，医療過誤などのケースで，被害者である原告が事実的因果関係を証明するのは，過失の証明と同様，非常に困難です。メーカーの工場の製造工程や医療技術など，情報量・専門知識の圧倒的に少ない被害者側はなすすべがないからです。そこで，解釈論上の努力が学説でも判例でも見られます（例えば，リーディングケースとして最判昭和50年10月24日民集29巻9号1417頁（東大ルンバール・ショック事件：事実上の推定），新潟地判昭和46年9月29日下民集22巻9＝10号別冊1頁（新潟水俣病事件：門前理論），津地四日市支判昭和47年7月24日判時672号30頁（四日市ぜんそく事件：疫学的因果関係））。

　これまで述べた一般的な不法行為の規定以外に，民法では「特殊な不法行為」の規定が設けられています。例えば，子どもや労働者が加害行為をした場合にその親や使用者は不法行為責任を負うか（民714・715条），建物や塀が崩れたり飼い犬がかみつくなどして被害者がケガをした場合に建物所有者や管理者等は責任を負うか（民717・718条）といった問題に関する規定です。実際に起きた最近の有名な判例では，小学5年（11歳）の少年が自転車で走行中，62歳の散歩中の女性と正面衝突し重度の後遺障害を与えたことにつき，少年の母親に民法714条監督義務違反を認め，被害者に対し約9500万円の賠償をするよう命じたものがあります。[12]また，フードデリバリー中の配達員の自転車運転ミスでケガを負った女性が，フード宅配会社に**使用者責任**（民715条）を追及して訴えを起こしたことがニュースとなりました（⇒第**2**講19頁✎Case2-1参照）。この使用者責任の解釈のポイントは①使用関係，②事業の執行ですが，どちらも被害者保護のため，一般に使用者に厳しく解されています。[13]

◆ 事務管理

　事務管理とは，法律上の義務がないのに他人の事務を処理することです（民697条）。「事務」は仕事とほぼ同じ意味で，生活上の利益に影響を及ぼすすべての行為を含み，法律行為でも事実行為でも何でもかまわないと解されていま

す。例えば，倒れている人を発見してタクシーで病院に運び治療代を払って治療を受けさせる場合や，隣人が留守の間に家のドアが台風で壊れたので，勝手に修繕してあげるような場合です。民法は，このお節介ともいえる人（管理者）と利益を受けた本人との公平を考えた規定を設けています。例えば，管理者は原則として，本人等が管理をすることができるまで，事務管理を継続する義務を負います（民700条）。また，本人への通知・報告義務も発生します（民699・701条）。

　一方，本人は，管理者が本人のために立て替えた費用を支払い，負担した債務を代わりに弁済しなくてはなりません（民702条。**費用償還義務**）。支出が本人にとって有益と判断されれば，全額が償還されます（同条1項）。例えば，さきほどの例では，タクシーで運んだ際のタクシー代や病院に支払った治療代，ドアの修繕に使った費用の支払いです。

◈ 不当利得

　不当利得とは，法律上の原因がないのに，他人の損失の上に他人の財産または労務という利得を受けることです。例えば，隣人のため池の養殖鯉が，大雨でこちらのため池の中に流れ込んできた場合や，売買契約を結んだが買主から錯誤無効を主張してきたような場合，こちら（受益者）としては，鯉や売買代金を法律上の原因なしに手にしていることになるので，不当利得となります。いわれもない利益は，全部返さなければならないところですが，何も知らずに利得を受けた善意の受益者は，現に手元にある現存利益の限度で返せばよいとされます（民703条）。しかし，知って利益を得た悪意の受益者なら，受けた利益に利息を付けて返さなければならない上，なお損害があるなら，それも賠償しなければなりません（民704条）。[14]

★5　従来は**強制履行**といい，2003（平成15）年の担保・執行法改正等の影響を受け，わかりにくい内容であった。そこで，2017（平成29）年改正により民法414条1項は「履行の強制」という新しい用語を使い，それには**直接強制・代替執行・間接強制**などの方法があることを明示しつつ，具体的な制度設計は民事執行に委ねると，表現を改めた。

★6　2017（平成29）年民法改正により，履行不能に関する規定が次のように整理された。履行不能がある場合，債権者は債務者に履行請求はできないが（民412条の2第1項），契

約は成立しているので債務者に帰責事由がある限り債権者は損害賠償請求できる（民412条2項・415条1項）。本来の債務に変わる塡補請求もできる（民415条2項1号）。債務者に帰責事由がなくても債権者は解除が可能であり（民542条1項1号・2項1号），残存する反対給付（つまり債権者が有する債務）の履行を拒むことができる（危険負担。民536条1項）。債権者側に帰責事由がある場合は，これらすべて不可となる（民543条・536条2項）。

★7　かつてはこのような，一応の履行はあったが完全ではなかったケースを不完全履行と呼び，ドイツ法学に倣って債務不履行の第3の類型とされていた。しかし実際の類型は3つにとどまらないこと，しかも日本では債権者の損害賠償請求権が発生するための「債務の本旨に従った履行」（民415条1項）かどうかを判断すれば足りるのであって，2017（平成29）年改正法の条文の文言がすっきりしていることからも，もはやドイツのような第3の類型を挙げるのは不要とされている。

★8　アクシデントを原因として債権が発生すると法が定めるので，**法定債権**と呼ぶ。これに対して契約に基づく債権を**約定債権**と呼ぶ。

★9　民法709条の不法行為責任の要件は正面から明記されている（cf. 契約責任を示す民法415条1項では，債務者の帰責事由が但書の形式で記されていることと対比）ので，訴訟では原告＝被害者側が**立証（証明・挙証）責任**を負うのが原則ということになる。

★10　過去にはスモン事件，森永ヒ素ミルク事件，カネミ油症事件などの公害，食品事件が社会的問題となった。

★11　刑法での条件説と呼ばれる学説とほぼ同じ内容〔⇒第**8**講**Ⅱ 1** 104頁〕。

★12　神戸地判平成25年7月4日判時2197号84頁。日本ではアメリカのような**懲罰的損害賠償**（ペナルティ＝制裁の性質を前面に出した損害賠償のこと。実際の損害の何倍もの賠償が命じられる）は認められないとされているが（最判平成9年7月11日民集51巻6号2573頁），現実には本文のように高額の損害賠償を認める判決が特に交通事件で増えており，今後議論は盛んになると思われる。故意犯に限られるが，刑事裁判の有罪判決を下した裁判所がその事件記録を用いて損害賠償についても審理を行う**損害賠償命令制度**が導入されたことにつき，前出。⇒第**2**講28頁。

　　なお，2017（平成29）年民法改正により，人の生命・身体を害する不法行為による損害賠償請求権の**消滅時効**〔⇒本講158頁〕は被害者救済のためそれまでの3年から5年に延長された。

★13　使用者は被用者を用いることで新たな危険を作り出している以上，被用者による危険の実現につき責任を負担すべきであり（**危険責任の原理**という），自分の業務のために被用者を用いて事業活動上の利益を上げている以上，被用者による事業活動の危険も負担すべきである（**報償責任の原理**という）との考え方により，本文の①は雇用・請負等の契約がなくても実質的な指揮監督関係にあればよいとする。②は行為の外形から観察して被用者の職務の範囲内の行為に属すると見られれば足りるとされる（**外形標準説**と呼ばれる。最判昭和36年6月9日民集15巻6号1546頁）。

★14　この損害賠償責任は不法行為の要件を満たさなければならないとされる。最判平成21年11月9日判時2064号56頁参照。

♪ティータイム　法律学者は錬金術師？

　虚偽表示や詐欺による意思表示のところで，善意の第三者が登場し，急に頭が混乱したかもしれませんね。「Cには無効を対抗できない」とか「Bとの関係では無効だが，Cとの関係では有効」といわれても，無効がなぜ有効になるのか，無効はそもそも効力がないのではないかと，疑問が先に湧くことでしょう。無から有が生じるなんて，錬金術師でもあるまいし，奇妙な話ですね。

　もともと，古くはローマ法の時代，無効は「誰からでも，誰に対しても，いつまでも無効」と裁判で認定すればよいという発想でした。しかし，その体系を受け継いだフランス民法学者達は，誰がどう主張しているのか分析するようになり，表意者だけが主張できる無効を相対的無効，誰でも主張できる当然の無効を絶対的無効と区別しました。その後，ドイツ民法学者は相対的無効を取消しに整理し，絶対的無効の中にも第三者に対抗できない無効や追認できる無効などに分け，さらに取消しも第三者に対抗できないものとそうでないものに分けるようになりました。また，絶対的無効は，追認できない確定的な無効も含むとされたり，取消しに整理されたものが無効の一部とされたり，用語が混乱して使われるようになりました。

　現在，日本では，誰でも誰に対しても確定的に無効である場合を絶対的無効，それ以外を相対的無効と呼ぶのが一般的です。例えば，公序良俗違反〔⇒151頁♪ティータイム「わらしべの交換は私的自治か暴利行為か?!」〕の場合は絶対的無効，虚偽表示の当事者間で表意者だけが無効の主張ができ，相手からはできないという意味で相対的無効，あるいは虚偽表示や詐欺取消しの場面で善意の第三者に対しては有効，当事者間では無効という意味で相対的無効の用語が使われています。この最後の相対的無効は，無効の対抗不能と呼ぶ方がよいという学説もあります。無効もいろいろ，要するに自然科学と法律の世界とでは，同じ「無」といっても大きく違うのですね。

第 12 講　契約って？　● 169

第13講　所有するって？──民法その3

I　売買は賃貸借を破る！：物権の性質

1　物権と債権

　これまでは債権・債務のことを学んできました。ここからは物権を学びましょう。民法は第2編で物権，第3編で債権というように，民法上の権利を大きく2つに分けています。

　では，物権とは何でしょうか。債権とどう違うのでしょうか。物権の代表格である所有権を念頭に置きながら，次の設問につき考えてみましょう。

> ♀ Quiz13-1　持ち主が変わったら…？
> 　Aは乗り心地のよいバイクを所有者Bから賃料を払って借りています。ところがある日，所有者BがそのバイクをCに売ってしまいました。CはAに「バイクを引き渡せ」と言っています。Aはそれを拒むことができるでしょうか。

　残念ながら，答えはノーです。AはバイクをCに渡さなければなりません。なぜでしょうか。これまでに学んだ知識を使うと，AはBとの間で賃貸借契約を結んでいるので，Bに対しては「バイクを使わせろ」と請求できる権利（債権）があります。しかし，それはBに対してだけ主張できる対人的な権利です。一方CはBから売買契約によりバイクの所有権を譲り受けました。この所有権というのは債権とはまったく異質の権利です。物を誰にも邪魔されず「排他的に」「支配する」ことを内容とする物権の中の1つです。つまり，物権はどのような競合する権利も排除し，他の権利に優先する威力があります（物権の優先的効力という）。物権同士なら時間的に先に成立した物権が優先，物権と債権なら

170 ◆ 第Ⅱ部　様々な法を学ぶ

物権の方が優先します。「売買は賃貸借を破る」という法格言があるくらいです。したがって，Cは誰はばかることなくバイクを自分の物として使うことができ，Aをも排除することができるわけです。AがバイクをCに返さなければ，Cは排他的支配の裏返しの効果として，Aに**物権的請求権**（＝所有権に基づく妨害排除請求権）を行使し，Cの妨害を排除することとなります。

債権と物権の違いが何となくわかったでしょうか。私達は，社会生活の中で生産活動や取引活動をしています。その過程で，どれが誰の物かはっきりさせておかないと，取り合いになってしまいます。そこで，物を直接に支配する強力な権利を作り，権利者は絶対的・排他的に保護されることとしたのです。これが物権であり，物権の中で特に強い物権が所有権です。債権が，特定の人に対してだけ特定の行為を請求できる権利であるのと，パワーが違いますね。

物権（所有権）がこれほど強力な理由は，歴史からも説明することができます。憲法で学んだように，国家の重圧や封建的な土地支配から解放されて個人が得た財産権は絶対不可侵であると考えられたのです。これを**所有権絶対の原則**といい，民法の基本原則の１つとされています〔⇒第**15**講**Ⅱ** 1 211頁〕。もっとも，その後の社会・経済事情の変化により，貧富の差が生じるようになったので，所有権といえど公共の福祉のために制限が加えられ，**権利濫用の禁止**が定められていることに注意しなければなりません〔⇒第**15**講**Ⅱ** 2 211頁〕。

2　物権法定主義

物権は，民法その他の法律で定めたもの以外は，当事者が合意で勝手に作り出すことはできないとされています（民175条）。これを**物権法定主義**といいます。これは，１つには，法律に存在しないような物権を好き勝手に作ってはいけないという意味，もう１つは，すでに法律の中にある物権を，法律の規定とは異なる内容に好き勝手に修正してはいけないという意味です。債権の場合なら，公序良俗に反しない限り，当事者が自主的にあるいは契約などで自由に定めることができました（私的自治の原則，契約自由の原則〔⇒第**15**講**Ⅱ** 1 210頁〕）。しかし，物権では，そんな自由は許されません。第１の理由は歴史上の理由です。つまり，民法典のなかった封建時代，一定の土地に上下関係のある支配者が何人もいて，所有権以外に，その土地を耕して収益を得るだけの権利や，そ

第13講　所有するって？　171

の土地の収益から年貢を徴収する権利などを，それぞれが持っていました。そんな封建時代の土地制度から人々を解放しようと，近代市民革命以降，複雑な権利が整理され，所有権を中心とする必要最小限の物権だけに絞られたのです。第2の理由は，明確な内容の物権がシンプルに存在するのでないと，物権の絶対性，独占性，排他性，直接性に反する危険があります。例えば，所有権を得たと思ったら，聞いたこともないような物権が所有権に付いていて，その物権を主張されたのでは，所有者は目的物を絶対的に支配したとはいえず，取引の安全を害することになります。[★2]

3　一物一権主義

　物権，特に所有権が，他人を排除して独占支配する権利であるためには，排他的な物権の対象が，はっきりとわかりやすいものである必要があります。そこで，①1個の物権の対象は，1個の物として独立していなければならない（1個の物の一部ではダメ），②1個の物権の対象は単一の物でなければならない（複数の物をまとめてというのはダメ），という考えが導き出されます。これらを併せて**一物一権主義**と呼びます。

　①について，例えば牛の所有権は1頭全体に及び，胴体だけを所有することはありえません。何をもって独立した1個の物と見るかは，社会通念を基準にすればよいと考えられています。例えば箸や靴などペアで使う物はどうでしょうか。箸も靴も片方だけでは使えず，一膳，一足の形で初めて利用可能ですから，これを1個と考えればよいでしょう。また，一粒では意味をなさない穀物や，酒のような液体の場合は，粒や液体の集まりから取り分けられて1俵，1袋，1樽等の形となった時にそれを1個の独立した物と捉えればよいと考えられます。土地の個数を表す「筆（ひつ）」については，地面を区切る便宜的・技巧的な区分にすぎないのだから，例外的に土地の一部を物権の対象としてもよいだろうと考えられています。例えば，一筆の土地の一部の譲渡や時効取得を認める判例があります（大民連判大13年10月7日民集3巻476・509頁参照）。

　②についても例外が認められています。例えば，店内の複数の商品や倉庫内の在庫をまとめて1個と考え，それを1個の担保物権〔⇒本講Ⅱ2 180頁〕の目的物とすることが，取引社会ではよくあります。[★3]

172 ● 第Ⅱ部　様々な法を学ぶ

4 物権の種類

● 所 有 権

では，どのような物権が民法に定められているでしょうか［図13-1］。

まず，所有権が物権の代表です。**所有権**とは，自由に物を使用・収益・処分する権利です（民206条）。例えば，土地の所有権であれば，使用とは，耕す，建物を建てるなどして使うこと，収益とは，作物のような天然果実を収穫したり，他人に貸して賃料のような法定果実を得るなどして，そこから得られる果実を収集すること，処分とは，他人に譲ったり，放棄することです。つまり，煮て食おうが焼いて食おうが，何をしてもかまわない完全な支配権ですね。

● 制限物権

所有権以外の物権は制限された範囲で支配するので，**制限物権**といいます。制限物権には，土地を一定目的で使用・収益（略して用益）する**用益物権**と，債権を担保するための物の交換（処分）価値（処分することによって得られる価値）を支配する**担保物権**があります（Ⅱで詳しく説明）。

用益物権は次の4つです。

物権	占有権（民180）		
	本権	所有権（民206）	
		制限物権	用益物権	地上権（民265）
				永小作権（民270）
				地役権（民280）
				入会権（民263・294）
			担保物権	留置権（民295）
				先取特権（民303）
				質権（民342）
				抵当権（民369）

図13-1　物権の種類

①**地上権**（民265〜269条の2）：工作物や竹木を所有するための土地使用権。実際には，土地所有者は賃貸借契約を好むので，地上権よりも圧倒的に債権である土地賃借権が利用されています。

②**永小作権**（民270〜279条）：小作料を支払い，耕作または牧畜をするための権利。戦前は荒地の開墾者に与えられ

第13講　所有するって？　● 173

た強力な権利でしたが，戦後の農地改革により買収されたことなどから，今日ではほとんど見られません。

③**地役権**（民280～294条）：設定行為で定めた目的に従い，他人の土地を自分の土地の利用価値を増すために利用する権利。他人の土地を介して引き水をする用水地役権や，隣地を通行する通行地役権などがあります。

④**入会権**（民263・294条）：村落の住民が，周辺の野山に入って薪を集めたり下草を刈る権利。今日では，入会団体が崩壊するなどして野山が普通の共有地となり，入会権自体が消滅しつつあります。

占有権は，他の物権とは大きく異なります。他の物権は，積極的に，物に対してある内容の権利を与えるものですが，占有権は，物を単に占有しているという事実をとりあえず尊重して保護するものです。他の物権は，物を現実に占有していなくても，事実とは無関係に物の占有を正当に基礎付ける権利という意味で，**本権**とか占有すべき権利と呼ばれます。

5　物権の変動：意思主義と形式主義━━━━━━━━━━━◆

物権の変動とは，所有権をはじめとする物権の発生，消滅，移転，内容の変更など，物権をめぐる変化のことをいいます。ここでは理論的に議論のある物権の移転について，考えてみましょう。まずは次の設問について考えてみましょう。

> 💡**Quiz13-2　売買契約と物権の移転**
>
> 　Aは空き地になっている自分の土地Xを，資材置き場として使っていました。知り合いのBが，家を建てるためにその土地Xを購入したいというので，売買契約を結びました。互いに忙しかったので，移転登記は後日ということで，とりあえず代金をBから受け取り，契約書だけ交わしました。AとBの債権関係と物権関係を説明しなさい。

AとBが土地Xについての売買契約を結んだ時点で，AはBに対する代金債権，BはAに対する土地引渡債権が発生しますね。Bは代金を支払ったので，Bの債権だけが残っています。具体的には，土地上の資材をどけてもらい，移転登記をするよう請求する権利です。

物権（所有権）は，いつAからBに移るのでしょうか。原則として，売買契約を結んだ時点で即座に移転します（民176条）。当事者の意思表示があればそ

174　◆　第Ⅱ部　様々な法を学ぶ

れだけで物権が移転するという考え方を，物権移転における**意思主義**と呼びます。日本の民法は明治時代，ドイツの影響を強く受けましたが，この部分については私的自治を重んじるフランス民法をとりいれて，物権移転に煩わしい手続や作業は必要ないとしました。この点，ドイツ民法は，意思表示に加えて，物の引渡しや登記・登録といった物権の移動がはっきりと目に見える形式を備えないと物権は移らないとします。これを**形式主義**といいます。[4] 特に目的物が**不動産**（土地およびその定着物のこと。民86条1項）や，自動車のような高額商品だと，形式主義の方が所有権を受ける側にとって安心です。なぜなら，不動産の所有権移転には必ず不動産登記が，自動車の場合は登録が必要なので，登記や登録を備えている人が真の所有権者であるとはっきりわかるからです。意思主義だと，設問のBのように，登記をまだ備えないが所有権を持つ者が存在することになり，次に取引をする人は誰が所有者なのか，わかりにくくて困ります。

　それでは，なぜ日本の民法は意思主義をとったのでしょう。それは，民法が導入された明治時代，不動産登記制度そのものが整備されず，国の手続機関である法務局自体も未成熟だったからと思われます。そのような状態で，「登記あるところ所有権あり」としたのでは，もし，法務局がミスをして所有者でない者に登記を備えてしまうと，大変なことになり，その責任は重大です。国家はなるべく私人間の取引に立ち入らないというスタンスをとり，意思主義を選択した日本の民法の立場も，わからなくはないですね。

　では，現在日本で行われている不動産登記制度や，[5] 自動車の登録制度は，[6] 何の意味があるのでしょうか。それらは，当事者以外の第三者に対抗するための**対抗要件**です。例えば，💡Quiz13-2の事例で，Bが登記を備えないうちに，AがCに同じ土地を売却してCが登記を先に備えた場合どうなるでしょうか［図13-2］。

　BはAに土地の所有権を主張できますが，当事者でない第三者のCには，登記を備えない限り所有権を主張できません。CからBに対しても同じことがいえます。これを不動産の**二重譲渡**の問題といいます。Cが先に登記を備えたのでCの勝ち，つまりCがBに対抗できることになります。登記は二重譲渡の場合に対抗するための要件なので，**対抗要件**といいます。ちなみに**動産**（不動産

第13講　所有するって？　● 175

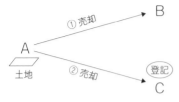

図13-2 不動産の二重譲渡

以外の物。民86条2項)の対抗要件は，登記でなく「引渡し」なので(民178条)，例えば，腕時計なら，BとCのどちらか先に腕時計の引渡しを受けた方が，腕時計の所有権を相手に対抗できます。

この点，形式主義をとるドイツでは，AからBに登記や引渡しが行われていない以上，誰との関係でもBは所有権を持たないことになります。このように，登記など一定の形式を備えて初めて物権移転の効力が生じるという考え方を**効力要件主義**といいます。日本やフランスは**対抗要件主義**です。

6 所有権の取得原因

● 特定承継と包括承継

所有権を持つ（取得する）にはどのような方法があるのでしょうか〔図13-3〕。これまでの事例に出てきたように，所有者から「買う」ことによって取得するのが普通でしょう。しかし，他にもあります。親が死んで，子がその所有していた財産を受け継ぐような場合です。これを**相続**といい，相続する側（子）を**相続人**，相続される側（親）を**被相続人**といいます〔⇒第**15**講Ⅰ 4 204頁〕。売買でも相続でも，売主や被相続人の所有権をそのまま引き継ぐので**承継取得**と呼びます。ただし，売買の場合は，「この不動産X」「この腕時計」というように目的物が特定されますが，相続の場合は，被相続人が所有していた物，債権や債務までもが一切まとめて相続人に承継されます（民896条）。そこで，売買のような承継を**特定承継**，相続のような承継を**包括承継**と呼びます。

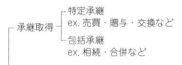

図13-3 所有権の取得原因

● 承継取得と原始取得

承継取得とは異なり，前の所有者の所有

権を引き継がない取得もあります。**原始取得**といって，一定の事実や行為があると，ある人がある物を，突然新たに取得する場合です。無から有が生じるような取得の方法ですね。原始取得には次のようなものがあります。

①時効取得（民162条）　　　　⑤遺失物拾得（民240条）
②即時取得（善意取得）（民192条）　⑥埋蔵物発見（民241条）
③家畜外動物の取得（民195条）　⑦添付（民242〜248条）
④無主物先占（民239条）

　①の時効取得は，一定期間継続して占有するという事実があれば，その占有者が所有権を取得すること。例えば，Aの土地をBが勝手に自分の名義に移転登記をし，自分の土地と偽って善意無過失のCに売却し，何も知らないCが10年以上その土地に家を建てて平穏に暮らしていたような場合です。Cは無権利ですが，その継続する占有状態を保護しようとの趣旨です。②の即時取得は，動産を占有している無権利者を真の権利者と過失なく信じて取引をした者が，完全な権利を取得すること。善意取得ともいいます。例えば，Aの腕時計を盗んだBが，自分の物と偽って善意・無過失のCに売却し，引渡しをしたような場合です。本来なら，無権利者との取引なのでCは承継取得できません。しかし，それでは取引の安全を害するので，特に法が取引保護の制度を定めたのです。①も②も，もとの所有者Aが存在するはずですが，新権利者Cが新しく所有権を取得したことの反射的効果として，もとの所有者の所有権は消滅します。また，承継取得ではない以上，担保物権など所有権にこれまで付着していたものも承継せず，一緒に消滅することになります。

　③〜⑥は，所有者がいない，またはよくわからない物の取得です。例えば，川で釣った魚，山でつかまえた狸，拾った落し物，地面を掘ると出てきた小判などですが，遺失物や埋蔵物に関しては，遺失物法，魚や動物については漁業法や狩猟法という特別法があるので，注意が必要です。ちなみに所有者が放棄（＝処分）した動産は無主物先占の対象となりますが，所有者が放棄した不動産は国の所有物になるので（民239条2項），無主物先占の対象となりません。ただ，所有者がどんな不動産でも放棄できるわけではありません。相続で得た不動産の放棄については，近時創設された法律の要件が厳しいので，簡単にはいきま

せん。不動産相続はいまや「負」動産問題と呼ばれるほどです。

　⑦は，所有者の異なる物同士や技術が合体して一体化した場合の取得についてです。例えば，人が作った木の椅子にペンキを塗った場合（付合という），他人の所有する酒と自分の酒が混じってしまった場合（混和という），他人の所有する小麦粉でケーキを作った場合（加工という）です。これらは無理に元通りにすると，かえって価値が下がるだけなので，所有権をまとめて一人に取得させる制度です。所有権を得ない側は，所有権を取得した側の者に不当利得として金銭の支払いを請求できるとして，互いの公平を図っています（民248条）。

★1　ただし，後述のような二重譲渡のケースでは対抗要件で決着する。⇒本講176頁。
★2　もっとも，慣習上の物権が例外的に認められることはあり，湯口権という温泉利用権を認めた古い判例がある。大判昭和15年9月18日民集19巻1611頁（浅間温泉事件）。
★3　集合動産譲渡担保や財団抵当などの方法がある。cf. 工場抵当法。
★4　厳密には，物権の移動を目的とする物権行為（物権契約）と一定の形式を必要とする。
★5　不動産登記法3条。
★6　道路運送車両法5条。
★7　即時取得の対象となる物権は，厳密にいうと，所有権と質権。
★8　Aとしては，Bに不法行為責任等を追及していくしかない。
★9　ただし，抵当権不動産を債務者または抵当権設定者が時効取得した場合は消滅しない。民397条参照。
★10　相続等により取得した土地所有権の国庫への帰属に関する法律（略して「相続国庫帰属法」）。2023（令和5）年4月施行。近年激増している，所有者が判明しない・判明してもその所在がわからない所有者不明土地を減らすため創設されたが，建物付き土地，汚染地，崖地などは認められず，しかも手数料や10年分の管理負担金を支払わなければならないので（相続国庫帰属2条3項・5・10条），相続人からの放棄が進んでいるとはいえない。所有者不明土地（および建物）の扱いについては，それを適切に効率よく管理するための所有者不明土地・建物管理制度の創設や，他の共有者による利用処分の要請に応えるべく所在等不明共有者の持分を取得・譲渡できるようにした制度の創設が，民法改正で実現した（民264条の2〜264条の14・262条の2・264条の3。2023（令和5）年施行）。また，不動産登記法でも，相続による不動産移転登記，住所等変更登記の申請義務を義務付ける改正が行われている（不登73条の2〜76条の6。2024（令和6）年から2026（令和8）年にかけ順次施行）。所有者不明土地・建物と相続法の改正につき⇒第15講207頁。

Ⅱ　タンポと湯たんぽ：担保物権

　ここからは担保の話です。といっても大学生の読者が借金しながら手広く商

178 ● 第Ⅱ部　様々な法を学ぶ

売をしているわけでなし，住宅ローンを組んで子どもを育てているわけでもなし，担保とは何かと聞かれても，ピンときませんね。私の授業でも，湯たんぽなら知っているとまぜっ返す学生がたまにいる程度で，ほとんど皆，授業のはじめはボンヤリした顔です。**担保**とは，債権者が債務不履行のリスクに備え，あらかじめ弁済を確保しておく引当てのことです。わかりやすい例でいうと，Aに5万円を貸すにあたって，取りはぐれないよう，裕福なAの親戚に保証人になってもらったり，または，Aの持っている財産（5万円以上の物）を先に受け取っておくようなことをいいます。ビジネスの世界では，特にこのあたりはシビアです。弁済の確保が目的ですから，担保も湯たんぽ同様，生ぬるいものでは役に立たないということですね。

1　人的担保

担保には，人的担保と物的担保の2種類があります。**人的担保**は，債務者以外の人が保証人となって，債務者の弁済を肩代わりするものです。下宿を借りるときに，家族や親戚に保証人になってもらった人もいるかもしれませんね。法律的に説明すると，学生A（賃借人）と下宿の賃貸借契約を結んだ大家さんB（賃貸人）は，Aに対する賃料支払債権を確保するために，学生の親C（保証人）と，賃貸借契約とは別の**保証契約**という契約を結びます。つまり，保証人Cは，債務者Aが家賃を支払わず債務不履行に陥ったとき，Bに保証債務を履行するわけです［図13-4］。

連帯保証契約になると，もっと厳しい内容になります。債権者は債務者に請求することなく，いきなり連帯保証人に全額を請求できます。単なる保証人なら「債務者に先に請求してよ」（民452条。**催告の抗弁権**）とか，「債務者の財産の方が執行しやすいよ」（民453条。**検索の抗弁権**）と債権者に主張できますが，連帯保証人は何もいえ

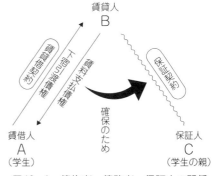

図13-4　債権者・債務者・保証人の関係

図13-5 担保の種類

ず，耳を揃えてすぐに全額を支払わなければなりません（民454条）。債権者にとっては非常に安心な，連帯保証人にとっては非常に過酷な契約といえるでしょう。

2 物的担保

● 担保物権の種類

　物的担保は，人的担保が人に対する債権であるのと異なり，物の（処分）価値に直接かかっていく物権なので，強力です。これを**担保物権**といいます。担保物権には様々な種類のものがあります。どんなものがあるか，分類しながら説明しましょう［図13-5］。

　民法の定める担保物権には，約定担保物権である質権・抵当権と，法定担保物権である留置権と先取特権があります。**約定担保物権**は，当事者の合意で決める担保物権，**法定担保物権**は，合意がなくても法律上当然に発生する担保物権です。それ以外に，譲渡担保，仮登記担保，所有権留保など，契約の自由により，権利移転の形式をとりながら実質的に担保の効果を持たせるよう当事者が合意するという，民法に載っていない担保も見られます。これを**非典型担保**と呼びます。譲渡担保については後述します〔⇒本講183頁〕。

● 質　権

　約定担保物権の1つ目である，**質権**について次の設問について考えてみましょう。

💡 Quiz13-3　質屋で借金

　Aは給料日までの生活費に困り，質屋Bにノートパソコンを持って行きました。Bは，これが10万円くらいの価値があると考え，Aに6万円を貸すことにしました。期限は1ヶ月後，利息3000円を付けて返す約束をして，Aは店を出ました。AとBの法律関係を説明しなさい。

　手持ちの物を質草に質屋から借金し，期限までに返せなかったら，質草は質流れとして質屋が売り払ってしまう，これが質屋の仕組みですね。[★11] ABの関係を法的に説明してみましょう［図13-6］。

　まず，AB間で6万円の（金銭）消費貸借契約が成立し，BはAに6万円＋利息3000円の弁済請求債権を持ちます。この債権（被担保債権という。Aから見ると被担保債務）を確保するため，AB間でAのノートパソコンを目的物（質物という）とする質権設定契約を結びます。契約といっても，これまでに学んだ契約と違い，債権・債務を発生させる契約ではありません。Aがノートパソコンの所有権の一部分，いわば処分（交換）価値をBに移転させるという許可のようなものです。これを物権行為（物権契約）とか処分行為と呼びます。これにより，Bは質物の処分価値を，Aを介することなく，直接に支配することとなります。所有権はAにありますが，その中の交換価値という枠内に制限された物権が，Bに移転するわけです。なお，Aを質権設定者，Bを質権者と呼びます。

　質権者は必ず債権者のはずですが，質権設定者は債務者でなくてもかまいません。質物に交換価値さえあればよいのですから，誰の物でも質権を設定できるからです。したがって，Aの親切な友人Cが，自分の高級腕時計を質物として，BC間で質権設定契約を結ぶことも可能です［図13-7］。このような第三者Cを，**物上保証人**といいます。

　質権は，弁済があるまで債権者の手元に質物をとどめ置くことで，間接的に弁済を強制する心理的効果を狙うものです。また，弁済がなければ，他の債権者がいたとしてもその質物から優先的に弁済を受けることができます（民342条）。具体的には，民事執行法により質物を競売して換金し，その代金の中から債権額の弁済を受けます。なお，債権者の質権取得をはっきりさせるために，債権者が目的物の引渡しを受けて初めて債権者は質権を取得するとされます

第13講　所有するって？　◆ 181

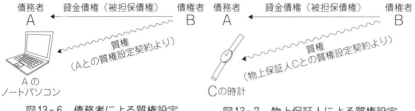

図13-6　債務者による質権設定　　図13-7　物上保証人による質権設定

（民344条）。つまり，引渡しが対抗要件ではなく効力発生要件です。日本の民法も，ここでは意思主義でなく形式主義〔⇒本講Ⅰ5 175頁〕をとっているわけですね。

◆ 抵 当 権

約定担保物権の2つ目の，抵当権について学びましょう。

> 💡 **Quiz13-4　不動産を担保に**
> 前出のAは，生活費でなく，もっとまとまった金額を借りたいと思っていますが，担保になりそうな大きな所有財産といえば，住んでいる家しかありません。Aは質屋Bを再び訪れて，家を引き渡すべきなのでしょうか。

確かに，家屋のような不動産を担保の目的物にできれば，まとまった金額が借りられそうですね。不動産に質権を設定することは可能です。これを上記の**動産質**に対して，**不動産質**と呼びます。質権設定者は不動産を債権者に引き渡し，債権者は不動産質を使用・収益・処分することとなります（民356条）。一見，債権者に都合がよさそうですが，💡Quiz13-4事例の質屋Bが喜ぶかどうかは疑問です。Aの家を引き渡されても，管理しなければならず，面倒なだけかもしれません。むしろ，Aが引き続き家に住めるなら，Aは引越代も引越先での家賃も払わなくて済むので，その分早く借金を返すことができるでしょう。もし，家でなく農地や工場であれば，生産手段が取り上げられずに済むので，さらに債権者にとっても債務者にとってもハッピーですよね。このニーズに応える担保物権が抵当権です。

抵当権は，不動産の占有を債務者（またはそれ以外の設定者）にとどめたまま担保とし，債務者の弁済がない場合に債権者＝抵当権者が不動産を競売し，その代金から優先的に弁済を受けることができる権利です（民369条）。銀行の住宅ローンには，ほとんどの場合，この抵当権が家や土地に設定される方式がとられます。

　ここで気をつけなければならないのは，質権のように質物の引渡しを効力発生要件としないので，合意だけで抵当権を設定することになります。つまり，抵当権設定契約には，第三者への対抗要件として登記が必要なわけです。不動産の売買と同じしくみと考えてよいでしょう。

　抵当権と同じニーズが動産にもいえることがあります。例えば💡Quiz13-3のAがノートパソコンを仕事に使っていたとしましょう。それを質屋に引き渡してしまったのでは仕事ができず，かえって借金を返せなくなってしまいます。そこで，担保のためにパソコンの所有権を売買契約によって債権者に譲渡し（引渡しはしない），弁済できなければ，債権者がその物を所有者として処分して換金するか，または完全に自分の物とするか（債権額よりパソコンの価値が高ければ，その分を清算して債務者に支払う），どちらかの方法で，優先的に弁済を受ける方法が利用されています。これを譲渡担保といいます。前者の方法を処分清算型，後者の方法は帰属清算型といいます。

◈ 法定担保物権

　法定担保物権は，合意がなくても法律上当然に発生します。これには留置権と先取特権があります。

　留置権とは，他人の物を占有している者が，その物に関して生じた債権を持つ場合に，弁済を受けるまでその物を留置する権利です（民295条）。例えば，クリーニング店が，洗濯代が支払われるまで洗濯物を客に引き渡さず店にとどめ置くような場合です。物の留置により債務者の弁済を間接的に強制できるようにして，法が当事者の公平を図っているわけです。双務契約のところで学んだ同時履行の抗弁権と趣旨が共通していますね〔⇒第11講Ⅱ2 144頁〕。

　先取特権は，法律で保護すべき債権者が債務者の財産から優先的に弁済を受けることができる担保権です（民303条）。例えば，未払いの給料債権を持つ従

第13講　所有するって？　◈　183

業員，農業・工業労務者，未払いの宿賃債権を持つ旅館などです。先取特権は，日常取引における当事者の公平や保護を法が図るもので，普段は意識しませんが，勤務先や取引先が破産した場合や取立てができなくなった場合などに，突然重要になってくる権利です。

★11　ちなみに，質屋営業法36条により一般のローンより高金利が認められている。

> ♪ティータイム　二重譲渡のナゾ
>
> 　日本で，効力要件主義をとらず，対抗要件主義をとるいきさつもわかりました。しかし，「二重譲渡の譲受人同士は対抗関係となり，先に対抗要件である登記を備えた方が勝つ」と聞いて納得した人はどれくらいいるでしょうか。本講のはじめからきちんと学んできた人ほど混乱しているかもしれませんね。「そもそも，なぜ二重譲渡ができるのか」考え始めるとわからなくなってしまうからです。
>
> 　そうです。一物一権主義，つまり1個の物には1個の所有権しか成立しないということを学びましたが，この考え方からすれば，事例の売主Aから買主Bに所有権が移った時点で，もうAのところには所有権は何も残っていないはずです。無権利者のAがCにも第2の所有権を売却するなんて，ナゾですね。つまり，二重譲渡など不可能なのではないでしょうか？
>
> 　実は，二重譲渡が可能であると説明するために，学説上大きな争いがあります。有力な学説は，買主Bが登記を備えるまではBの所有権はまだ完全ではないと考えます。売主Aの立場から説明すると，効力要件主義をとらない以上，完全に所有権がAにとどまっているわけではないが，不完全な形での所有権，つまり何らかの処分権をまだ持っていると考えるわけです。
>
> 　また，二重譲渡が可能であることについては，説明不要とする学説もあります。「そうなっているのだ！」というのです。民法の条文を見て下さい。不動産について，民法177条は「不動産に関する物権の得喪及び変更は，不動産登記法その他の登記に関する法律の定めるところに従いその登記をしなければ，第三者に対抗することができない」と規定します。動産について，民法178条は「動産に関する物権の譲渡は，その動産の引渡しがなければ，第三者に対抗することができない」と規定します。「そうなっている」証拠に，民法177条も178条も二重譲渡を想定して，それに対処する条文を定めているのだというわけです。
>
> 　どちらにしても，二重譲渡が可能であるとの結論には変わりがないので，不動産を購入したらBのようにのんびりかまえて損をしないよう，一刻も早く時間を惜しんで登記を移すべきですね。これを「トーキは金なり」といいます。
>
> 　オチが決まったところで，本日の講義はこれでおしまい。

第**14**講 契約するのは誰？——民法その4

I 能力なしとは失礼な！

1 権利能力と行為能力

　民法をはじめとする私法の世界では，権利と義務で話が進むと説明してきました。契約のところでは，債権・債務のオンパレードでした。物権や担保物権のところでも，様々な種類の権利が出てきました。しかし，そもそも権利・義務を持つことができなければ，意味がありません。例えば，動物はもちろん，人でも胎児や死人は権利も義務も持てません。民法は，第1編第2章「人」のところで，**私権**を持つのは出生時から始まる，生まれながらに権利能力を持つとしています（民3条1項）。つまり，生まれていなければ，権利能力なしです。「能力」と付くので有能とか無能というイメージを連想してしまいますが，法律の世界で能力というと，資格とか立場を表します。**権利能力**とは，権利・義務を持つことのできる資格や立場ということです。そして，この世に生まれた人間は誰でも，権利・義務を持てるわけです。この生身の人間を**自然人**と呼びます。

　取引社会が成熟してくると，自然人以外にも権利・義務を持たせる方が，便利で話が早いという要請が出てきます。それが法人です。法人と権利能力については，あとで見ることにしましょう。

　ところで，自然人は皆，権利能力を持つといっても，誰もが1人でどんどん契約などの法律行為をしてよいものでしょうか。例えば，理性的な判断のできない子どもや，認知症のお年寄りなど，誰かの助言や補助があった方がよい人達もたくさんいますね。民法は，権利能力の規定（第1節）の次に，行為能力の規定を置いています（第2節）。行為能力の「能力」も，有能・無能の意味ではなく，資格・立場という意味です。行為能力とは，単独で法律行為を行うこ

185

とのできる資格・立場です。行為能力の問題は，3で見るように，自然人が権利能力を持つことを前提として，その次に，さて，その自然人に行為能力を持たせても大丈夫か，という問題です。権利能力と行為能力の問題を混同しないように注意しましょう。また，法人は自然人ではないので，行為能力は問題となりません。これも注意が必要ですね。

2 法　　人

● 法人の種類

　法人とは，法が認める自然人以外の人のことです。わかりやすい例は，会社です。会社は人の集まり（社団という）ですが，社団のままでは，誰の名前で契約を結んだり財産を所有すればよいのかわからず不便です。そこで，法技術上，自然人と同じ「人」と扱うことにしたのです。

　社団に対して財産の集まりである財団もあります。財産の集まりといってもピンとこないかもしれませんが，ノーベルの遺産によるノーベル賞の基金，ノーベル財団といえばイメージしやすいでしょう。日本のノーベル財団ともいわれる「国際科学技術財団」などは公益財団法人です。特に行政庁から公益認定を受けたものが公益法人，それ以外は一般法人と呼ばれます。日本気象協会などは一般財団法人，日本広告審査機構（JARO）などは公益社団法人，日本経団連などは一般社団法人と，様々です。そこで，民法では現在，法人に関する通則だけを決め，その他については各法に従うことにしました（民33条）。例えば，営利事業を行う法人は会社法に，それ以外の法人はいわゆる一般法人法やいわゆる公益認定法に定めがあります。他にも，宗教法人法に基づく宗教法人，私立学校法に基づく学校法人などがあります。最近は，ボランティア団体などNPO（Non Profit Organizationの略）が特定非営利活動法（いわゆるNPO法）に基づく法人として活躍しています。

● 法人の権利能力の範囲

　法人は一人の人間であるかのように権利能力を持ち，法人自身の所有権や債権・債務などを持つことができます。ただ，一定の目的をもって法人が作られた以上，権利能力の範囲もその目的の範囲内で認めればよいだろうというのが

民法起草者の元々の考えでした。そこで，定款その他「目的の範囲内」で権利能力を持つと限定づけられています（民34条）。目的とは，活動対象や事業内容のことですが，その範囲内か範囲外かの区別は，社会の変化とともに法人が様々な取引活動や社会活動をする中でわかりにくくなっています。例えば，鉄鋼の製造・販売を目的とする会社が多額の政治献金をすることは，贈与の債務を履行することになりますが，それは目的の範囲でしょうか。税理士会ならどうでしょうか。司法書士会が，震災で被災した他県の司法書士会支援のために寄付をするのはどうでしょうか。

　法人格が濫用されないようにすべきと考えると，目的の範囲を狭く捉えるべきですが，取引の安全や，特に企業の社会的貢献を考えると，できるだけ広く捉えた方がよさそうです。しかし，法人の性質や形態が様々なので，実際の判断は難しいでしょう。

　法人が権利能力を持つとしても，現実に法律行為を行うのは，法人を代表する人間です。この代表が，法律的にどのような立場として，どのようにふるまえるのかは「代理」の問題です。この点については，Ⅱで検討しましょう。

3　行為能力

　行為能力とは，法律行為を単独で有効に行うことができる立場・資格のことです。権利能力ある自然人すべてに行為能力があるとは限りません。例えば，相続により100万円の財産を受け継いだ人が，理性的な判断が十分にできないため，他人に1万円で売ってしまうかもしれません。このような人を，**制限行為能力者**としてタイプ別に保護する制度を設けておけば，あとで取引相手に対して判断能力がなかったと主張・立証がしやすくなります。また，相手にとっても，判断能力の調査がしやすく，思わぬ損害を被らずにすみ，取引の安全につながります。

　制限行為能力者には，①未成年者，②成年被後見人，③被保佐人，④被補助人の4タイプがあります。以下，順に見ていきましょう。

● 未成年者

　民法4条は「年齢18歳をもって，成年とする」（2018（平成30）年改正により，

それまでの20歳から18歳に変更。2022年4月1日から施行）としているので，18歳未満の者が**未成年者**です。ちなみに，投票権を持つ年齢，少年法の適用を受ける年齢など法律によって成年（成人）・未成年の区別は様々なので気をつけましょう〔⇒197頁♪ティータイム「いくつからオトナ？～成年年齢をめぐって～」参照〕。未成年者が法律行為をするには，その法定代理人の同意を得なければなりません（民5条1項本文）。**法定代理人**とは，本人の意思に基づかず，法律の規定によって直接に代理権〔⇒本講Ⅱ2 191頁〕が与えられる者のことです。未成年者の法定代理人は，通常，**親権者**である父母です（民818・824条）。法定代理人の同意がなければ，未成年者は法律行為をすることができず，同意を得ずに行われた法律行為は取り消すことができます（民5条2項）。ただし，贈与を受ける場合のように，未成年者が単に権利を得，義務を免れるだけの法律行為は，未成年者に不利益がないので単独で行うことができます（民5条1項但書）。

◆ 成年被後見人

成年被後見人は，精神上の障害により，判断能力を欠くことが通常の状態である者として家庭裁判所が審判した者のことで，**成年後見人**が選任されます（民7・8条）。単独で有効に法律行為ができないのが通常の状態でしょうから，その法律行為は取り消すことができます。ただ，自己決定できることはなるべく尊重すべきなので，日用品の購入など日常生活に必要な行為は本人が一人で判断できるとして，取消しはできません（民9条）。

◆ 被保佐人

被保佐人は，精神上の障害により，判断能力が著しく不十分である者として家庭裁判所が審判した者のことで，**保佐人**が選任されます（民11・12条）。被保佐人は，借財や保証，不動産その他重要な財産の取得・処分など，一定の重要な法律行為を行う場合にだけ，保佐人の同意を得なければならず，その同意を得ずに行った行為は取り消すことができます（民13条）。

◆ 被補助人

被補助人は，精神上の障害により，判断能力が不十分である者として家庭裁

図14-1 成年後見制度の種類

判所が審判した者のことで，**補助人**が選任されます（民15条1項）。認知症，知的障害，自閉症など，より軽度な症状の者についても保護できるようにしたのです。被補助人は，原則として，単独で有効に法律行為を行うことができますが，一定の行為（被保佐人が制限される行為の一部）について，補助人の同意を得ずに行われた行為は取り消すことができます。

なお，制限行為能力者のうち，知的・精神的活動能力の低下した者を保護する制度を，**成年後見制度**といいます［図14-1］。これは，1999（平成11）年，超高齢社会となった現状に合わせ，加齢に伴う認知症によって判断能力の下がったお年寄りを一方的に保護するのではなく，残っている能力の活用や自立の支援をし，ノーマライゼーション（普通に生活できるようにすること）をめざす制度です。法律の定めにより家庭裁判所が特別にサポーターを選任する制度を，**法定後見**（民法第4編第5・6章参照）と呼びます。

● **任意後見制度**

成年後見制度とは別に，**任意後見制度**も特別法で定められています[8]。これは，将来，自分が認知症になるなどして身上の看護が必要となったときのためにあらかじめ自分の信任する者に財産管理や監護を委任する契約，いわゆる任意後見契約をしておく制度です。法定後見に対し，本人の意思を尊重した任意の契約が優先され，あわせて任意後見についての監督制度を完備することで，被後見人の保護を図る制度です。将来を案じる一人暮らしのお年寄りが激増する社会で，この制度は今後ますます重要視されると考えられています。

★1 胎児と人，人と死人の境界の問題は刑法でも学んだが〔⇒第8講Ⅱ1 102頁〕，民法でも相続権の有無や相続開始の時期などと関わる問題なので，刑法以上に深刻。

★2　アルフレッド・ノーベル（1833-1896年）。ダイナマイトの発明で巨万の富を得たスウェーデンの科学者。

★3　一般社団法人及び一般財団法人に関する法律。

★4　公益社団法人及び公益財団法人の認定等に関する法律。

★5　最判昭和45年6月24日民集24巻6号625頁。八幡製鉄政治献金事件。「目的の範囲内」とした。

★6　最判平成8年3月19日民集50巻3号615頁。南九州税理士会事件。「目的の範囲外」とした。

★7　最判平成14年4月25日判時1785号31頁。群馬司法書士会事件。「目的の範囲内」とした。

★8　任意後見契約に関する法律。（1999（平成11）年制定，翌2000（平成12）年施行）。

Ⅱ　できる人にまかせちゃえ：代　理

1　代理の意味

次の三者の法律関係を考えてみましょう。

> 💡 Quiz14-1　凄腕エージェントに任せろ
> 　投打二刀流で有名な選手Ｏは，ＬＡにあるメジャーリーグＤＧに移籍しようと考えましたが，有利な条件で入団（プレー）契約を結ぶ自信がありません。そこで，ミスターＣに代理人として交渉するよう頼みました。凄腕エージェントと呼ばれるＣはＤＧと交渉し，1015億円，10年の契約締結に成功。めでたくＯは，新妻と愛犬を連れＬＡの豪邸に引っ越しました。選手ＯとミスターＣと球団ＤＧの法律関係はどうなるでしょうか。

　ミスターＣが，選手Ｏの代わりに球団ＤＧと交渉し，入団契約を結んでくれたことは，何となくわかるでしょう。しかし，ＣとＯ，ＯとＤＧ，ＤＧとＣの関係をそれぞれ丁寧に答えるのは難しいですね。代理の図を見てみましょう［図14-2］。

　代理とは，代理人の法律行為から生じる法律効果を本人が直接に受ける制度です。本人は何もしていないのに，他人である代理人の行った行為の効果が本人に帰属するわけです。ミスターＣが球団ＤＧと交渉した末の入団契約①の法律効果が，選手Ｏに帰属する，つまり意思表示は代理人Ｃが主体的に行います

190　●　第Ⅱ部　様々な法を学ぶ

が，効果はすべて本人Oの方に行くのです。選手としては凄腕でも，交渉は代理人の方が凄腕なら，代理人に任せてしまう方が賢明ですね。このようなスポーツ・エージェント以外にも，法律の素人が弁護士に訴訟代理人として裁判を遂行してもらったり，メーカーが原料の買付けを地元の商社に任せるのも同じ理由からです。特に遠隔地の代理人だと，本人は時間や移動費のロスも減らすことができます。

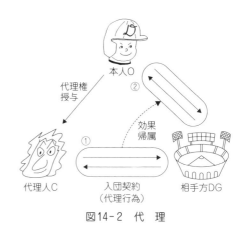

図14-2 代　理

　前述の，法人の代表〔⇒本講Ⅰ2 187頁〕も，現実に行動できない法人組織のために取引先と交渉するので，代理人と同じといえます。[★9]

　未成年者や成年被後見人などの制限行為能力者も代理人の助けが必要です。こちらは，彼らの財産を守り取引活動をサポートするために，法が当然に親権者や成年後見人に代理権を与えています（**法定代理**による私的自治の補充）。これに対し，ミスターCや弁護士，商社のような，本人の意思により任意に代理権が与えられる場合を**任意代理**といいます（任意代理による私的自治の拡充）。

2　代理の要件

　では，どのような場合に，本人に代理人の行った行為の効果が帰属するのでしょうか。

● 代理権の授与

　まず，本人から代理人に代理権が与えられていることが必要です。法定代理の場合は，法律の定めによります。[★10] 任意代理の場合は，本人から代理人となる者への代理権を与える意思表示です。実際には，委任状がしばしば交付されますが，その場合は委任契約が背後に存在すると考えてよいでしょう。多数説は，委任契約であれ，雇用や請負など他の契約であれ，代理権の授与に関連する何

第14講　契約するのは誰？　● 191

らかの契約があればよいと解します。

● 顕　名

顕名とは，代理人が本人のためにすることを相手方に示すことです。[★12]顕名があることで，相手方はその行為の効果が目の前の代理人ではなく本人に帰属することを理解し，不測の損害を被らないですみます。したがって，もし顕名がない場合には，代理人が自分のためにしたとみなされ，原則として本人に効果は及びません。しかし，代理人が本人のためにすることを相手方が知り，知ることができた場合は，相手方は不測の損害を負わないので，効果は本人に帰属します（民100条）。

● 代理人の権限内での行為

法定代理権の場合，代理権の範囲は法令によって定めがあるか，ないとしても私的自治の補充の趣旨から解釈で定められます。親権者や成年後見人は，代理権の範囲に制限のない包括的代理権とされています（民824・859条）。

法人の代表についても，取引の安全より，原則として法人の権利能力の範囲内すべてに及ぶ包括的代表権であるとされています（一般法人法77条4項・197条，会349条4項等）。

任意代理の場合は，代理権授与の際の当事者の意思解釈によることとなるでしょう。範囲が明らかでない場合は，保存行為と，代理の目的となる物や権利の性質を変えない範囲内での利用行為や改良行為なら，行う権限があるとされます（民103条）。**保存行為**とは，財産の現状を維持する行為，例えば，物の修繕などです。**利用行為**とは，財産の収益を図る行為，例えば，受け取った現金をまとめて銀行預金にするような場合です。**改良行為**とは，財産の価値を増加させる行為，例えば，預かっている定期預金をより利率の高い預金に変えるような場合です。

3　自己契約・双方代理

次のケースを読んで，何が問題なのか考えてみましょう。

192　● 第Ⅱ部　様々な法を学ぶ

> **Quiz14-2　自己契約と双方代理のケース**
> ①選手Ｏは，ＤＧ入団から契約期間が過ぎ，今ではトロントにある球団Ｂに移籍したいと考えています。今回も，信頼している代理人Ｃに頼みましたが，なんとＣは，球団Ｂのオーナー兼代表でした。そこで，話はスムーズに進み，契約はすぐに成立しました。
> ②選手Ｏは，ＤＧ入団から契約期間が過ぎ，今ではトロントにある球団Ｂに移籍したいと考えています。今回も，信頼している代理人Ｃに頼みましたが，なんとＣは，球団ＢからもＯと入団契約の交渉の代理をするよう頼まれていました。そこで，話はスムーズに進み，契約はすぐに成立しました。

代理人は本人の私的自治の補充や拡充のために選ばれる者です。ところが，そもそも本人を害する危険のある立場の者には，制度的に代理権を制限すべきです。そのような制度としての自己契約と双方代理について，ここで見ておきましょう。

自己契約とは，相手方が本人の代理人となって自分自身と契約することです。ケース①では，相手方の球団ＢはＣ自身であるといえるので，自己契約です。相手方Ｃが本人Ｏの代理人でもあるとすると，Ｏのために交渉せず，自分自身の利益になる交渉をする危険性があります［図14-3］。このように自己契約は本人と代理人の利益が相反する状態にあるので，民法は，そのような場合に代理行為をしたといっても，それは次の４で述べる無権代理であると規定

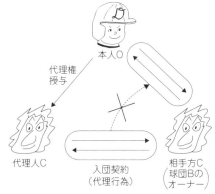

図14-3　自己契約

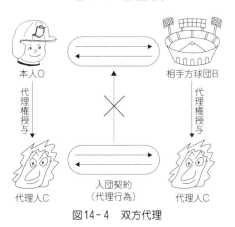

図14-4　双方代理

第14講　契約するのは誰？　●　193

しています（民108条1項）。

　双方代理とは，同一人が当事者双方の代理人として法律行為をすることです。ケース②のＣは選手Ｏの代理人でもあり，球団Ｂの代理人でもあります［図14-4］。この場合も本人と代理人の利益が相反する状態にあるので民法は，そのような場合に代理行為をしたといっても，それは次の4で述べる無権代理であると規定しています（民108条1項）。

　ただし，自己契約，双方代理その他，どのような利益相反行為も，本人があらかじめ許諾しているのなら，問題はありません（民108条1項但書・2項但書）。さて，Ｏとしては，許諾すべきか，それとも他の代理人を探すべきでしょうか……。

4　無権代理

　次のケースでは，三者の法律関係はどうなるでしょうか。

> 🔦 **Quiz14-3　代理人に代理権がなかったら？**
> 　選手Ｏが「契約期間終了後は，日本に戻り日本の球団で活躍したい」と話しているのをたまたま知ったＣがさっそく，自分はＯの代理人であると称して福岡の球団Ｓと交渉し，期間4年，300億円の契約を成立させました。Ｏ，Ｃ，Ｓの法律関係はどうなるでしょうか。

　このケースのように，代理権がないのに本人の代理人として代理行為を行うことを**無権代理**といいます。Ｃに代理権がない以上，その行為の効果は本人Ｏに帰属しません（民113条1項）。しかし，常に本人に効果が帰属しないとする必要はないでしょう。この事例のように本人が満足する可能性があるし，本人がビジネスをしている場合などは，取引上の信用を維持するため，あえて有効に成立させておこうとする可能性があるからです。一方，相手方にとっても，本来は契約の成立を期待していたはずですから，本人に効果が帰属することに異論はないでしょう。そこで，本人に，**追認**（その行為を有効にしたいという意思表示）の選択肢が与えられています（民113条1項）。追認の効果は，別段の意思表示がない限り，契約時にさかのぼります（民116条本文）。もちろん，追認拒絶の選択肢もあります（民113条2項）。

194　● 第Ⅱ部　様々な法を学ぶ

このケースでいくと，本人Oが追認をすれば，OにCの行為の効果が帰属，すなわちOと球団Sとの間で，当初より300億円の入団契約が成立していたことになります。Oが，球団Sは死んでもいやだと思った場合は，追認拒絶をすると表明すればよいだけです。

球団Sとしては，Oに追認してほしいところですが，Oが何の意思表明もしないときはどうすればよいでしょうか。このままでは球団Sは不安定な状態に置かれて，いろんな意味で迷惑です。そこで，そのような立場から脱する手段として，こちらから相当期間を決めて，追認するか追認拒絶するのかはっきりせよと本人に請求することができます（催告という）。相当期間に返答がなければ，追認拒絶があったものとみなされます（民114条）。

また，本人が追認しない間は，相手方からその契約を取り消すこともできます（民115条本文）。これも相手方にとって不安定な状態の脱出手段の1つです。もっとも，契約時に無権代理と知っていた場合は認められません（民115条但書）。したがって，球団Sは，Cに代理権がないと知らなかった場合に限り，Oの追認がないうちにこの契約を取り消すこともOKです。

本人の追認をどうしても得られなかった場合，相手方は無権代理人に責任を追及していくほかありません。無権代理であることにつき善意・無過失であったなら，相手方は無権代理人に契約の履行または損害賠償責任を追及できます（民117条1項）。本件の場合，Oが追認しない（追認拒絶した）のなら，球団Sとしては，Cに入団してプレーをさせるわけにはいかないので，Sの被った損害をCに賠償させることになります。

5　表見代理

無権代理行為があった場合，本人の追認がない限り無効ですが，それだと相手方が予想もできない損害を被り取引の安全が害される場合があります。客観的に代理権があるかのような外観があり，それを信じて取引に入った相手方を保護するため，本人に有権代理と同じ責任を課す制度があります。この制度は，**権利外観法理**や**表見法理**〔⇒第12講I 1 154頁〕に基づき取引の安全を図ろうという趣旨です。これを**表見代理**といいます。表見代理には，①代理権授与表示による場合，②代理権逸脱による場合，③代理権消滅後の場合の，3つのパター

第14講　契約するのは誰？　◆　195

ンが規定されています。$^{★13}$簡単に説明しておきましょう。

①代理権表示による表見代理（民109条1項）

　　代理権の授与はなかったが，あったかのような表示があり，それを相手方が信頼した場合，本人は責任を負います。例えば，前記🔦Quiz14-3の選手Oが，代理人欄や委任事項欄など空白にしたままの委任状（**白紙委任状**）をCに渡していたというような事情があった場合です。白紙委任状にCが勝手に空欄を埋めて何も知らない韓国の球団Kと契約をした場合，Oに，そのような外観を作りだした責任を負わせるのです。

②代理権逸脱による表見代理（民110条）

　　何らかの代理権を与えていたが，代理人がその権限外の行為をした場合，相手方に代理権があると信ずべき正当な理由があれば本人は責任を負います。例えば，🔦Quiz14-3事例の選手Oが350億円以上の契約をするようにCに頼んでおいたのに，Cが勝手に300億円の契約をしたとしましょう。金額が50億円少ないので，その減少部分については無権代理ですが，球団Kがその部分について代理権があると信ずべき正当な理由があれば，300億円で有効に契約が成立したということになります。

③代理権消滅後の表見代理（民112条）

　　代理権が消滅したあとで無権代理行為が行われた場合，代理権があることに相手方が善意・無過失なら，本人は責任を負います。例えば，選手Oが，今シーズンが始まるまでと期限を区切ってCに代理権を授与したのに，期限後にもかかわらずCが代理人の顔をして，そのことに善意・無過失の球団Kと契約を結ぶような場合です。

★9　代理人は，本人から独立した立場にあるが，一方，代表は，その行為がすべて法人のために行われるものなので，本人と一体であるといってよい。ただし，法律構成は代理と異ならない。

★10　親権者につき民818・824条，成年・未成年後見人につき民859条1項，保佐人につき民876条の4第1項，補助人につき民876条の9第1項。

★11　委任契約を証する書面。市販のひな型を使ってもよい。

★12　民法の規定にはない言葉だが，ドイツ語のOffenheitsprinzipを学者が訳して使うようになった。

★13　①と②の重なったような場面につきこれまでは規定がなく，判例上民法109条と110条が重畳適用されてきたが，2017（平成29）年の民法改正により，民法109条2項を新設，そのことが明文化された。

196　●　第Ⅱ部　様々な法を学ぶ

♪ティータイム　いくつからオトナ？　〜成年年齢をめぐって〜

　あなたが成人式に出席したのはいつでしょうか。去年だったと言う人もいれば，いや，まだこれからと言う人もいるかもしれませんね。さて，その「成人式」の歴史は意外に新しく，戦後間もない1947（昭和22）年，二十歳の人を祝う式典が各地で広まったことがきっかけです。翌年には早速，国民祝日法（国民の祝日に関する法律）第2条によって「成人の日」ができました。「成人の日」をいつにするか決める際，その昔行われていた「元服」にならって旧暦の小正月，つまり1月15日とされました（2000年よりハッピーマンデー導入のため，1月第3月曜に変更）。

　さて，「元服」とは，奈良〜明治初期の頃まで公家や武家の間で行われてきた成人を祝う儀式です。しかし，そこでの成人は20歳ではなく13〜15歳と捉えられていました（小学館『日本歴史大辞典1』）。それではいつどうして，20歳が成人と考えられるようになったのでしょうか。その大きな理由は，1896（明治29）年の民法の制定にあります。制定にあたり，立法担当者達が「成年」年齢つまり行為能力を持つ年齢をいくつにしようかと諸外国を調査していました。すると，どの国も21歳〜25歳としていることがわかり，ビックリ。元服の15歳前後が成人と考えていた日本とは，かなりの差があったからです。15歳としたのではあまりに若すぎるので20歳あたりでよかろう，ということになりました（梅謙次郎『民法原理　総則編巻之一』参照）。そこから成人＝20歳が確立し，その意識が定着したわけです。当時の民法は，事情はともあれ，結果的には世界のどこよりも先進的であった，ということになりますね。

　そのようにテキトーに決まった20歳という年齢ですが，100年以上過ぎた日本の法律界で，にわかに年齢引き下げの動きが出ています。というのは，海外（特に欧米先進国）で1970年代頃から次々と成人に関する年齢が18歳に変更され，気がつけばそれが世界の潮流になっていたからです。

　そこでまず，2007（平成19）年，国民投票の投票権を有する年齢が満20歳（以上）から18歳（以上）へと引き下げられました（日本国憲法の改正手続に関する法律第3条改正。2010年施行）。2015（平成27）年には，公職選挙法改正により選挙権を有する年齢も満18歳（以上）となりました（公選9条。翌年6月施行）。それに合わせて，裁判員に選ばれる資格も18歳に引き下げられました（裁判員13条）。

　そして2018（平成30）年には，民法の「成年」年齢（民4条）も，同様の引き下げとなりました（2022年4月施行）。少年法の分野でも，民法の動きに合わせて少年法が適用する「少年」の年齢を18歳未満にしようという動きがありましたが，教育・福祉的観点からこれまで通り20歳の誕生日を迎えるまでは少年と取り扱い，家庭裁判所で保護的措置をしようという意見も出て，議論が紛糾しました。その結果，2022（令和4）年，「少年」はこれまで通り20歳未満のままとするものの，18歳，19歳を「特定少年」とし，少年法の適用を一部制限して成人同様の処罰をするという方向に舵が切られています。

このように，日本の各法分野では外国に遅れまいと改正が躍起に行われています。しかし，それでよいのでしょうか。国際取引が必要な分野ならグローバルスタンダードは大いに考慮しなければなりませんが，年齢の引き下げはそんなドライなハナシではないはずです。例えば，18歳になると一人で契約を結んだりクレジットカードを作ることができ，これまでのように取り消すことはできません。高校生が業者から高額商品を買わされてしまったとしても，「大人の判断で買ったんでしょ」と言われれば反論できないのです。契約の法的意味や消費者法，商取引法の知識や恐さなど子どもの頃からしっかり習得するシステムが学校や社会で確立しているのならいざ知らず，いまの日本の社会で「18歳だから行為能力者」とするのは大変危険です。特にわが国の高校生は卒業後，専門学校・大学などに進学する者がほとんどで，高校を出てすぐに就職し，経済的に自立する者は14％ほどしかいません。むしろ引きこもりの若者が急増し青少年が年々，未熟になっている事情（内閣府『こども・若者の意識と生活に関する調査2023年3月』，文科省『文部科学白書2010年』参照）を考えると，20歳でも若すぎるくらいです。少なくとも高額の売買や特殊な労働契約などについては，特則や特別法で若年契約者を守る制度作りが必要でしょう。

　考えてみると，そもそも「18歳」になった瞬間から急にオトナになれと言うのは無理な注文です。人は，様々な知識を得，経験をし，働き，学ぶ中で，徐々に成長するのではないでしょうか。現に，シンガポールなどでは，完全な成人を21歳とし，十代から少しずつ権利を増やしていくという法システムをとっているようです。日本の学説の中にも，子どもから25歳までを3つの成長段階に分けて保護の程度を変えていこうという立法論も見受けられます（大村敦志「民法4条をめぐる立法論的覚書」法曹時報59巻9号（2007年）2863頁）。

　ところで，酒，たばこ，公営ギャンブルは相変わらず，各種法律で二十歳になるまで禁止です。お酒くらいは，パチンコ（風俗営業等の規制及び業務の適正化等に関する法律18条）や運転免許（道交88条）と同じく18歳に引き下げればよいのにと思うのですが，それは私が毎年，春のコンパで二十歳未満の新入生を前にたらふく飲み，良心がとがめているからかもしれません…。

第15講 **家族に関わる法**──民法その5

I　ナウな家族法で救えるか？！

　いよいよ，最終講となりました。本講では，民法典の最後に載っている家族法と，民法全体に横たわる基本原則，そして民法典の最初の1条を総まとめとして解説しましょう。

　民法典の最後である第4編「親族」と第5編「相続」を，一般に家族法と呼んでいます。親族編は，夫婦や親子など家族関係の発生，離婚や離縁，そしてそれに伴う権利義務についての定めが載っています。相続編は，人の死をきっかけに始まる財産の承継のルールです。一言で家族法といっても親族編は家族のつながりや人間関係を扱うルールであるのに対して，相続法は契約や不法行為などと並ぶ，財産取得の方法に関するルールであって，その性質が大きく異なります。しかし，どちらも第二次世界大戦後，「家」制度の転換とともに大きく改正されました。家族法は当時は最も進んだナウな分野だったのです。

　ただ，最近は核家族化から単身世帯，シングルマザー，超高齢・介護社会，代理母や同性婚など，家族のあり方が大きく変わりつつあります。それに伴い，家族法の改正が進められているものの，次々と起きる家族の問題に適切に対処できるのか，真剣に問われる時代がやってきています。

　社会の変化を踏まえた上で，ここでは，親族法と相続法の基礎知識について大きくつかんでおきましょう。

1　親族関係

　民法は，**親族**を①6親等内の血族，②配偶者，③3親等内の姻族としています（民725条）［図15-1］。**血族**とは，出生による血のつながりのある者のことです。もっとも，養子縁組をすると血族と血のつながりがあるとみなされるよ

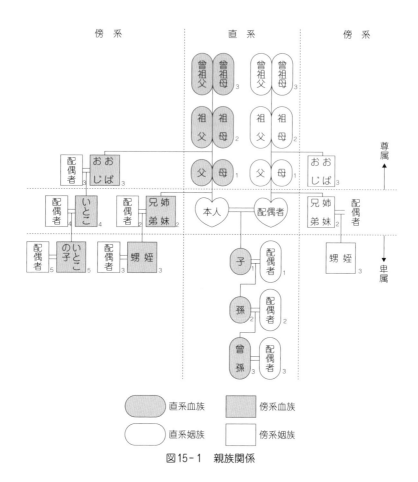

図15-1 親族関係

うになります（法定血族と呼ぶ。民727条）。**配偶者**は，夫婦の一方から他方を見た呼び方ですが，親族法上，特殊な存在です。血族でも姻族でもなく，親等もないが，親族です。**姻族**は，婚姻をきっかけとする配偶者の一方と他方の配偶者の血族，つまり 姑 や 舅，小姑 などと呼ばれる義理の父母，義理の兄弟姉妹のことです。血族には，直系と傍系があります。**直系**は，祖父母，父母，子，孫というように，血統の真上や真下のつながりのことです。**傍系**は共通の始祖から下へ分かれる横のつながりのことです。例えば，兄弟姉妹は父母を共通の始祖とする傍系，いとこは祖父母を共通の始祖とする傍系です。尊属は自分よ

200 ● 第Ⅱ部 様々な法を学ぶ

りも前の世代の血族のこと，卑属は自分よりも後の世代の血族のことです。

　[図15-1親族関係]を見ながら親等を数えてみましょう。**親等**とは，親族関係の遠近を示す単位です。親子1代で1単位とし（民726条1項），本人と父母は1親等，本人と祖父母は2親等です。傍系親族の親等は，一方の1人（またはその配偶者）から同一の始祖にさかのぼり，その始祖から他方の1人に下るまでの世代数で計算します。（民726条2項）。おじ，おばは，同一の始祖である祖父母までさかのぼり（これで2親等），そこからおじ，おばに下るので，3親等となります。

　親族関係があることから発生する重要な効果は，配偶者，子，直系尊属，兄弟姉妹の相続権，そして，互いの扶養義務です。直系血族と兄弟姉妹は扶養義務があると定められ（民877条1項），さらに特別の事情がある場合，家庭裁判所の審判によって3親等内の親族にも扶養義務を課すことができます（民877条2項）。もっとも，この範囲は広すぎるとの批判があります。さらに，親族一般には，後見人の選任・解任請求権などがあります。

2　婚姻と離婚

● 婚姻の要件

　婚姻とは，ひらたく言うと結婚のことです。民法では婚姻と表現しています。世俗的な結婚とどこが違うかというと，婚姻は，成立するための法律上の要件を満たすものだけに限られる点です。その要件は，2人の間に婚姻障害がないという消極的要件と，婚姻意思と届出という2つの積極的要件です。

　婚姻障害の事由は，①婚姻適齢（18歳）に達していないこと（民731条），②重婚（民732条），③近親婚（民734〜736条。直系血族間，3親等内の傍系血族間・直系姻族間，養親子関係者間）です。かつて女性は離婚後一定期間再婚できない制度がありましたが（再婚禁止期間。旧民733条），廃止になりました〔⇒本講203-204頁〕。①〜③がある場合，次に述べる届出が受理されず，また，当事者，親族等からの婚姻取消しが可能となります。

　届出は，当事者が作成する書面による届出または口頭による届出の2通りがあります（民739条2項）。届出がないと事実婚としての内縁関係になります。

第15講　家族に関わる法 ● 201

◈ 婚姻の効果

婚姻については，次のような法律効果が生じます。①〜③は人格的な効果，⑤〜⑦は財産的な効果です。

①夫婦同氏の原則

夫婦はどちらかの氏（名字）を名乗らなければなりません（民750条）。これについては反対意見も強く，夫婦別姓に向けての民法改正案や違憲訴訟が複数出ていますが，まだ改正は実現されていません。[3]

②同居義務・協力義務・扶助義務

夫婦は，住まいをともにし，助け合い，物質的・金銭的に扶養し合わなければなりません（民752条）。これらの義務は，違反すると離婚原因である「悪意の遺棄」や「継続し難い重大な事由」になり得ます（民770条1項2・5号）。ただし，同居の義務については，仕事の都合やDV（ドメスティック・バイオレンス）など，様々な事情から義務を果たせない夫婦が少なくないので，弾力的に対処するしかないといわれます。[4]

③貞操義務

民法は正面からは規定していませんが，不貞行為が離婚原因になることから（民770条1項1号），夫婦には貞操義務があると解釈されています。したがって，不貞行為が債務不履行（民415条），不法行為（民709条）を生じる可能性もあります。

④夫婦間の契約取消権—削除

夫婦間で行った契約は，「法律は家庭に入らず」の趣旨からいつでも取消しができるとの規定がありましたが（旧民754条），不和が生じた後，濫用される危険が指摘され，2024（令和6）年5月に削除されました（2026（令和8）年施行）。

ちなみに夫婦の財産関係については，婚姻届出前に**夫婦財産契約**を結んで登記をする制度がありますが（民755条以下），日本ではほとんど利用されていません。[5] 夫婦財産契約を結ばない一般の夫婦は，次の⑤〜⑦の**法定財産制**と呼ばれる規定に従います。

⑤別産・別管理制

日本では，夫婦の財産は別産・別管理制とされます（民762条）。よくわからない財産だけ，共有財産です。

⑥婚姻費用分担

夫婦は，それぞれの資産・収入その他一切の事情を考慮して婚姻から生

じる費用，つまり生計費を分担します（民760条）。

⑦**日常家事債務の連帯責任**

　　日常家事に関わる債務は夫婦が連帯して責任を負います。私的自治の原則からすれば，契約した者だけが責任を負えばよいはずですが，一方の配偶者だけが契約をしたとしても家庭生活に関する債務例えば食料費，光熱費，衣料代金債務などは，他方も責任を負うとされます（民761条）。

◆ 離　　婚

　離婚とは，婚姻関係を解消することです。日本では，①夫婦で合意の上で届出をすることによる**協議離婚**と，②協議離婚が成立しない場合，家庭裁判所における**調停離婚**と**審判離婚**，③調停が不成立に終わった場合の**裁判離婚**があります。つまり，裁判離婚をする前に必ず調停手続を経なければならないということです（**調停前置主義**という）。①のような，合意と届出だけで簡単に離婚できる協議離婚の制度は，世界的に見ても珍しい制度です。宗教的な背景や離婚の歴史が日本ではユニークだからといわれています。

　離婚の効果として，身分上は，①姻族関係の終了，②復氏（姓を戻す），③祭祀財産の承継者の指定があります（民728・767・769条）。なお，2024（令和6）年の改正により，それまでの単独親権のみから共同親権に選択肢が増え（民818・819条），別居後の親や親族と，子との交流に関する規定の整備が実現しました（施行は2026（令和8）年）。財産上は，財産分与や子の監護費用の分担があり，こちらも2024（令和6）年改正により法整備が進みました（民766条の3・768条）。

3　親　　子 ──────────────────────────────◆

　民法上の親子関係には，血のつながりを基礎とする実親子関係と，血のつながりを基礎としない法定親子関係つまり養親子関係があります。実子は，両親が婚姻関係にあるかどうかで，嫡出子と嫡出でない子（非嫡出子）に区別されます。「妻が婚姻中に懐胎した子」は夫の子と推定されます（民772条1項）。「婚姻の成立の日から200日を経過した後又は婚姻の解消若しくは取消しの日から300日以内に生まれた子」つまり二重の推定を行うことによって子がいつ生まれたかという事実を問題とし，夫の子と推定します（民772条2項）。かつては子の父親をはっきりさせるために，離婚後の女に再婚禁止期間が100日間あり

ましたが〔旧民733条。婚姻障害。⇒本講201頁〕，婚姻の自由を女性にのみ制限するのは男女不平等であること，実際には，婚姻解消前の懐胎は多くの場合，後婚の夫の子と考えられるので，子は「出生に近い婚姻における夫の子と推定する」と定められ（民772条3・4項），100日の再婚禁止期間は廃止されました（旧民733条削除）。なお，妻の生んだ子が自分の子でないと主張したい夫は，**嫡出否認**の訴えにより争うことができます。

母と子の場合，親子関係は出産により当然に生じます。

父と子の場合，父母が婚姻関係にない出生のときは，**認知**（任意認知と裁判の訴えによってなされる強制認知がある）によって，父と子の間に法的な親子関係が出生時にさかのぼって確定します（民784条）。なお，婚外子のような嫡出でない子は，相続分は嫡出子の半分とされていましたが，不平等であるとして2013（平成25）年12月，同等に改正されました[7]〔⇒第**6**講70頁〕。

4 相 続

相続は，人の死亡を原因として当然にその者の財産が一定範囲の遺族に承継されることです（民882条）。死亡した人を**被相続人**，財産を承継する人を**相続人**と呼びます。相続の形式には，被相続人が相続の仕方をあらかじめ遺言（単独行為）により意思表示する遺言相続と，遺言がない場合に民法のルールに従って相続される法定相続があります。**遺言**とは，人の最終意思として，その人の死後の財産上，身分上の法律関係を定める法律行為のことです。相手方のない単独行為で，遺言者自身もこの世にいないため，その真意をはっきりさせておくよう，かなり厳格な要式を必要とする要式行為です（民960条）。遺言があると，法定相続の原則が修正されます。ここでは，法定相続の基礎について学んでおきましょう。

◆ 法定相続人

法定相続の登場人物とその順位について紹介しましょう。

①第1順位：子とその代襲相続人
②第2順位：直系尊属

③第3順位：兄弟姉妹とその代襲相続人

　第1順位の者がいなければ，第2順位の者，第2順位の者がいなければ第3順位の者が相続人になります。配偶者は相続人となった者と，常に一緒に相続人になります。配偶者には血のつながりがないので，本来は相続人になる必然性はないのですが，潜在的な財産の清算や生存配偶者の生活保障の意味合いがあるわけです。

　代襲相続は，被相続人の死亡以前に相続人となるべき子または兄弟姉妹が死亡，または廃除され，欠格事由があるために相続権を失ったとき，その者の直系卑属が相続分を相続することです。子の代襲相続は孫，ひ孫と卑属へどんどん下っていくが，兄弟姉妹の代襲相続はその子まで，つまり被相続人の甥，姪までに限られています（民889条2項）。血縁が薄く，被相続人と交流のほとんどなかったような者が相続人になること（いわゆる「笑う相続人」）を防止するためです。なお，**廃除**（漢字に注意）は，被相続人が，遺留分〔⇒本講207-208頁〕を持つ推定相続人に相続させたくない場合に，家庭裁判所に請求して，その者の相続権を奪う制度です。虐待や重大な侮辱を与えた，著しい非行があった場合などに家庭裁判所に廃除の審判をしてもらいます。

　欠格事由には，故意に被相続人や先順位の相続人を殺害した，または殺そうとして刑に処せられた場合や被相続人の遺言書を偽造・変造・破棄した場合など，5つのパターンがあります。これらの事由に該当すれば，当然に相続人資格を失います（民891条）。

● 相続財産の範囲

　人が死ぬと，即座に相続がすぐに始まり，被相続人に属していた一切の権利義務が相続人に承継されます（民896条本文）。所有権をはじめとする物権や債権の他，解除権，取消権，売主や貸主といった契約当事者の地位も受け継ぎます。プラスの財産だけでなく，借金の債務や連帯保証人の地位などマイナスになるものも，清算されることなくまとめて相続人に移行するのです。ただし，例外的に相続対象とならないものもあります。例えば，講演会で講演をする，絵画を描くといった，その人しかできない委任・請負債務，労働者の労働給付

債務，夫婦，親子，親族間の扶養請求権など，被相続人の一身に専属する一身
専属権です（民896条但書）。

　また，被相続人が持っていた仏壇，位牌，墓などの祭祀財産も相続対象とな
りません。これらは，被相続人による祖先を祭る者（祭祀主宰者という）の指定
や，慣習によって受け継がれるものであって（民897条），相続財産に算入され
ることはありません。

　なお，死亡時に特定の相続人が生命保険金や死亡退職金を受け取ることがあ
りますが，これは受取人固有の権利であって相続財産ではないとされています。

◆ 法定相続分

　相続人が複数人いる場合の共同相続人の相続分は，被相続人が，遺言でまた
は第三者に指定を委託して，決めることができます（民902条）。これを**指定相
続分**といいます。指定がない場合には，民法の定める相続分となります。これ
を**法定相続分**といいます（民900条）。法定相続分の基礎をおさえておきましょ
う。

　　①子と配偶者が相続人の場合：子は2分の1，配偶者は2分の1（民900条
　　1号）。
　　②直系尊属と配偶者が相続人の場合：直系尊属は3分の1，配偶者は3分
　　の2（民900条2号）。
　　③兄弟姉妹と配偶者が相続人の場合：兄弟姉妹は4分の1，配偶者は4分
　　の3（民900条3号）。

　子，直系尊属が複数人いるときは，各人の相続人は均等です（民900条4号本
文）。例えば，1000万円の預金を残して死んだ被相続人に子も親もなく，弟と妹，
そして配偶者が遺された場合は③にあたり，弟と妹は1000万円の4分の1つ
まり250万円を均等に分けるので，125万円ずつ，そして配偶者は1000万円の
4分の3なので，750万円が相続分となります。[★8]

　なお，不動産や宝石など，簡単に分割できない相続財産は，いったん相続人
全員の共有となります（民898条）。これを各自の所有にする手続を**遺産分割**と
いいます（民907条）。協議をして，全員の合意でそのまま分ける（現物分割），

206　◆　第Ⅱ部　様々な法を学ぶ

売却して換金・分配する（換価分割），特定の者がもらい他の者に金銭で清算する（代償分割），このうちのどの方法をとるかを決めます。協議がまとまらなければ，家庭裁判所に調停の申立てをし（調停分割），それでもまとまらなければ裁判所は審判をします（審判分割）。

● 所有者不明土地・所有者不明建物

　近頃，過疎地の放置山林や古びた空き家など，誰が所有者かわからない，わかっていてもその所在がわからないという所有者不明土地や所有者不明建物が増え，社会問題となっています。都市への人口移動，地域の高齢化および人口減少を背景に，売却困難な価値の低い不動産の相続人が，相続登記をする意欲を持たなかったことや，相続登記は任意であったため放置していても不利益を被らなかったことが原因です。所有者不明の土地・建物が増えると，所有者探しに時間と費用がかかり，公共事業や民間取引を妨げたり近隣に悪影響を及ぼします。これでは不動産の有効活用が阻害され国民経済上大きな損失です。そこで，国は民法，不動産登記法その他の法整備により，所有者不明土地・建物の減少に取り組み始めています。相続法の分野では，相続開始10年経過後の遺産分割については，特別受益や寄与分など相続人個別の利益を主張させず，法定相続分通りに分割してしまおうという制度が創設されました（民904条の3）。そして，登記については相続による不動産取得を知った日から3年以内に相続登記の申請が義務付けられ（不登76条の2第1項），それを怠ったときは10万円以下の過料に処せられます（不登164条）。また，所有者の住所についても変更登記が義務付けられました（不登76条の5，施行は2026（令和）8年）。

● 遺 留 分

> ♀ Quiz15-1　不公平な生前贈与
> 　Aには妻Bと3人の子C，D，Eがいます。Aは死ぬ6ヶ月前，自分が所有する唯一の財産である9000万円相当の土地と家屋をこっそりEだけに贈与していました。Aの死後，Aに遺産は何もないことがわかりました。B，C，DはEから家屋と土地を取り戻せるでしょうか。

Aは，生きているうちは自分の財産を自由に処分できるはずなので（私的自治の原則。⇒本講210頁），誰に何を贈与しても，とがめることはできないはずです。そして，相続の対象となる財産は相続開始＝死亡の時の財産（民882・896条）ですから，A死亡の時点で相続人達が受け継ぐ財産はゼロ。つまり，B，C，DはEに文句を言う筋合いはないということになります。しかしEへの贈与さえなければ，Bは配偶者として9000万円×2分の1＝4500万円，C，Dは子としてそれぞれ9000万円×2分の1×3分の1＝1500万円相当を法定相続できたはずです。相続人には死んだ被相続人の財産に対し，生活保障や潜在的な持分といった何らかの権利（一種の期待権）があると考えられており，これを根拠に，相続人は被相続人の生前の行為をある程度否定し，最低限の取り分を主張できると説明されています。これを遺留分といいます。遺留分は，兄弟姉妹以外の相続人，つまり配偶者，子，直系尊属に認められ，その割合は①直系尊属だけが相続人のときは，相続財産の3分の1，②その他の場合は，相続財産の2分の1の額です（民1042条1項）。そして各自の遺留分の割合は法定相続分の割合を掛けて計算します（民1042条2項）。💡Quiz15‐1の場合は②にあたるので，全体の遺留分は9000万円×2分の1＝4500万円。妻Bの法定相続分は2分の1なのでその遺留分は4500万円×2分の1＝2250万円。子全体の遺留分は2分の1，各自の遺留分は人数分均等の3分の1なので，C，Dの遺留分は4500万円×2分の1×3分の1＝750万円となります。AからEへの贈与は遺留分の侵害があったとみられる贈与★10なのでA，C，DはEに上記の金額を請求できます。これを遺留分侵害額請求権といいます（民1046条）。

　不動産をそのまま取り戻せるかというと，2018（平成30）民法改正前はYes。つまり贈与の効果を否定して不動産所有権をB達に復帰させる遺留分減殺請求権が定められていました（改正前民1031条）。しかし，あとの法律関係が共有という厄介で複雑な所有関係となり，かえって話がこじれることが多かったので，所有権の復帰の形ではなく遺留分侵害額請求権という侵害の「額」に応じた金銭債権が生じるだけという，シンプルな構成に変更されました。

★1　近年，性的指向の多様性が世界的に認められ，欧米ではすでに30以上の国で同性婚，さらに多くの国で登録パートナーシップ制度（婚姻の効果またはそれと類似の効果が与え

208 ● 第Ⅱ部　様々な法を学ぶ

られる）が存在する。日本では，2015（平成27）年に東京都渋谷区と世田谷区が同性パートナーシップ証明の発行を開始し，2024年3月現在で約400の自治体が続いている。

★2　今世紀以降の改正点をざっと見ると，①2011（平成23）年，離婚後の親子の面会交流・監護費用規定の新設（民766条），虐待から子どもを守るための親権停止制度新設（民834条の2。同時に児童相談所長等の権限を拡大。児童福祉法33・47条），②2013（平成25）年，非嫡出子の相続分の平等化（民900条4号），③2016（平成28）年，女性の再婚禁止期間の短縮（民733条），④2018（平成30）年，成年年齢18歳引下げ（民4条）に伴う婚姻適齢改正（民731条），配偶者居住権や特別寄与者（相続人でないが介護・看病に貢献した親族）の寄与料請求制度の新設など（民1028～1050条），⑤2019（令和元）年，特別養子縁組の一部改正（民817条の5），⑥2022（令和4）年，親子法制の一部改正（民821条），⑦2024（令和6）年，離婚後の共同親権導入（民819条）など。

★3　1996（平成8）年に民法改正要綱案が選択的夫婦別姓案を採用するも，30年近く立法されないままである。最高裁は憲法13・14・24条に違反するとの訴えを斥け続けている。最判平成27年12月16日民集69巻8号2586頁，最決令和3年6月23日判時2501号3頁，最決令和4年3月22日裁判所ウェブサイト他。日本学術会議によると，夫婦同氏を強制する国家は現在日本だけである。なお，2019（令和元）年には住民票や自動車免許証への旧姓併記が認められた。筆者はこれを利用するが実益はまったく感じられない。

★4　2001（平成13）年施行の「配偶者からの暴力の防止及び被害者の保護等に関する法律」いわゆるＤＶ法10条は，夫婦間の暴力から配偶者を守るための保護命令は実質的に別居を認める。

★5　離婚に備えて芸能人や資産家が行うイメージがあるが，外国ではプリナップ（prenuptial agreementの略）と呼ばれ，よく利用されている。夫名義の住宅処分の制限から家事・育児の分担，出かける時にはハグする等まで，何でも定められる。婚姻後，妻が不利益を受けやすいといわれる日本でこそ，このプリナップは広まるべきであろう。

★6　推定は形式的に行い，性的関係の結果もうけた子である必要はないとした次のような画期的な判例がある。「性同一性障害特例法（2004（平成16）年より施行）により女性から男性に性別変更し婚姻した夫と，その妻が第三者の精子提供を受け人工授精で出産した子との間に血縁関係はなくても民法772条による父性推定が及ぶ」。最決平成25年12月10日民集67巻9号1847頁。

★7　最決平成25年9月4日民集67巻6号1320頁で憲法14条違反の判断が出され，それを受けて改正がなされ12月に公布・施行された。

★8　ただし，弟は被相続人と父母を同じくし，妹は父母の一方しか同じでない（半血）場合，妹は弟の相続分の2分の1となる（民900条4号但書）。つまり，弟は250万円×3分の2，妹は250万円×3分の1。

★9　所在不明共有者に関する共有制度の見直し（民262条の2・262条の3），所有者不明土地・建物管理制度の創設（民264条の2～264条の14），隣地にライフライン設置を行う際の相隣関係の見直し（民213条の2）といった民法（物権規定）改正の他，相続した土地をスムーズに放棄する制度が相続国庫帰属法により創設された。⇒第13講178頁★10。

★10　遺留分算定の基礎となる財産に算入される贈与，すなわち遺留分を侵害したといえる贈与は次の5つ（民1044・1045条参照）。①相続開始前の1年間にした贈与（ 💡Quiz15－1はこの場合），②当事者双方が遺留分権利者を害することを知ってした贈与，③相続開

第15講　家族に関わる法　● 209

始前の10年間にした特別受益（民904条参照），④負担の価額を控除した負担付贈与，⑤不相当な対価でした有償行為。

Ⅱ Last but Not Least：民法の基本原則と修正

　最後に民法の基本原則を，まとめて紹介しておきましょう。重要でないのであとまわしにしたのではありません。むしろ，その逆で，民法上の権利義務をめぐるルールを学んだ上でそれらの背後に横たわる基本原則の重みを知ってほしいと，あえて最後に持ってきたのです。そこには，民法を作り上げてきた先人の思いが詰まっています。まさに，外国のスピーチでよく使われる「ラスト・バット・ノット・リースト（最後に大事なことを一言）」，基本原則と民法1条で締めくくりたいと思います。

1 民法の基本原則

◆ 権利能力平等の原則

　権利能力平等の原則とは，すべての自然人が等しく平等に権利義務の主体になれることを宣言するものです。近代市民社会になって個人が解放され，差別されることがないという憲法の平等原則（憲14条）や個人の尊厳（憲13・24条）の理念からきています。民法2条はもちろん，債権者間，債務者間の平等，相続人間の平等など，民法の至るところで，この理念は当然の原則として，息づいています。

◆ 私的自治の原則

　私的自治の原則とは，個人はその自由意思に基づいて自律的に法律関係を作ることができるという原則です。これも，個人が身分社会から解放され自由を得た歴史的な重み，つまり憲法13条と第3章をはじめとする自由権尊重の理念からきています。民法でも，法律の規定よりも当事者の「別段の意思表示」にまず従うものとする規定は，随所にあります。

　契約の世界では特に，私的自治の原則が貫かれ，個人の自由意思に基づいた自由な契約関係が作れるよう配慮されます。これを**契約自由の原則**といいます。

具体的には，契約締結をするか否かの自由，相手方選択の自由，内容決定の自由，方式決定の自由をいいます。

● 過失責任の原則

過失責任の原則は，故意や過失がない限り，損害が発生しても責任を負わないとする原則のことです。自由で活発な経済活動が思う存分できるようにとの趣旨で，私的自治の原則を裏側から支えるものといえます。不法行為責任（民709条）の成立に過失が要件とされているのは，その表れです。

● 所有権絶対の原則

所有権絶対の原則は，所有物を自由な意思で処分できるとする原則です。近代以降，封建的な土地支配から解放された人々の得た財産権は絶対不可侵とされるわけです。憲法29条で個人の財産権が定められていますが〔⇒第6講 I 1 65頁〕，民法206条でも自由に所有物を使用・収益・処分する権利を規定し，資本主義体制の下で個人の資本投下を円滑にできるようにしています。

2 民法1条 ─────────────────────────●

個人の自由が何よりも尊重された近代市民社会とは異なり，社会・経済事情の変化した現代で，上記の4つの基本原則をそのまま貫くと，かえって正義に反する事態が生じるようになりました。つまり，人が皆，自由に法律行為ができ，絶対不可侵の所有権を持つといえど，社会秩序や公益に反してまでそれを認めるべきではないということです。そこで，民法1条は修正を加え，**公共の福祉**のために所有権に制限を加え（1項），**権利濫用の禁止**（3項）を定めています。

信義誠実の原則（信義則）も，契約をはじめ法律行為をする人同士のルールとして重要です。例えば，賃貸借契約のような継続的な契約関係においては，**信頼関係破壊の法理**が判例理論となっています。また，心裡留保の表意者は自らの言動で，ある事実の存在を相手に信じさせたのだから，相手の信頼に対して責任をとるべきであるという**禁反言の原則**により意思表示の無効を主張できません。これらはどれも，信義誠実の原則から派生した法理といえます。

第15講 家族に関わる法 ● 211

民法1条が示すこれらの価値は，非常に重要です。しかし，具体的な規定ではなく，抽象的な価値基準として他の規定を修正，補充するのに使われます。このような規定を**一般条項**と呼びます。具体的な規定の解釈では正義が貫けないときに登場する，いわば民法典の伝家の宝刀です。

♪ティータイム　宇奈月温泉事件（大判昭和10年10月5日民集14巻1965頁）

　富山県黒部にある宇奈月温泉は，トロッコ列車と美しい渓谷で有名な日本の名湯です。実は，この宇奈月温泉，上流の黒薙温泉から引湯管で温泉を引いて営業しています。

　さて，昭和初期の話です。Y会社（黒部鉄道㈱（現在の富山地方鉄道㈱））が，所有する全長7・5キロの引湯管のうち，2坪（約4畳分）ほど，たまたまY社が利用権を持たないA氏の土地を通っていました。これに目をつけたXが，A氏からこの土地を買い受け，隣接する使い道のない荒れ地3000坪と併せ，時価の数十倍の値段で買い取れとY社に求めました。Y社がこれに応じなかったので，Xは2坪の所有権に基づき，Y社に対し引湯管の撤去を求める訴えを起こしました。

　所有権は，物を排他的・絶対的に支配できる権利なので，その支配を妨害する者がいれば誰であっても不法占拠（妨害）者であり，その排除を求めることができます。**物権的請求権**とか**所有権に基づく妨害排除請求権**と呼ばれる権利です。つまり，原則を貫けばXは，自分の土地2坪に引湯管という妨害物を置いて土地の支配を妨害するY社に，妨害排除請求ができるわけです。しかし，引湯管を撤去することはY社にも温泉街にも莫大な損害をもたらすことになります。しかも，Xの側の損失は利用価値のないたった2坪の土地です。当時の大審院（現在の最高裁）は，XとY社の利益状況の比較やXの主観，つまり権利行使の形をとりながら実はYから不当な利益を得ようと考えていたことをふまえ，このようなXの妨害排除請求は権利の濫用にあたり，許されないとしました。民法1条3項がまだ存在せず，条文上のどこにも権利の濫用という言葉がなかった時代の話です。この事件は，客観・主観の両面から検討した点でも，高く評価される歴史的な判決です。

---

212 ● 第Ⅱ部　様々な法を学ぶ

事項索引

あ 行

悪　意	153
新しい人権	067
按分比例	048
違憲（立法）審査権	070,081,091
遺　言	048,204
遺産分割	206
意思主義	153,175
遺失物拾得	177
意思表示	149
慰謝料	014,165
一時的契約	146
一事不再理	065
一部実行全部責任	127
一物一権主義	172
一部露出説	102
逸失利益	165
一般条項	212
一般法	007
一般予防	134
委任命令	087
違法性	105
—の意識	115
—の錯誤	122
違法性阻却事由	106
入会権	174
遺留分	208
遺留分侵害額請求権	208
因果関係	103
—の断絶	103
姻　族	200
永小作権	173
英米法	008
応報刑論	134
大津事件	088
恩　赦	087

か 行

外形標準説	168
解　除	144,163
解除権	162
改善刑	134
改良行為	192
学習権	077
拡大（拡張）解釈	044
確認の訴え	021
学問の自由	065
加　工	178
瑕疵ある意思表示	155
家事審判	030
過　失	114,153,165
果　実	173
過失責任の原則	165,211
家畜外動物の取得	177
合衆国憲法	057
家庭裁判所	029
簡易裁判所	029
慣習刑法の禁止	097
慣習法	010
間接強制	167
間接正犯	126
間接適用説	067
議員規則制定権	084
議員懲罰権	085
議院内閣制	081
議員の釈放要求・逮捕許諾権	084
危険責任の原理	168
危険負担	144
帰責事由	163
規則制定権	090
起訴状一本主義	025
起訴独占主義	025,035
起訴便宜主義	035
起訴猶予	035
期待可能性	116

● 213

基礎法学	006	刑事訴訟法	007,023
基本的人権の尊重	058	刑事法	008
客体の錯誤	119	刑事補償請求権	066
客観的違法性論	109	刑事未成年	113
給 付	147	刑事免責制度	028
給付の訴え	021	形成の訴え	022
糺問主義	033	継続的契約	147
教育刑	134	刑の任意的減免	107
教育を受ける権利	063,065,077	刑罰不遡及	051
協議離婚	203	刑罰論	132,133
教唆犯	125,129	刑 法	007,097
行政委員会	088	契約自由の原則	151,164,171,210
行政事件訴訟法	002	契約の拘束力	149
行政権	081,088	契約不適合責任	144
行政国家現象	087,092	欠格事由	205
行政書士	037	結果無価値論	109
強制処分法定主義	024	血 族	199
強制捜査	024	決 定	032
行政法	002,007	厳格故意説	115
強制履行	167	厳格審査基準	071,072
強制力	021	原 告	021
供 託	160	検索の抗弁権	179
共同正犯	125,127	検察官	024,035
強 迫	157	検察審査会	035
共犯（広義の・狭義の）	124	原始取得	177
共犯従属（独立）性説	129	現実売買	150
共謀共同正犯	128	原状回復義務	163
協力義務	202	限定解釈	044
虚偽表示	153	憲 法	007,056
居住移転・職業選択の自由	065	憲法改正	066
挙証（責任）	022,168	憲法の番人	091
緊急避難	012,106	憲法優位説	092
近代的意味の憲法	057	顕 名	192
禁反言の原則	211	権利外観法理	154,159,195
勤労の権利	063,066	権利章典	057
具体的権利	076	権利能力	185
具体的事実の錯誤	119	権利能力平等の原則	210
苦役からの自由	040	権力分立	056,081
経済的自由権	065	権利濫用の禁止	211
形式主義	175	故 意	113,165
形式的違法論	105	故意処罰の原則	114
形式的平等	069	合意解除	164
刑事裁判（刑事訴訟）	023	合意制度	028

行為能力	187
行為法	009
行為無価値論	109
更 改	159
効果意思	149
交換契約	141
合議制	035
公共の福祉	068,211
公証人	037
公序良俗違反	151
構成要件	101
——の違法性推定機能	106
——の個別化機能	101
——の罪刑法定主義機能	101
構成要件要素	101
控 訴	030
公 訴	025
合同行為	152
高等裁判所	029
口頭弁論（主義）	021
公判前整理手続	027,040
公 布	051
幸福追求権	066
公 法	007
公務員の選定罷免権	066
合理性の基準	070
効力要件主義	176
国事行為	059
国政調査権	081,085
国選弁護人	036
国民主権	059
国民審査（権）	062,066,089
国民投票（権）	062,066
国務請求権	066
国務大臣	086
個人的法益	097
国 会	081,082
国会単独立法の原則	082
国会中心立法の原則	082
国家からの自由	062,065
国家機関	058
国家刑罰権	023
国家的法益	098

国家による自由	063,065
国家賠償請求権	066
国家への自由	062,066
固有の意味の憲法	056
婚姻障害	201
婚姻費用分担	202
混 同	160
混 和	178

さ 行

罪刑法定主義	045,096
債 権	142
債権譲渡	159
最高裁判所	029
催告（無権代理の相手方の）	195
催告の抗弁権（保証人の）	179
財産刑	133
財産権	065
財政（民主主義）	086
財 団	186
裁 判	021,031
裁判員制度	038
裁判官	034
——の職権の独立	089
裁判所	081
裁判上の和解	020
裁判所書記官	037
裁判離婚	203
裁判を受ける権利	066
債 務	142
債務不履行	162
詐 欺	156
先取特権	183
作為義務説	131
錯 誤	155
差押令状	024
差別的表現	077
三権分立	010,056,081
三審制（度）	030
参政権	062,066
資格争訟裁判権	084
死刑廃止論	135
私 権	185

事項索引 ● 215

施　行	051	社　団	186
時　効	011	重過失（重大な過失）	155
時効取得	177	衆議院解散権	081
自己契約	193	衆議院の優越	084
自己決定権	067	自由刑	133
事後法の禁止	065	自由権	056,062
事実たる慣習	010	集団的自衛権	059
事実の因果関係	166	集団犯	125
事実の錯誤	119	従　犯	125,130
私　人	007	自由放任主義	062
私人間適用（効力）	067	住民自治	081
自然権	062,066	住民投票	066
自然人	185	受益権	066
自然法	017	主観的違法性論	109
自然法思想	017	主観的構成要件要素	114
自然法理論	017,109	縮小解釈	044
思想の自由市場論	072	主　刑	132
思想・良心の自由	065,071	主権国家	056
質　権	180	取材の自由	073
実行行為	102	受　領	158
執行命令	087	少額訴訟	031
実質的違法論	106	消極的損害	165
実質的平等	069	承継取得	176
実体法	009	条件説	104
実定法	009	証拠開示	027
実定法学	006	上　告	030
指定相続分	206	証拠裁判主義	027
私的自治の原則	151,171,210	証拠能力	027
シビリアン・コントロール	083	使用者責任	166
私　法	007	少数説	017
司　法	090	上　訴	030
司法行政権	089	承　諾	149
司法警察職員	024	象徴天皇制	059
司法権	081,090	譲渡担保	183
司法権の独立	087	少年審判	030
司法書士	037	情報公開請求権	076
事務管理	166	証明（責任）	022,168
社会契約論	056	消滅時効	158,168
社会権	063,065	条　約	087,092
社会国家	063,087	条約優位説	092
社会的相当説	107	省　令	058
社会的法益	097	条　例	092
酌量減軽	025	所在等不明共有者	178

処分権主義	021
所有権	173
所有権絶対の原則	171,211
所有権に基づく妨害排除請求権	171,212
所有者不明土地	178,207
所有者不明土地・建物管理制度	178
自力救済の禁止	020,162
自律権	084
知る権利	073
信義誠実の原則（信義則）	147,211
信教の自由	065
人 権	056
親権者	188
心神耗弱	112
心神喪失	112
心神喪失者等医療観察法	113
親 族	199
身体的自由権	065
人定質問	025,027
人的担保	179
親 等	201
審 判	031
審判分割	207
審判離婚	203
信頼関係破壊の法理	147,211
審 理	031
心裡留保	153
請願権	066
請求棄却	032
請求却下	032
請求認容	032
制限故意説	115
制限行為能力者	187
制限物権	173
政治的美称説	082
精神的自由権	065
精神保健福祉法	113
製造物責任法	165
生存権	063,065
制 定	051,084
制定法	009
政 党	083
正当化事由	106

正当業務行為	106
政党国家現象	083
政党助成法	083
正当防衛	012,106
制度趣旨	013
成年後見制度	189
成年後見人	188
成年被後見人	188
正 犯	124
成文法	009
生命刑	133
政 令	058,087
責任主義	112
責任説	115
責任能力	112
積極的損害	165
絶対王政	056
絶対的不定期刑の禁止	097
善 意	049,153
善意取得	049,177
選挙権	066
全件送致主義	032
全部露出説	102
占有権	174
先例拘束性の原則	010
捜 査	024
相 殺	160
捜索・差押令状	024
相続（人）	176,204
相対的応報刑論	134
相対的無効	154
相当因果関係説	104
双方代理	194
双務契約	142,143
贈与契約	142
訴 額	030
遡及処罰の禁止	051,065,097
即時取得	049,177
組織法	009
訴 状	022
訴訟代理人	021,022
措置入院	113
損害賠償請求権	144,162

事項索引 ● 217

損害賠償命令制度 ……………………………… 028

た 行

代金減額請求権 …………………………………… 144
対 抗 ………………………………………………… 154
対抗言論の理論 …………………………………… 076
対向犯 ……………………………………………… 125
対抗要件主義 ……………………………………… 176
代襲相続 …………………………………………… 205
代替執行 …………………………………………… 167
大日本帝国憲法 …………………………………… 059
代物弁済 …………………………………………… 159
逮捕状 ……………………………………………… 024
代 理 ………………………………………………… 190
大陸法 ……………………………………………… 008
諾成契約 …………………………………………… 145
打撃の錯誤 ………………………………………… 119
多数説 ……………………………………………… 017
タリオ思想 ………………………………………… 133
弾劾裁判 …………………………………… 081,089
弾劾主義 …………………………………………… 032
団体自治 …………………………………………… 081
単独行為 …………………………………………… 152
単独正犯 …………………………………………… 125
担 保 ………………………………………………… 179
担保責任 …………………………………………… 144
担保物権 ……………………………………… 173,180
地役権 ……………………………………………… 174
チェック&バランス ……………………………… 080
力の抑制と均衡 …………………………………… 080
地上権 ……………………………………………… 173
地方公共団体 ………………………………… 081,092
地方裁判所 ………………………………………… 029
地方自治 …………………………………………… 081
地方自治法 ………………………………………… 007
嫡出子 ……………………………………………… 203
嫡出否認 …………………………………………… 204
抽象的違憲審査制 ………………………………… 091
抽象的権利 …………………………………… 076,078
抽象的事実の錯誤 …………………………… 118,120
抽象的符合説 ……………………………………… 121
調停前置主義 ……………………………………… 203
調停分割 …………………………………………… 207

調停離婚 …………………………………………… 203
懲罰的損害賠償 …………………………………… 168
超法規的違法性阻却事由 ………………………… 107
直接強制 …………………………………………… 167
直接適用説 ………………………………………… 067
直 系 ………………………………………………… 200
追完請求権 ………………………………………… 144
追 認 ………………………………………… 155,194
通 説 ………………………………………………… 017
通謀虚偽表示 ……………………………………… 153
貞操義務 …………………………………………… 202
抵当権 ……………………………………………… 182
適正手続 …………………………………………… 023
適正手続の保障 …………………………………… 065
手続法 ……………………………………………… 009
デュー・プロセス・オブ・ロー ………… 023,065
典型契約 …………………………………………… 146
電子消費者契約法 …………………………… 008,156
添 付 ………………………………………………… 177
同害報復 …………………………………………… 133
同居義務 …………………………………………… 202
道具理論 …………………………………………… 126
動 産 ………………………………………………… 175
動産質 ……………………………………………… 182
当事者主義 ………………………………………… 021
同時履行の抗弁権 ………………………………… 144
統治機構 …………………………………………… 057
統治権 ……………………………………………… 056
統治行為 …………………………………………… 093
当番弁護士制度 …………………………………… 038
投票の秘密 ………………………………………… 062
特定承継 …………………………………………… 176
特定商取引法 ……………………………………… 150
特定少年 ……………………………………… 032,197
特定秘密保護法 …………………………………… 075
特別法 ……………………………………………… 007
特別予防 …………………………………………… 134
独立行政委員会 …………………………………… 087
取消し（取消権） ………………………………… 155
取調べの可視化 …………………………………… 027
取引の安全 ………………………………………… 153
奴隷的拘束からの自由 …………………………… 065

な 行

内 閣	081, 086
内閣総理大臣	086
内閣不信任決議	081
内閣府令	058
二院制	084
二重譲渡	175
二重処罰の禁止	065
二重の基準論	078
日常家事債務の連帯責任	203
二当事者対立主義	021
ニュルンベルク法	018
任意後見制度	189
任意捜査の原則	024
任意代理	191
任意的共犯	125
認 証	061
認 知	204
脳 死	102

は 行

配偶者	200
廃 除	205
売買契約	141
白紙委任状	196
パラリーガル	037
犯罪論	132
反対解釈	045
ハンムラビ法典	133
判例法	010
PL法	165
比較衡量論	068
比較法学	006
被疑者	024
被疑者国選弁護制度	037
被疑者・被告人の権利	065
被 告	021
被告人	025
被選挙権	066
被相続人	176, 204
被担保債権	181
必要的共犯	125

非典型担保（物権）	180
被保佐人	188
被補助人	188
表見代理	195
表現の自由	065, 068, 072
表見法理	154, 195
表示行為	149
表示主義	153
費用償還義務	167
平等権	069
夫婦間の契約取消権	202
夫婦財産契約	202
夫婦同氏の原則	202
付加刑	132
不完全履行	163
不起訴処分	035
武器対等の原則	021
附 合	178
扶助義務	202
付審判請求	074
付随的違憲審査制	091
普通選挙	062
物権的請求権	171, 212
物権法定主義	171
物上保証人	181
物的担保	180
不動産	175
不動産質	182
不当利得	167
不文法	009
不法行為	164
プライバシー権	067
フランス人権宣言	057
プロバイダ責任制限法	008, 077
文民統制	086
文理解釈	044
併存的債務引受け	161
ヘイト・スピーチ	077
平和主義	059
別産・別管理制	202
弁護士	036
弁護人	025, 036
弁護人依頼権	036

事項索引 ● 219

弁　済	144,158	保存行為	192
片務契約	143	ホッブス	062
片面的共同正犯	128	本　権	174

ま 行

弁理士	037	埋蔵物発見	177
法　益	097	マグナ・カルタ	056
法　学	005	未成年者	188
包括承継	176	未必の故意	113
包括的基本権	067	民事裁判（民事訴訟）	021
傍　系	200	民事訴訟法	007,021
法　源	010	民事法	008
法史学（法制史）	006	無権代理	194
法実証主義	017,106	無主物先占	177
幇助（幇助犯）	125,130	無償契約	143
報償責任の原理	168	明確性の原則	097
法　人	186	明治憲法	059
法曹（三者）	034	命　令	032,058,087
法治国家	058	免　除	160
法治主義	109	免責的債務引受け	159
法定解除	163	申込み	149
法定血族	200	─の誘引	150
法定後見	189	目的刑論	134
法定債権	168	目的説	107
法定財産制	202	黙秘権	027
法定相続分	206	勿論解釈	045
法定代理	191	モンテスキュー	081
法定代理人	188		

や 行

法定担保物権	180,183	約定債権	168
法的拘束力	149	約定担保物権	180
法哲学	006	夜警国家	062
報道の自由	073	優越利益説	107
法の支配	109	有償契約	143
方法の錯誤	119	有責性	112
暴利行為	151	有名契約	146
法律行為	152	用益物権	173
法律効果	149	要式契約	145
法律の留保	060,072	要式行為	048
法律不遡及の原則	051	要素従属性	129
補強証拠	027	要物契約	145
保護法益	013	予断排除の原則	025
保佐人	188		
補充性の原則	107		
保証契約	179		
補助人	189		

ら 行

リーガル・マインド	012
リヴァイアサン	063
利益衡量	014
履　行	144,157
―の強制	162
履行遅滞	162
履行不能	144,162
離　婚	203
立憲主義	056
立憲的意味の憲法	057
立証（責任）	022,168
立法権	081
立法趣旨	013

立法不作為	093
略式起訴	031
略式命令	031
留置権	183
利用行為	192
類推解釈	014,045
―の禁止	045,097
令状主義	024
連帯保証契約	179
労働基本権	063,066
（ジョン・）ロック	056,062
論理解釈	044

わ 行

和　解	020

事項索引 ● 221

■著者紹介

木俣 由美（きまた・ゆみ）

京都産業大学法学部教授

愛知県出身．大阪大学法学部卒業後，新聞社勤務を経て，1999年，京都大学大学院法学研究科博士後期課程（民刑事法専攻）修了．同年，大阪国際大学法政経学部講師．2003年より京都産業大学法学部助教授，2008年より現職．2008年～2009年，カリフォルニア大学バークレー・ロースクールに客員研究員として在籍．

主な著書に『アタック会社法』（中央経済社），『民法がわかると会社法はもっと面白い！〔改訂版〕』（第一法規），『楽しく使う会社法〔第4版〕』（自由国民社），『論点体系会社法1〔第2版〕』（第一法規，共著）など多数．

Horitsu Bunka Sha

ゼロからはじめる法学入門〔第3版〕

2014年11月20日　初　版第1刷発行
2019年3月30日　第2版第1刷発行
2024年9月20日　第3版第1刷発行

著　者　木俣由美
発行者　畑　　光
発行所　株式会社　法律文化社
〒603-8053
京都市北区上賀茂岩ヶ垣内町71
電話 075(791)7131　FAX 075(721)8400
https://www.hou-bun.com/

印刷：西濃印刷㈱／製本：㈱吉田三誠堂製本所
装幀：仁井谷伴子

ISBN 978-4-589-04355-9

©2024 Yumi Kimata Printed in Japan

乱丁など不良本がありましたら，ご連絡下さい．送料小社負担にてお取り替えいたします．

本書についてのご意見・ご感想は，小社ウェブサイト，トップページの「読者カード」にてお聞かせ下さい．

JCOPY　〈出版者著作権管理機構　委託出版物〉

本書の無断複写は著作権法上での例外を除き禁じられています．複写される場合は，そのつど事前に，出版者著作権管理機構（電話 03-5244-5088，FAX 03-5244-5089, e-mail: info@jcopy.or.jp）の許諾を得て下さい．

現代憲法教育研究会編

憲法とそれぞれの人権〔第4版〕

A5判・234頁・2860円

当事者のおかれた現実を憲法の視点から検証しつつ、現実に抵抗する際の憲法の力に着目する。外国籍保持者やジェンダーをめぐる問題など昨今の人権をめぐる動向を全面改訂。新聞記者の眼から人権問題に迫るコラムも新設。

宍戸常寿編〔〈18歳から〉シリーズ〕

18歳から考える人権〔第2版〕

B5判・106頁・2530円

人権によって私たちはどのように守られているのか？ ヘイトスピーチ、生活保護、ブラック企業……人権問題を具体例から読み解く入門書。SDGs、フェイクニュース、コロナ禍の解雇・雇止めなど、人権に関わる最新テーマにも言及。

潮見佳男・中田邦博・松岡久和編
〔〈18歳から〉シリーズ〕

18歳からはじめる民法〔第5版〕

B5判・114頁・2420円

18歳の大学生（とその家族、友人たち）が日常生活において経験しうるトラブルを題材に、該当する法律関係・制度をわかりやすく解説。第4版刊行（2021年2月）以降の法改正をフォローして改訂。

二宮周平著〔〈18歳から〉シリーズ〕

18歳から考える家族と法

B5判・118頁・2530円

家族のライフステージごとに具体的事例を設け、社会のあり方（常識）を捉えなおす観点から家族と法の関係を学ぶ教科書。学生（子ども）の視点を重視し、問題を発見し、解決に向けた法制度のあり方を含めて考える。統計資料を豊富に盛り込む。

山口志保編〔HBB⁺〕

消費者法これだけは〔新版〕

四六判・264頁・2860円

「これだけは知っておきたい」消費者法の基本事項と救済手段を体系的に学び、図表や具体例を用いて解説する入門書の新版。民法債権編や消費者契約法の改正といった変化の大きい消費者法の最新動向を反映。

村井敏邦著

裁判員のための刑事法ガイド

A5判・184頁・2090円

もしも裁判員に選ばれたら…。不安を抱える市民のために、これだけは知っておきたい基礎知識をていねいに解説する。裁判のしくみから手続の流れ、刑法理論までカバー。裁判員時代の法感覚を身につけるために最適の書。

──法律文化社──

表示価格は消費税10％を含んだ価格です